Экспертные обзоры ОЭСР конкурентного законодательства и политики: Казахстан 2025

OECD
ЛУЧШАЯ ПОЛИТИКА
ДЛЯ ЛУЧШЕЙ ЖИЗНИ

Эта работа была утверждена и одобрена к публикации Комитетом ОЭСР по конкуренции 5 сентября 2025 года.

Настоящий документ и любые содержащиеся в нем данные и карты носят непредвзятый характер в отношении статуса и суверенитета территорий, определения государственных границ и разделительных линий, а также наименований территорий, городов и областей.

При цитировании просьба ссылаться на настоящую публикацию:
OECD (2025), *Экспертные обзоры ОЭСР конкурентного законодательства и политики: Казахстан 2025*, OECD Publishing, Paris, https://doi.org/10.1787/ba40004d-ru.

ISBN 978-92-64-56186-1 (Печатное издание)
ISBN 978-92-64-31897-7 (PDF)
ISBN 978-92-64-57380-2 (HTML)

Первоначально был опубликован ОЭСР под названием: OECD (2025), *OECD Peer Reviews of Competition Law and Policy: Kazakhstan 2025*, Competition Law and Policy Reviews, OECD Publishing, Paris, https://doi.org/10.1787/b7659978-en.

Сведения об авторах фотографий: Обложка © Aureliy/iStock by Getty Images.

Исправления в публикациях ОЭСР можно найти по адресу: https://www.oecd.org/en/publications/support/corrigenda.html.

Предисловие

Экспертные обзоры ОЭСР основаны на готовности страны открыть свои законы, институты и правоприменительную практику для анализа международным сообществом в сфере конкуренции. Этот процесс предоставляет оцениваемой стране практические сравнительные выводы, способствует прозрачности, взаимному обучению и продвижению передовых международных практик. По мере формирования международного консенсуса в отношении эффективного правоприменения конкурентного законодательства и важности про-конкурентных реформ, экспертные обзоры становятся ключевым инструментом поддержки качественного формирования политики и институционального развития. Сильные и эффективные институты конкуренции имеют решающее значение для защиты рыночной конкуренции, стимулирования инноваций и обеспечения долгосрочного экономического роста.

Процесс Экспертного обзора включает два основных этапа. На первом этапе Секретариат ОЭСР подготавливает углублённый отчёт, в котором анализируются правовая база, институциональная структура и эффективность правоприменительной деятельности антимонопольного органа. На втором этапе выводы обсуждаются в ходе сессии экспертной оценки в рамках Комитета по конкуренции ОЭСР или Глобального форума по конкуренции ОЭСР. Такой процесс обеспечивает стране, проходящей оценку, получение конструктивной и сбалансированной обратной связи, основанной на международных стандартах и обогащённой опытом других юрисдикций.

Настоящий Экспертный обзор Казахстана является вторым анализом конкурентного законодательства и политики страны после первого обзора ОЭСР, проведённого в 2016 году. Он охватывает десятилетие развития и реформ, фиксируя как достигнутый прогресс, так и сохраняющиеся вызовы. Обзор является частью более широких усилий Казахстана по укреплению рыночных институтов, совершенствованию экономического управления и приведению регуляторной среды в соответствие с международной передовой практикой.

Ключевым элементом процесса оценки стала миссия по сбору фактической информации в Казахстан, в ходе которой команда ОЭСР напрямую взаимодействовала с национальными заинтересованными сторонами – включая антимонопольный орган, отраслевых регуляторов, министерства, судебные органы, бизнес-сообщество и академические круги. Эти консультации сыграли важную роль в выявлении практических реалий правоприменения, юридической интерпретации и институциональной координации.

Существенный вклад в подготовку обзора внесли ведущие эксперты: Вивиана Бланко Барбоса (Комиссия по конкуренции Коста-Рики), Хара Николопулу (Комиссия по конкуренции Греции) и Богдан Киритою (Совет по конкуренции Румынии). Выводы и рекомендации были представлены и обсуждены 20 июня 2025 года на 146-м заседании Комитета по конкуренции ОЭСР и впоследствии утверждены посредством письменной процедуры 5 сентября 2025 года.

Отчёт подготовлен Анией Тименн из Департамента по конкуренции ОЭСР при исследовательской поддержке Аяны Манасовой, Яна Крайника и Кристин Ким. Существенные комментарии и предложения были предоставлены Антонио Капобианко из Департамента по конкуренции ОЭСР, а также вышеупомянутыми ведущими экспертами. Дополнительные комментарии были получены от Мэри Хамилу (Комиссия по конкуренции Греции), Зои Каратанаси (Делегация Греции в ОЭСР), Оаны Марии Нег (Совет по конкуренции Румынии) и Директората глобальных связей и сотрудничества ОЭСР. Эффективное сотрудничество казахстанских государственных органов, в особенности Агентства по защите и развитию конкуренции Республики Казахстан, сыграло ключевую роль в обеспечении качества и полноты данного обзора. Ценные экспертные мнения также были предоставлены представителями судебной системы, практикующими юристами в области конкурентного права, академическим сообществом, экономистами, бизнес-ассоциациями и международными организациями.

Содержание

Рисунки

Таблицы

Сокращения и аббревиатуры

АЗРК	Агентство по защите и развитию конкуренции Республики Казахстан
АИЦРК	Аналитический исследовательский центр развития конкуренции
АППК РК	Административный процедурно-процессуальный кодекс Республики Казахстан
АРВ	Анализ регуляторного воздействия
АРРФР	Агентство по регулированию и развитию финансового рынка
АБР	Азиатский Банк Развития
БРИКС	Бразилия, Россия, Индия, Китай и Южная Африка
Бюллетень РЦ ОЭСР-ГВХ	Бюллетень Регионального центра ОЭСР-ГВХ по конкуренции
CMA	Competition and Market Authority – Управление по конкуренции и рынкам Великобритании
BTI	Индекс трансформации Бертельсманна (The Bertelsmann's Transformation Index)
ВВП	Валовой Внутренний Продукт
ВДС	Валовая добавленная стоимость
ВОЗ	Всемирная Организация Здравоохранения
ВТО	Всемирная Торговая Организация
ГП	Государственные предприятия
ГРЕКО	Группа Государств по борьбе с коррупцией
ГЧП	Государственно-частное партнёрство
ДКБ	Программа «Дорожная карта бизнеса»
ДФЕС	Договор о функционировании Европейского Союза
ЕАЭС	Евразийский Экономический Союз
ЕБРР	Европейский Банк Реконструкции и Развития
ЕК	Европейская Комиссия
ЕС	Европейский Союз
ЕЭК	Евразийская Экономическая Комиссия
ИС	Интеллектуальная собственность
IMD	Международный институт управленческого развития (International Institute for Management Development)
HHI	Индекс Герфиндаля–Гиршмана (Herfindahl–Hirschman Index)
КРЕМ МНЭ РК	Комитет по регулированию естественных монополий Министерства национальной экономики РК
МВФ	Международный Валютный Фонд
МГЭ	Межправительственная группа экспертов
МКС	Международная Конкурентная Сеть
МРП	Месячный расчетный показатель
МСАП	Межгосударственный совет по антимонопольной политике
МСП	Малые и средние предприятия
МФЦА	Международный финансовый центр «Астана»
МЭА	Международное Энергетическое Агентство
МЮ США	Министерство Юстиции США
НДС	Налог на добавленную стоимость
ОБСЕ	Организация по безопасности и сотрудничеству в Европе
ООН	Организация Объединённых Наций

ОТГ	Организация Тюркских Государств
ПИИ	Прямые иностранные инвестиции
PMR	Индекс регулирования товарных рынков
ПК	Предпринимательский кодекс РК
ППС	Паритет покупательной способности
ПУГФН	Программа управления Государственным фондом недр
РЦ ОЭСР-ГВХ	Региональный центр ОЭСР-ГВХ по конкуренции
СНГ	Содружество Независимых Государств
СПД	Стамбульский план действий по борьбе с коррупцией
SSNIP	Тест гипотетического монополиста (SSNIP-тест)
ТГ	Казахстанский тенге
UNCTAD	Конференция ООН по торговле и развитию
VBER	Регламент ЕС о вертикальных соглашениях (VBER)
ФАС	Федеральная Антимонопольная Служба России
ФТК США	Федеральная Торговая Комиссия США
ШОС	Шанхайская Организация Сотрудничества
ЮНЕСКО	Организация Объединённых Наций по вопросам образования, науки и культуры

Краткий обзор

Обзор конкурентной политики Казахстана, подготовленный ОЭСР в 2025 году, представляет результаты экспертной оценки законодательства и политики в сфере конкуренции. В нём анализируется прогресс и ключевые изменения, произошедшие в конкурентной системе Казахстана за десятилетие после первого Обзора 2016 года, и формулируются основные рекомендации по повышению эффективности, независимости и предсказуемости конкурентной политики. Выводы и рекомендации были обсуждены Комитетом по конкуренции ОЭСР 20 июня 2025 года.

За этот период Казахстан реализовал масштабные реформы, направленные на модернизацию национальной системы конкуренции. Несмотря на то, что основная правовая база остаётся закреплённой в Предпринимательском кодексе Республики Казахстан, принятом в 2015 году, широкий круг иных нормативных актов продолжает регулировать вопросы конкуренции. Пять последовательных «антимонопольных пакетов» внесли многочисленные материальные и процессуальные изменения в антимонопольное законодательство.

Агентство по защите и развитию конкуренции Республики Казахстан (АЗРК), созданное в 2020 году как независимый орган, укрепило внутреннюю структуру, систему региональной координации и механизмы взаимодействия со стейкхолдерами. Наряду с правоприменительной функцией, Агентство играет заметную роль в более широких направлениях государственной политики — включая приватизацию, государственные закупки и мониторинг цен. Однако столь широкий мандат несёт риск смещения фокуса Агентства от его основной задачи – обеспечения соблюдения антимонопольного законодательства.

Обзор выявил ряд структурных и институциональных проблем, продолжающих ограничивать эффективность конкурентного правоприменения в Казахстане. Среди них — фрагментарная правовая база, преобладание превентивных инструментов «мягкого права» над пресечением нарушений конкурентного законодательства, а также ограниченное использование ключевых механизмов, таких как программа смягчения ответственности (leniency) и полноценные рыночные исследования. Дополнительные трудности создают процедурный формализм при проведении рыночных анализов, отсутствие судебной специализации и частые изменения законодательства, что подрывает правовую определенность для бизнеса и увеличивает нагрузку на судебную систему.

Экономика Казахстана по-прежнему характеризуется высоким уровнем государственного участия. Предприятия с государственным участием широко представлены во множестве отраслей экономики, а практика создания «единых операторов» со специальными или монопольными правами усиливается. Ценовое регулирование остаётся распространённым, что свидетельствует о сохраняющихся структурных барьерах на пути перехода от плановой к полностью рыночной экономике. Несмотря на реализованные реформы, включая внедрение принципа «жёлтых страниц» и создание Национального офиса по приватизации, принцип конкурентной нейтральности остаётся труднодостижимым и недостаточно понятым. Недавние политические и судебные реформы пока не обеспечили более последовательного применения антимонопольного законодательства.

Агентство активно участвует в институциональном сотрудничестве. На международном уровне оно участвует в региональных и глобальных форумах, включая Евразийский экономический союз (ЕАЭС), Конференцию ООН по торговле и развитию (ЮНКТАД) и ОЭСР, что способствует обмену опытом и выравниванию национальных практик с международными стандартами. На национальном уровне Агентство сотрудничает с отраслевыми регуляторами и другими государственными органами в решении вопросов конкуренции в ключевых секторах экономики. Вместе с тем необходимо более системное и структурированное взаимодействие с бизнесом, гражданским обществом, академическим сообществом и судебной системой. Это позволит повысить осведомлённость о принципах антимонопольного законодательства, укрепить общее понимание целей правоприменения и расширить поддержку реформ. Проактивная и обеспеченная ресурсами стратегия адвокатирования конкуренции будет способствовать формированию устойчивой культуры конкуренции.

Рекомендации Обзора охватывают правовую и институциональную базу, практику правоприменения, регулирование экономической концентрации, участие государства в экономике, проведение рыночных исследований, стратегию адвокатирования и судебный надзор. Их реализация позволит Казахстану выстроить более эффективную, независимую и экономически обоснованную систему конкуренции, соответствующую международным лучшим практикам. Это, в свою очередь, будет способствовать устойчивой диверсификации экономики и долгосрочному экономическому росту.

Ключевые рекомендации

1. Укрепление институционального потенциала Агентства и распределение ресурсов

В краткосрочной перспективе сосредоточить усилия на укреплении внутренней структуры Агентства, развитии его кадрового потенциала и внедрении механизмов приоритизации, чтобы повысить его правоприменительные возможности.

- Сосредоточить ресурсы на обеспечении соблюдения законодательства о конкуренции (например, на проведении расследований), минимизировав участие в задачах, не связанных напрямую с функциями защиты конкуренции.
- Внедрить формализованный процесс приоритизации дел.
- Расширить команды расследований за счёт привлечения квалифицированных специалистов – аналитиков данных, эконометристов, специалистов по цифровой аналитике и других технических экспертов.
- Рассмотреть возможность перехода к организационной структуре, выстроенной по направлениям правоприменения, а не по секторам экономики.
- Переосмыслить роль Аналитического исследовательского центра развития конкуренции (АИЦРК) и рассмотреть целесообразность создания полноценного Офиса главного экономиста в структуре Агентства.
- Усилить подготовку сотрудников в области конкурентного права и экономики, включая проведение практических тренингов и семинаров по применению экономических методов анализа.
- Продолжить реализацию мер по цифровизации деятельности Агентства.

2. Повышение эффективности правоприменения в сфере конкурентного законодательства

Повысить качество анализа и его практической ценности для целей правоприменения.

- Улучшить качество экономического анализа антиконкурентного поведения, уделяя особое внимание оценке его экономических последствий, постепенно отходя от чрезмерной ориентации на структурных признаки.

- Отдавать приоритет расследованию и преследованию «исключающих злоупотреблений» доминирующим положением, а не так называемых «эксплуататорских злоупотреблений», например «монопольно высоких цен», особенно когда они основаны исключительно на наблюдении за ростом цен.

Укрепление системы регулирования экономической концентрации, чтобы сделать её более эффективной и основанной на оценке рисков.

- Рассмотреть возможность отмены действующего режима уведомлений о совершенной экономической концентрации (*ex-post*) и перехода к обязательному ходатайству о согласии на планируемую экономическую концентрацию (*ex-ante*) с приостанавливающим эффектом для всех видов экономической концентрации.
- Ввести упрощённые процедуры и формы уведомлений для сделок, не вызывающих опасений с точки зрения конкуренции.
- Активнее применять корректирующие меры для устранения негативного влияния концентраций на конкуренцию.

Усиление правовой определённости, прозрачности и сдерживающего эффекта правоприменения.

- Рассмотреть возможность ограничения либо полной отмены системы уведомлений о начале расследования.
- Обеспечить актуализацию и публикацию всех методик, используемых при расследованиях, сохраняя их рекомендательный характер для Агентства. Ввести систему опубликованных руководящих принципов для сотрудников и судей.
- Рассмотреть возможность увеличения размеров административных штрафов за нарушения антимонопольного законодательства для усиления их сдерживающего эффекта.

3. Продвижение конкурентной нейтральности и адвокатирование конкуренции

Создать равные условия для всех участников рынка и укрепить взаимодействие с заинтересованными сторонами:

- Ограничить практику создания единых операторов, государственных и естественных монополий.
- Продвигать конкурентную нейтральность через применение единых правил к предприятиям с государственным участием и частным компаниям.
- Ввести прозрачные механизмы контроля за предоставлением государственной поддержки и рассмотреть возможность интеграции лучших практик ЕС — включая чётко определённые критерии предоставления, ограничения по срокам, а также требования прозрачности и недискриминации.
- Продолжать реализацию программ адвокатирования конкуренции, направленных на повышение понимания принципов конкуренции и её преимуществ среди участников рынка и широкой общественности.
- Расширять сотрудничество с государственными и местными исполнительными органами, в частности с отраслевыми регуляторами, для интеграции принципов конкурентной политики в их деятельность.

1 История и основы

Данная глава содержит обзор институционального, политического и экономического контекста конкурентной политики Казахстана. В ней кратко описываются историческое развитие страны, ключевые экономические показатели, интеграция в мировые рынки, политика приватизации и недавние реформы государственного управления.

Республика Казахстан (далее – Казахстан) расположена преимущественно в Центральной Азии, граничит с Российской Федерацией (Россия) на севере, с Китайской Народной Республикой (Китай) на востоке, а также с Кыргызской Республикой, Республикой Узбекистан и Туркменистаном на юге. Казахстан является крупнейшим в мире государством, не имеющим выхода к морю, и занимает девятое место по площади – более 2,7 млн кв. км (Statista, 2024[1]; Republic of Kazakhstan, 2024[2]). Более половины территории занимают пустыни и полупустыни, при этом леса покрывают лишь около 5,5% площади страны.

Современные государственные границы Казахстана были установлены в 1936 году, когда республика вошла в состав Союза Советских Социалистических Республик (СССР) (OECD, 2016[3]). В советский период, особенно после Второй мировой войны, экономика и социальная структура Казахстана претерпели масштабные изменения – от традиционного кочевого и скотоводческого уклада к индустриализированному и урбанизированному обществу. В этот период в стране было построено свыше 40 новых городов и около 500 крупных промышленных комплексов. Казахстан обрел независимость 16 декабря 1991 года в результате распада Советского Союза.

С начала 1990-х годов присоединение Казахстана к международным организациям стало одним из ключевых факторов модернизации конкурентной политики. С 1992 года Казахстан является членом Организации Объединённых Наций (ООН) и активно участвует в работе её органов, включая Генеральную Ассамблею, Экономический и Социальный Совет, а также специализированные учреждения – ЮНЕСКО и Всемирную организацию здравоохранения (ВОЗ). Казахстан также присоединился к ряду других международных объединений, включая Организацию по безопасности и сотрудничеству в Европе (ОБСЕ) в 2010 году и Всемирную торговую организацию (ВТО) в 2015 году. Кроме того, он является членом Содружества Независимых Государств (СНГ), Евразийского экономического союза (ЕАЭС) и Шанхайской организации сотрудничества (ШОС).

С населением около 20 млн человек Казахстан относится к числу стран с наименьшей плотностью населения в мире (Republic of Kazakhstan, 2024[4]). Административно-территориальное деление включает 17 областей и 89 городов, из которых три – Астана (столица), Алматы (крупнейший город, бывшая столица до 1997 года) и Шымкент – имеют статус городов республиканского значения[1] (Republic of Kazakhstan, 2024[5]). В городах проживает более 60% населения (Republic of Kazakhstan, 2024[4]). Казахстан является полиэтническим государством (Republic of Kazakhstan, 2023[6]), на его территории проживают представители порядка 130 этнических групп, в том числе узбеки (3%), украинцы (2%) и уйгуры (1,5%) (Republic of Kazakhstan, 2024[2]). Государственным языком является казахский, русский язык имеет статус языка межнационального общения (Republic of Kazakhstan, 2024[2]).

1.1. Экономический контекст

1.1.1. Национальная экономика

Экономическая рецессия, последовавшая за обретением независимости в 1991 году, сменилась устойчивым ростом начиная с 1996 года. За последние три десятилетия среднегодовой рост валового внутреннего продукта (ВВП) составил 4,6%, а ВВП на душу населения увеличился в 20 раз – с 700 до 14 000 долларов США) (OECD, 2024[7]). Казахстан является крупнейшей экономикой Центральной Азии. В 2023 году ВВП страны достиг 259,7 млрд долларов США, а ВВП на душу населения по паритету покупательной способности (ППС) составил 39 332 доллара США, что на 40% ниже среднего показателя по странам ОЭСР (58 955 долларов США) и на 11% ниже уровня России (44 103 доллара США) (World Bank, 2024[8]; 2024[9]). В 2022 году 5,2% населения находились за чертой бедности, а уровень безработицы составил 4,9% (ADB, 2024[10]).

Торговля

Экономика Казахстана во многом зависит от добычи природных ресурсов. Основные экспортные товары – нефть, уголь, металлы, химическая продукция и зерно; основные импортные позиции — машины, оборудование и потребительские товары. В 2022 году экспорт составил 76 млрд долл. США, импорт – 31 млрд долл. США (World Bank, 2024[11]). Крупнейшими экспортными рынками стали Китай и Италия, а крупнейшим поставщиком импорта – Россия (World Bank, 2024[11]). В 1991–2022 годах доля внешней торговли в ВВП Казахстана в среднем составляла 79,3%, при этом экспорт товаров и услуг – 42,6% ВВП (OECD, 2024[12]). В 2022 году эти показатели составили соответственно 68% и 41,8%, что выше средних значений по странам ОЭСР (64% и 30,8%), позволяя отнести Казахстан к числу открытых экономик (OECD, 2024[12]).

Углеводороды и другие полезные ископаемые являются основными источниками национального дохода и экономического роста Казахстана. Страна обладает одними из крупнейших в мире запасов природных ресурсов и на протяжении последних двух десятилетий стабильно демонстрирует профицит топливно-энергетического баланса. Казахстан экспортирует около 80% добываемой нефти и является крупнейшим производителем нефти в Центральной Азии (IEA, 2022[13]). Кроме того, является крупнейшим в мире поставщиком урана (43% мирового объёма), а также располагает богатыми запасами цинка, меди, железа и золота. Энергетический сектор традиционно выступает важным источником фискальной устойчивости, компенсируя бюджетные расходы, в том числе в период пандемии COVID-19 (OECD, 2023[14]). Вместе с тем экономика страны остаётся уязвимой к колебаниям мирового спроса и цен на нефть и газ. В ответ на это Правительство предпринимает шаги по диверсификации внешней торговли и экономики, в том числе через программы приватизации.

Казахстан является одним из основателей Евразийского экономического союза (ЕАЭС) – интегрированного общего рынка, созданного в январе 2015 года для содействия либерализации торговли между пятью постсоветскими государствами: Республикой Армения, Республикой Беларусь, Республикой Казахстан, Кыргызской Республикой и Российской Федерацией. Рынок ЕАЭС играет важную роль для экспорта несырьевых товаров Казахстана (например, машиностроительной и химической продукции), которые составляют более половины экспорта в страны Союза (Kazakhstan, 2024[15]). Казахстан также получил особый таможенный статус в ЕАЭС, что позволило ему вступить во Всемирную торговую организацию (ВТО) в ноябре 2015 года. Членство в обеих организациях обеспечивает более низкие ставки импортных пошлин по сравнению с единым тарифом ЕАЭС и усиливает конкурентное давление на внутреннем рынке со стороны иностранных производителей.

Прямые иностранные инвестиции

За последние 30 лет совокупный объём прямых иностранных инвестиций (ПИИ) в Казахстан составил 341 млрд долл. США, или около 70% притока ПИИ в Центральную Азию (Kazakh Invest, 2024[16]). Рекордный объём валовых ПИИ был зафиксирован в 2012 году – 28,8 млрд долл. США. Ключевые инвесторы – Нидерланды, США, Швейцария, Китай и Великобритания (Kazakh Invest, 2024[16]). Для повышения инвестиционной привлекательности в 2018 году был создан Международный финансовый центр «Астана» (МФЦА).

В последние годы Казахстан предпринял ряд мер по улучшению делового климата и повышению инвестиционной привлекательности. В 2017 году Казахстан при поддержке Всемирного банка принял *Национальную инвестиционную стратегию (2018–2022)*, целью которой был рост притока ПИИ на 25% за пятилетний период. Фактические результаты оказались скромнее: валовые ПИИ выросли с 20,76 млрд долл. США в 2017 году до 23,7 млрд долл. США в 2021 году (Bertelsmann Stiftung, 2024[17]). В июне 2022 года стратегия была продлена до 2026 года, установив целевой показатель 25,5 млрд долл. США. В 2020 году Президент объявил реформу «Новый экономический курс», направленную, в числе прочего, на формирование благоприятного инвестиционного климата. В 2022 году утверждена Концепция инвестиционной политики до 2026 года, предусматривающая сокращение роли государственных монополий и олигополий (Republic of Kazakhstan, 2022[18]). Концепция предусматривает: 1) рост инвестиций в основной капитал с 16,3% ВВП в 2021 году до 25,1% к 2026 году; и 2) увеличение притока ПИИ до 25,5 млрд долл. США к 2026 году (Kazakh Invest, 2024[16]). Реформа и реализация национальной конкурентной политики рассматриваются в контексте этих более широких усилий по улучшению бизнес-климата.

Недавние вызовы

С момента публикации первого Экспертного обзора конкурентного права и политики Казахстана в 2016 году (OECD, 2016[3]), экономика страны столкнулась с рядом серьезных вызовов, включая волатильность мировых цен на нефть, последствия пандемии COVID-19 и войну России против Украины. Пандемия вызвала сокращение ВВП Казахстана на 2% в 2020 году, что особенно негативно сказалось на малом и среднем бизнесе в секторах торговли, туризма и общественного питания (OECD, 2024[7]). С февраля 2022 года Казахстан ощутил существенное воздействие войны, поскольку основная часть экспорта энергоносителей проходит через территорию России по системе Каспийского трубопроводного консорциума. Возможные перебои в поставках остаются источником значительной неопределённости (IEA, 2022[13]). После начала конфликта национальная валюта – тенге – обесценилась на 20% к доллару США, а инфляция достигла пика в 21% в феврале 2022 года (IMF, 2023[19]). Рост цен стал одним из факторов политического кризиса начала 2022 года.

По оценкам, экономика Казахстана выросла на 4,0% в 2024 году по сравнению с 5,1% в 2023 году. В 2025 году ожидается временное ускорение роста до 4,5–5,0% за счёт увеличения добычи нефти, расширения экспорта и бюджетного стимулирования. После 2025 года прогнозируется замедление темпов роста из-за низкой производительности и снижения инвестиционной активности. Это подчёркивает необходимость диверсификации экономики, развития новых источников роста и формирования более прозрачной и предсказуемой деловой среды для частных компаний (World Bank, 2025[20]).

1.1.2. Государственное присутствие и приватизация

Как постсоветское государство, Казахстан сохраняет значительное присутствие государства в экономике и остаётся активным участником рынка в широком спектре секторов. Согласно *Обзору ОЭСР о корпоративном управлении предприятий с государственным участием в Казахстане* (2024[7]) государственные предприятия (ГП) действуют как минимум в 20 из 30 – включая образование, здравоохранение, добычу полезных ископаемых, транспорт, энергетику и производство – и обеспечивают занятость около 6,2% населения. В 2021 году доходы крупнейшего государственного холдинга «Самрук-Казына» составили около 14% ВВП страны.

Развитие конкуренции и регуляторные меры, направленные на её поддержку, имеют ключевое значение для стимулирования инноваций, деловой активности, роста производительности, инвестиций и занятости. На протяжении последних 25 лет индикаторы регулирования товарных рынков (Product Market Regulation, PMR) ОЭСР служат основным инструментом оценки качества регуляторной среды. Они позволяют измерить степень соответствия национальных правил международным лучшим практикам, анализируя общие и секторальные барьеры для конкуренции. Результаты PMR-оценки ОЭСР за 2018 год подтвердили высокий уровень государственного участия в экономике Казахстана. Присутствие государства в инфраструктурных секторах (коммунальные услуги, транспорт, телекоммуникации) существенно превышает средний показатель по ОЭСР и даже по странам-партнёрам, не входящим в Организацию (Vitale et al., 2020[21]). В ходе миссии по сбору информации для настоящего Обзора установлено, что государство продолжает играть активную роль во многих секторах, что может сдерживать развитие конкуренции и затруднять работу антимонопольного органа.

Признавая доминирующую роль государства в экономике, Правительство Казахстана рассматривает приватизацию как ключевой элемент экономической трансформации (Вставка 1.1). Однако государственный сектор по-прежнему оказывает преобладающее влияние, зачастую в ущерб развитию конкуренции (OECD, 2024[7]). В соответствии с Указом Президента 2024 года «О мерах по либерализации экономики» при Агентстве по защите и развитию конкуренции Республики Казахстан (АЗРК, далее – Агентство) был создан Национальный офис по приватизации[2]. Он отвечает за анализ деятельности предприятий с государственным участием, определение их приватизационного потенциала и подготовку предложений правительству о включении таких компаний в перечень, подлежащий приватизации. Перечень также ведётся Национальным офисом по приватизации. Так, Комплексный план приватизации на 2021–2025 годы включает 637 предприятий, однако в 2024 году Национальный офис предложил добавить ещё 549. Офис также осуществляет мониторинг хода приватизации и вырабатывает рекомендации по её совершенствованию.

Для обеспечения конкурентных рынков ОЭСР продвигает принцип конкурентного нейтралитета, «согласно которому для всех предприятий должны быть обеспечены равные условия конкуренции» независимо от формы собственности или участия государства. В 2021 году ОЭСР приняла Рекомендацию Совета о конкурентном нейтралитете [OECD/LEGAL/0462], а в 2024 году опубликовала Набор инструментов по конкурентному нейтралитету (OECD, 2024[22]), включающий практические средства для выявления и устранения искажений конкуренции, вызванных государственной политикой. Внедрение принципов конкурентного нейтралитета во всех секторах экономики способствовало бы существенному укреплению конкурентной среды в Казахстане (см. также Главу 6).

Вставка 1.1. Волны приватизации в Казахстане

Первая волна приватизации (1991–2014)

Первая волна началась после распада Советского Союза и условно делится на четыре этапа:

- *Первый этап* (1991–1992): продажа сельскохозяйственных предприятий, коммунальных объектов, малых промышленных и строительных организаций и ряда иных активов. Работники предприятий имели преимущественное право на выкуп долей.
- *Второй этап* (1993–1995): преобразование государственных активов в акционерные общества и массовая приватизация через приватизационные купоны для граждан, которые могли инвестировать в государственные предприятия.
- *Третий этап* (1996–1998): приватизация в энергетике, телекоммуникациях и добывающей промышленности преимущественно в денежной форме (аукционы, тендеры, прямые продажи).
- *Четвертый этап* (1999–2013): формирование правовой базы и создание системы эффективного управления государственной собственностью.

Вторая волна приватизации (2014 – по настоящее время)

В 2014 году утверждён Комплексный план приватизации на 2014–2016 годы, включивший обширный перечень республиканских и местных государственных предприятий, подлежащих приватизации. За ним последовали Комплексные планы на 2016–2020 годы и на 2021–2025 годы; последний находится в реализации.

По данным Министерства национальной экономики, выполнение плана на 2016–2020 годы составило 93%, что обеспечило поступления в размере 629 млрд тенге (около 1,4 млрд долл. США). Из 864 активов 503 были приватизированы, 302 — ликвидированы, 59 — перенесены в следующий план.

Источники: Постановление Правительства Республики Казахстан от 31 марта 2014 года № 280; Постановление Правительства Республики Казахстан от 30 декабря 2015 года № 1141; Постановление Правительства Республики Казахстан от 29 декабря 2020 года № 908; ОЭСР (2017[23]), К более эффективному, стратегическому и подотчётному государству в Казахстане; ОЭСР (2024[7]), Обзор ОЭСР о корпоративном управлении предприятий с участием государства в Казахстане.

1.1.3. Конкурентоспособность

Согласно IMD *World Competitiveness Ranking 2024*, Казахстан занял 35-е место среди 64 оцениваемых экономик. По направлению «Эффективность государственного управления» страна получила более высокую оценку (59,7 балла из 100), чем по трём другим ключевым направлениям: «Эффективность бизнеса» (54,2), «Экономическая результативность» (46,7) и «Инфраструктура» (35,2) (IMD, 2024[24]). Казахстан улучшил позицию на две строки по сравнению с предыдущим годом и стал единственной страной Центральной Азии, включённой в рейтинг 2024 года.

При этом низкая интенсивность внутренней конкуренции остаётся существенным вызовом для экономического развития. По показателю «Интенсивность конкуренции на внутреннем рынке» Казахстан набрал 4,54 балла (шкала 1–7, где 7 – наилучший результат), что ниже мирового медианного значения 5,09 (World Bank, 2017[25]). По показателю «Распространённость иностранной собственности в компаниях» показатель составил 3,85 балла – ниже медианного уровня 4,5, что во многом объясняется значительной ролью государства в экономике (World Bank, 2017[26]).

С 2016 года, после первого Экспертного обзора ОЭСР, Казахстан предпринял шаги по улучшению конкурентной среды за счёт снижения барьеров для входа на рынок и выравнивания условий конкуренции, чтобы малые и средние предприятия (МСП) могли активнее конкурировать с устоявшимися участниками. Процессы открытия и ведения бизнеса (регистрация, лицензирование) стали проще. В 2017–2018 годах реализованы меры, благоприятные для бизнеса: сокращён срок регистрации по НДС (с 9 до 5 дней), внедрена электронная таможенная декларация, снижены административные сборы на таможне, обеспечен публичный доступ к судебным решениям по коммерческим делам. В результате в Doing Business 2019 Всемирного банка Казахстан занял 28-е место среди 190 экономик (World Bank, 2018[27]). С 2005 года доля МСП в занятости и валовой добавленной стоимости (ВДС) растёт; вместе с тем расширение численности МСП преимущественно идёт в (часто неторгуемых) секторах с относительно низкой производительностью и вовлечённостью в международную торговлю (OECD, 2023[14]).

1.2. Политический контекст

1.2.1. Институциональная структура

Исполнительная власть

Казахстан – президентская республика с заметной концентрацией полномочий в исполнительной ветви власти. Этот аспект не изменился с момента Экспертного обзора ОЭСР в 2016 году (OECD, 2016[3]). Президент является Главой государства и избирается всенародным голосованием на семилетний срок без права переизбрания.[3] С момента обретения независимости в 1991 году в стране было два Президента. Первый Президент Нурсултан Назарбаев, назначенный в 1990 году, руководил страной почти три десятилетия до отставки в марте 2019 года. Обязанности Главы государства исполнил Председатель Сената Касым-Жомарт Токаев, который в июне 2019 года был избран Президентом на внеочередных выборах. В переходный период Первый Президент сохранял ряд конституционно закреплённых полномочий, включая пожизненное руководство Советом безопасности, лидерство в правящей партии «Аманат» (до ноября 2021 года) и почётный титул *Елбасы* («Лидер нации»), обеспечивавший особый юридический статус. Консолидация полномочий Президента Токаева завершилась в январе 2022 года на фоне социально-политических волнений, когда ему было передано руководство Советом безопасности. В ноябре 2022 года он был переизбран на новый срок, который, в соответствии с действующим законодательством, продлится до 2029 года.

Премьер-Министр назначается Президентом с одобрения нижней палаты Парламента. В качестве Главы Правительства Премьер-Министр возглавляет Кабинет Министров, в который входят Первый заместитель Премьер-Министра, шесть Заместителей Премьер-Министра и 21 Министр (Republic of Kazakhstan, 2024[28]).[4] Члены Кабинета назначаются Президентом по представлению Премьер-Министра. С февраля 2024 года должность Премьер-Министра занимает Олжас Бектенов, ранее руководивший Администрацией Президента Токаева. Срок полномочий Премьер-Министра определяется решением Президента.

Законодательная власть

Парламент Казахстана двухпалатный – состоит из Сената (верхняя палата) и Мажилиса (нижняя палата).

Сенат включает 50 сенаторов: десять назначаются Президентом Республики Казахстан, из них пять – по представлению Ассамблеи народа Казахстана;[5] остальные 40 избираются депутатами *маслихатов* (местных представительных органов) из расчёта по два сенатора от каждой области и каждого города республиканского значения, включая столицу (Inter-Parliamentary Union, 2024[29]). Срок полномочий сенаторов составляет шесть лет, при этом половина состава Сената обновляется каждые три года.

За время существования парламента состоялось восемь созывов Мажилиса[6], численность депутатов изменялась. Действующий, восьмой созыв включает 98 депутатов, избранных по смешанной системе[7]: 69 – по партийным спискам и 29 – по одномандатным округам (Republic of Kazakhstan, 2024[30]). Количество депутатов было сокращено с 107 до 98 в результате конституционных поправок 2022 года, которыми были упразднены места, ранее закреплённые за представителями Ассамблеи народа Казахстана (Inter-Parliamentary Union, 2024[31]). Срок полномочий депутатов Мажилиса составляет пять лет, переизбрание допускается.

Парламентские выборы 2023 года впервые допустили к участию независимых кандидатов, они получили пять мест в Мажилисе (Abishev, 2023[32]). Несмотря на отсутствие формального деления на правых, левых и центристов, правящую партию «Аманат» обычно относят к правоцентристским. По Индексу трансформации BTI партии «Ак Жол» и «Народная партия Казахстана» позиционируются как оппозиционные, но, как правило, голосуют в русле позиции «Аманат» (Bertelsmann Stiftung, 2024[17]). Хотя Мажилис воспринимается как более демократичная палата по сравнению с Сенатом, он в значительной мере остаётся под доминированием правящей партии «Аманат», которая на сегодняшний день занимает 62 из 98 мест. Остальные мандаты распределены между пятью другими партиями и независимыми кандидатами (Inter-Parliamentary Union, 2024[31]).

Судебная власть

Судебная власть в Казахстане является независимой ветвью государственной власти. Судебная система включает Верховный суд Республики Казахстан, областные и районные суды (OECD, 2024[7]). Верховный суд является высшим судебным органом страны и возглавляется Председателем Верховного суда, который избирается Сенатом по представлению Президента на пятилетний срок.[8] Ниже Верховного суда действуют два уровня: апелляционные суды и специализированные районные/общие районные суды. Верховный суд и апелляционные суды классифицируют дела как гражданские, уголовные или административные, тогда как специализированные районные/общие районные суды такого разграничения не проводят (Kambaliyev, Kassilgov and Tkachev, 2024[33]).

1.2.2. Президентские полномочия

В 1990 году, в рамках процессов перестройки в Советском Союзе, Верховный Совет Казахстана утвердил Нурсултана Назарбаева Первым Президентом Республики. Под его руководством Казахстан провозгласил независимость в 1991 году и приступил к реализации стратегии экономического развития, а также внешнеполитического курса, ориентированного на выстраивание сбалансированных отношений с ключевыми международными партнёрами, включая Россию, Китай, США и Европейский союз (Cornell and Starr, 2020[34]). Внутриполитическое развитие этого периода сопровождалось институциональными преобразованиями, включая проведение референдумов, которые привели к расширению полномочий Президента. Отставка Первого Президента в 2019 году стала важной вехой в политической истории страны и сопровождалась передачей полномочий Председателю Сената Касым-Жомарту Токаеву, который впоследствии был избран Президентом (World Bank, 2019[35]).

На начальном этапе своего президентства Токаев сохранял преемственность в управлении, поддерживая тесную координацию с Первым Президентом, который продолжал занимать ключевые государственные посты, включая должность Председателя Совета безопасности и Лидера правящей партии «Нур-Отан». В январе 2022 года резкий рост цен на сжиженный газ вызвал волну общественного недовольства, вылившуюся в масштабные протесты, начавшиеся в Жанаозене и распространившиеся на другие регионы страны. Хотя протесты изначально имели экономический характер, они переросли в более широкие социально-политические требования, включая призывы к институциональным изменениям (Bertelsmann Stiftung, 2024[17]). В ответ власти инициировали реформу государственного управления. В июне 2022 года состоялся общенациональный референдум, по итогам которого было принято перераспределение полномочий между ветвями власти: прерогативы Президента были сокращены, а роль Парламента, особенно Мажилиса, — усилена (Freedom House, 2024[36]; EBRD, 2022[37]).

Возврат к практике регулирования цен в рамках конкурентной политики Казахстана, вероятно, отражает сохраняющееся общественное давление в связи с вопросами доступности и неравенства, проявившееся в протестах 2022 года. Это свидетельствует о том, что политическая стабильность во многом обеспечивается через более активное вмешательство государства в экономику, что знаменует отход от либерального курса в сторону более контролируемого подхода к экономическому управлению.

В условиях продолжающихся реформ институциональное распределение полномочий между ветвями власти продолжает формироваться. С 2012 года структура Мажилиса приобрела признаки многопартийного представительства; однако на практике партия *«Аманат»* сохраняет доминирующее положение, располагая в настоящее время 62 из 98 депутатских мандатов. Это способствует высокой степени согласованности между законодательной и исполнительной ветвями власти. При этом исполнительная власть традиционно играет ведущую роль в управлении страной. В переходный период до января 2022 года ряд бывших высокопоставленных должностных лиц сохраняли политическое влияние, что, по мнению некоторых наблюдателей, сдерживало реализацию отдельных направлений институциональных преобразований.

Согласно Индексу восприятия коррупции Transparency International за 2023 год, Казахстан занял 93-е место из 180 стран, набрав 39 баллов из 100 (где 0 – высокий уровень коррупции, а 100 – «чистота»). Несмотря на то, что этот показатель остаётся низким, он отражает заметный прогресс по сравнению с периодом Экспертного обзора ОЭСР 2016 года (Transparency International, 2023[38]). Казахстан предпринял ряд антикоррупционных реформ. В 2015 году был принят Закон «О противодействии коррупции» и Антикоррупционная стратегия на 2015–2025 годы, направленная на предотвращение условий, способствующих коррупции в системе государственной службы, квазигосударственном и частном секторах, а также в судебных и правоохранительных органах. Агентство по делам государственной службы и противодействию коррупции, созданное в 2014 году, в 2019 году было преобразовано в Агентство по противодействию коррупции (Transparency International, 2024[39]). В 2020 году Казахстан присоединился к Группе государств по борьбе с коррупцией (ГРЕКО) Совета Европы. Агентство по противодействию коррупции, подчиняющееся напрямую Президенту, курирует реализацию Концепции антикоррупционной политики на 2022–2026 годы, нацеленной на решение ключевых проблем, включая недостаточную прозрачность государственных закупок и высокий уровень участия государства в экономике (Republic of Kazakhstan, 2023[40]).

Казахстан является активным участником Антикоррупционной сети ОЭСР для Восточной Европы и Центральной Азии и с момента её создания в 2003 году участвует в реализации Стамбульского плана действий по борьбе с коррупцией (IAP). В Базовом отчёте 2024 года были отмечены усилия Казахстана по внесению поправок в законодательство, созданию антикоррупционных институтов и внедрению мер по выявлению, расследованию и преследованию случаев коррупции. Несмотря на достигнутый прогресс, в отчёте также указаны направления, требующие дальнейшего совершенствования и мониторинга. Согласно докладу ОЭСР 2024 года, серьёзные вызовы сохраняются в части борьбы с коррупцией и недобросовестными практиками на различных уровнях государственного управления, включая государственные предприятия, особенно в секторах с высокой долей государственного участия, таких как нефтегазовый комплекс. В докладе подчёркивается необходимость дальнейшего укрепления реализации антикоррупционных программ за счёт повышения прозрачности, обеспечения устойчивого институционального контроля и продвижения согласованного участия всех заинтересованных сторон. Также отмечается, что остаются вопросы относительно того, в какой мере различные формы собственности способствуют эффективности реализации таких программ и соответствуют международным стандартам добропорядочности и антикоррупционной политики (OECD, 2024[7]).

Источники

Abishev, G. (2023), *Has Kazakhstan Become More Democratic Following Recent Elections?*. [32]

ADB (2024), *2024 Basic Statistics*, https://www.adb.org/mobile/basic-statistics-2024/. [10]

Bertelsmann Stiftung (2024), *BTI 2024 Country Report — Kazakhstan*, https://bti-project.org/en/reports/country-report/KAZ. [17]

Cornell, S. and F. Starr (2020), *Kazakhstan's Role in International Mediation under First President Nursultan Nazarbayev*, https://www.silkroadstudies.org/resources/Kazakhstan-mediation-Final.pdf. [34]

EBRD (2022), *Transition Report 2022-23 Business Unusual*, https://2022.tr-ebrd.com/. [37]

Freedom House (2024), *Kazakhstan*, https://freedomhouse.org/country/kazakhstan/freedom-world/2023. [36]

IEA (2022), *Kazakhstan 2022 Energy Sector Review*, https://www.iea.org/reports/kazakhstan-2022. [13]

IMD (2024), *World Competitiveness Ranking*, https://www.imd.org/centers/wcc/world-competitiveness-center/rankings/world-competitiveness-ranking/rankings/wcr-rankings. [24]

IMF (2023), "Kazakhstan Staff Concluding Statement of 2023 Article IV Mission", *Mission Concludinng Statement*, https://www.imf.org/en/News/Articles/2023/11/21/kazakhstan-staff-concluding-statement-of-2023-article-iv-mission. [19]

Inter-Parliamentary Union (2024), *House of Representatives*, https://data.ipu.org/parliament/KZ/KZ-LC01/ (accessed on 2024). [31]

Inter-Parliamentary Union (2024), *Kazakhstan - Senate*, https://data.ipu.org/parliament/KZ/KZ-UC01/ (accessed on 2024). [29]

Kambaliyev, A., R. Kassilgov and Y. Tkachev (2024), *The Judicial System in Kazakhstan*, https://tks.law/kz/publications/the-judicial-system-in-kazakhstan (accessed on 2024). [33]

Kazakh Invest (2024), *Invest in Kazakhstan*, https://invest.gov.kz/ (accessed on 2024). [16]

Kazakhstan, R. (2024), *Mutual trade of Kazakhstan with the countries of the EAEU decreased by 2.8%*, https://stat.gov.kz/en/news/mutual-trade-of-kazakhstan-with-the-countries-of-the-eaeu-decreased-by-2-8-/. [15]

OECD (2024), *Competitive Neutrality Toolkit: Promoting a Level Playing Field*, OECD Publishing, Paris, https://doi.org/10.1787/3247ba44-en. [22]

OECD (2024), *Diversifying Kazakhstan's Exports: Institutions, Policies, Infrastructures*, OECD Publishing, Paris, https://doi.org/10.1787/7f9cd8aa-en. [12]

OECD (2024), *OECD Review of the Corporate Governance of State-Owned Enterprises in Kazakhstan*, Corporate Governance, OECD Publishing, Paris, https://doi.org/10.1787/082c508b-en. [7]

OECD (2023), *Insights on the Business Climate in Kazakhstan*, OECD Publishing, Paris, https://doi.org/10.1787/bd780306-en. [14]

OECD (2017), *Towards a More Effective, Strategic and Accountable State in Kazakhstan*, OECD Public Governance Reviews, OECD Publishing, Paris, https://doi.org/10.1787/9789264284005-en. [23]

OECD (2016), *Competition Law and Policy in Kazakhstan: A Peer Review*, Competition Law and Policy Reviews, OECD Publishing, Paris, https://doi.org/10.1787/08f78cd0-en. [3]

Republic of Kazakhstan (2024), *About Mazhilis*, https://mazhilis.parlam.kz/#/about-us/history (accessed on 2024). [30]

Republic of Kazakhstan (2024), *Administrative-territorial units of the Republic of Kazakhstan (January 1, 2024)*, https://stat.gov.kz/en/industries/social-statistics/demography/publications/123443/. [5]

Republic of Kazakhstan (2024), *Composition of the government*, https://primeminister.kz/government/composition (accessed on 2024). [28]

Republic of Kazakhstan (2024), *Population of the Republic of Kazakhstan by gender and type of locality (at the beginning of 2024)*, https://stat.gov.kz/en/industries/social-statistics/demography/publications/157662/. [4]

Republic of Kazakhstan (2024), *The Republic of Kazakhstan*, https://www.akorda.kz/en/republic_of_kazakhstan/kazakhstan. [2]

Republic of Kazakhstan (2023), *National census 2021*, https://stat.gov.kz/en/national/2021/. [6]

Republic of Kazakhstan (2023), *The history and development of the Anti-Corruption Service of Kazakhstan*, https://www.gov.kz/memleket/entities/anticorruption/documents/details/565201?lang=en. [40]

Republic of Kazakhstan (2022), *Government approves new Investment Policy Concept of Kazakhstan until 2026*, https://primeminister.kz/en/news/novuyu-koncepciyu-investpolitiki-kazahstana-do-2026-goda-utverdili-v-pravitelstve-2355843. [18]

Statista (2024), *The 30 largest countries in the world by total area*, https://www.statista.com/statistics/262955/largest-countries-in-the-world/. [1]

Transparency International (2024), *Kazakhstan: Overview of corruption and anti-corruption*, https://knowledgehub.transparency.org/helpdesk/kazakhstan-overview-of-corruption-and-anti-corruption. [39]

Transparency International (2023), *Our Work in Kazakhstan*, https://www.transparency.org/en/countries/kazakhstan. [38]

Vitale, C. et al. (2020), "The 2018 edition of the OECD PMR indicators and database: Methodological improvements and policy insights", *OECD Economics Department Working Papers*, No. 1604, OECD Publishing, Paris, https://doi.org/10.1787/2cfb622f-en. [21]

World Bank (2025), *Kazakhstan Economic Update – January 2025*, https://www.worldbank.org/en/country/kazakhstan/publication/economic-update-january-2025. [20]

World Bank (2024), *GDP per capita, PPP (current international $) - Kazakhstan*, https://data.worldbank.org/indicator/NY.GDP.PCAP.PP.CD?locations=KZ (accessed on 2024). [9]

World Bank (2024), *The World Bank in Kazakhstan*, https://www.worldbank.org/en/country/kazakhstan/overview. [8]

World Bank (2024), *World Integrated Trade Solution Kazakhstan Trade*, https://wits.worldbank.org/countrysnapshot/en/KAZ (accessed on 2024). [11]

World Bank (2019), *Kazakhstan Economic Update - Sustaining Growth Momentum*, https://documents.worldbank.org/en/publication/documents-reports/documentdetail/701941576757728380/kazakhstan-economic-update-sustaining-growth-momentum. [35]

World Bank (2018), *Kazakhstan Among World's Top 30 Economies in Ease of Doing Business*, https://www.worldbank.org/en/news/press-release/2018/10/31/kazakhstan-among-worlds-top-30-economies-in-ease-of-doing-business. [27]

World Bank (2017), *Intensity of local competition, 1-7 (best)*, https://prosperitydata360.worldbank.org/en/indicator/WEF+GCIHH+EOSQ099. [25]

World Bank (2017), *Prevalence of foreign ownership, 1-7 (best)*, https://prosperitydata360.worldbank.org/en/indicator/WEF+GCIHH+EOSQ094. [26]

Примечания

[1] Согласно данным Бюро национальной статистики Казахстана, города республиканского значения — это «населенные пункты, имеющие особое государственное значение или численность населения более одного миллиона человек».

[2] Приказ Председателя Агентства по защите и развитию конкуренции Республики Казахстан от 28 мая 2024 года № 130/НҚ.

[3] 17 сентября 2022 года Президент Токаев установил однократный президентский срок, подписав «Закон о внесении изменений и дополнений в Конституцию Республики Казахстан» (№ 142-VII ЗРК).

[4] По состоянию на октябрь 2024 года Министр национальной экономики и Министр иностранных дел одновременно занимают должности заместителей Премьер-министра и министров, возглавляющих свои соответствующие ведомства.

[5] Учреждённая в 1995 году Ассамблея народа Казахстана является учреждением без образования юридического лица, образуемое Президентом Республики Казахстан, способствующее разработке и реализации государственной политики по обеспечению общественного согласия и общенационального единства.

[6] Парламентский «созыв» — это период, в течение которого избранные депутаты осуществляют полномочия после Парламентских выборов до следующих выборов или роспуска Парламента. В Казахстане Парламент функционирует в «созывах», которые начинаются после выборов и завершаются до проведения следующих выборов.

[7] Мажилис определяет смешанную модель избирательной системы как «пропорционального представительства по территории единого общенационального избирательного округа, а также по одномандатным территориальным избирательным округам.».

[8] Конституционный закон Республики Казахстан от 25 декабря 2000 года № 132.

2 Эволюция конкурентного законодательства в Казахстане

Настоящая глава посвящена анализу развития конкурентного законодательства Казахстана и системы его правоприменения после проведения Экспертного обзора ОЭСР в 2016 году. В ней рассматриваются законодательные пакеты реформ, реализованные в период с 2015 по 2025 год, включая поправки, касающиеся антиконкурентных соглашений, злоупотребления доминирующим положением и регулирования экономической концентрации. Глава также обобщает основные выводы и рекомендации Экспертного обзора 2016 года и отмечает реформы, направленные на их реализацию.

Первый Экспертный обзор конкурентного права и политики Казахстана был проведен в 2015–2016 годах в рамках Страновой программы ОЭСР–Казахстан (2015–2019), направленной на поддержку национальных реформ в различных секторах экономики. Обзор был представлен на Глобальном форуме ОЭСР по конкуренции в декабре 2015 года, при участии Колумбии, Финляндии, Великобритании и Румынии в качестве экспертов. Он охватывал развитие конкурентной политики Казахстана в период с 2010 по 2014 год и содержал рекомендации по ее приведению в соответствие со стандартами и лучшими практиками ОЭСР (Вставка 2.1).

Вставка 2.1. Рекомендации Экспертного обзора 2016 года

Экспертный обзор 2016 года выработал ряд ключевых рекомендаций, касающихся отдельных аспектов системы антимонопольного законодательства Казахстана, а также правоприменительной практики антимонопольного органа.

Касательно антиконкурентных соглашений ОЭСР рекомендовала: (i) прекратить привлечение к ответственности за параллельное повышение цен без доказательства сговора; (ii) отменить строгий запрет на вертикальные соглашения, предусматривающие исключительность; (iii) перенести исключение в отношении интеллектуальной собственности в общий режим исключений; (iv) отменить запрет на ограничительные соглашения только по причине нарушения прав потребителей; и (v) предоставить антимонопольному органу более действенные инструменты расследования (например, внезапные проверки).

В отношении злоупотребления доминирующим положением ОЭСР рекомендовала: (i) упразднить реестр субъектов рынка, занимающих доминирующее положение; (ii) внедрить анализ, основанный на оценке последствий предполагаемых злоупотреблений; (iii) сместить акцент с контроля цен на пресечение исключающих форм поведения.

В части контроля за экономической концентрацией Казахстану было предложено: (i) ввести чёткие и легко исчисляемые пороговые значения для уведомлений; (ii) чётко определить требования к предоставляемой информации; (iii) проводить анализ последствий в каждом конкретном случае; (iv) начать использовать структурные средства защиты; (v) публиковать решения о слияниях; и (vi) установить процессуальные гарантии права быть услышанным.

Относительно институциональной структуры ОЭСР рекомендовала: (i) создать антимонопольный орган как независимый государственный институт; (ii) определить приоритеты его деятельности; (iii) ввести процессуальные права субъектов рынка, вовлечённых в разбирательства; (iv) продлить установленные законом сроки рассмотрения дел; и (v) предусмотреть специализацию апелляционных судов и достаточное время для рассмотрения апелляций.

Как отражено в настоящем отчёте, часть рекомендаций ОЭСР была реализована Казахстаном, что свидетельствует о готовности страны к проведению реформ. Учреждение антимонопольного органа вне структуры правительства было отмечено различными заинтересованными сторонами как одно из наиболее значимых достижений.

Источник: OECD (2016[1]), Конкурентное право и политика в Казахстане: Экспертный обзор 2016, https://doi.org/10.1787/08f78cd0-en.

После проведения обзора в 2016 году Казахстан стал участником Комитета по конкуренции ОЭСР, что стало важным шагом в углублении сотрудничества с сообществом ОЭСР в области конкурентной политики. С тех пор страна активно участвует в работе Комитета, используя международный опыт для дальнейшего совершенствования законодательства и правоприменительной практики.

Параллельно с Экспертным обзором ОЭСР 2016 года Казахстан готовил первую масштабную реформу национального антимонопольного законодательства. В рамках программы Президента Республики Казахстан «100 конкретных шагов» была поставлена задача реформировать антимонопольный орган и привести конкурентное право в соответствие со стандартами ОЭСР. Часть реформ и законодательных поправок напрямую соотносится с рекомендациями, предложенными ОЭСР.

29 октября 2015 года Казахстан принял *Предпринимательский кодекс* [1]– единый правовой акт, направленный на защиту свободы предпринимательства и регулирование отношений между бизнесом и государством. Кодекс охватывает ключевые сферы, такие как: (i) конкурентное право; (ii) государственное регулирование (разрешительные процедуры, надзор, техническое и ценовое регулирование); (iii) участие государства в экономике (например, монополии); (iv) поддержку частного предпринимательства – в особенности МСП, сельского хозяйства и инноваций; (v) государственно-частное партнёрство и (vi) деятельность субъектов рынка и бизнес-ассоциаций. *Предпринимательский кодекс РК* включил положения ранее действовавшего Закона РК «О конкуренции» и ввёл ряд важных реформ. Среди них – отмена реестра субъектов рынка, занимающих доминирующее положение, введение процедуры предварительного рассмотрения антиконкурентных соглашений и института предупреждений. Кодекс также установил ограничения на создание и расширение государственных предприятий с целью сокращения роли государства в экономике. Совокупность этих меры составила **первый антимонопольный пакет** (Рисунок 2.1).

Второй антимонопольный пакет (2016 год) [2] продлил срок расследования с двух до трёх месяцев, изменил порядок предоставления исключений для соглашений в сфере интеллектуальной собственности, расширил определение согласованных действий, усилил систему уведомлений и ввёл режим антимонопольного комплаенса для предупреждения возможных нарушений.

Третий антимонопольный пакет (2018 год)[3] добавил нормы, регулирующие антиконкурентные действия в сфере государственных закупок, и уточнил полномочия должностных лиц при проведении расследований, включая право копирования документов и фиксации доказательств.

Четвёртый антимонопольный пакет (2020 год)[4] предоставил Агентству полномочия по мониторингу цен для выявления потенциальных нарушений – несмотря на то, что Экспертный обзор 2016 года указывал на необходимость ограничения вмешательства антимонопольного органа в контроль роста цен. Также был увеличен срок исполнения предписаний с 10 до 30 дней и сокращено количество законных оснований для участия государства в экономике – с семи до пяти.

Пятый антимонопольный пакет (2022)[5] ввёл концепцию ключевых мощностей, классифицирующую отказ в доступе к ним как злоупотребление доминирующим положением. Он также ввел реестр доверенных лиц при регулировании экономической концентрации, понятие «специальное право» для государственных предприятий, выступающих едиными операторами, и предоставил Агентству полномочия по мониторингу равного доступа к государственной поддержке, рассматривая нарушение этого принципа как антиконкурентное поведение государственных органов.

В 2024 году был принят дополнительный пакет поправок в сфере конкуренции, который ввёл понятие «конгломератов» и возложил на Агентство ответственность за создание их реестра и мониторинг деятельности. Реформа также устранила приостанавливающее действие административных актов, включая уведомления, распоряжения о начале расследований и выводы расследований, в случае апелляции. Были внесены поправки в режим регулирования экономической концентрации, сократив сферу применения подхода *ex-ante* (предварительных ходатайств) и отдав приоритет режиму *ex-post* (уведомлений о совершенной экономической концентрации).[6]

Шестой антимонопольный пакет, внесённый в Парламент в 2025 году, предусматривает новые критерии определения доминирования на цифровых рынках (количество пользователей, объём совершаемых сделок), проведение антимонопольного аудита по аналогии с налоговым, закрепление обязательств по внедрению антимонопольного комплаенса при систематических нарушениях, а также расширение регулирования экономической концентрации. В числе мер — согласование решений о передаче субъектам рынка крупных объектов государственной собственности, согласование внутригрупповых сделок по косвенным признакам аффилированности, снижение порога согласования сделок по экономической концентрации с 50% до 25% и другие положения. Принятие законопроекта ожидается до конца текущего года.

Рисунок 2.1. Основные изменения антимонопольного законодательства с 2015 года

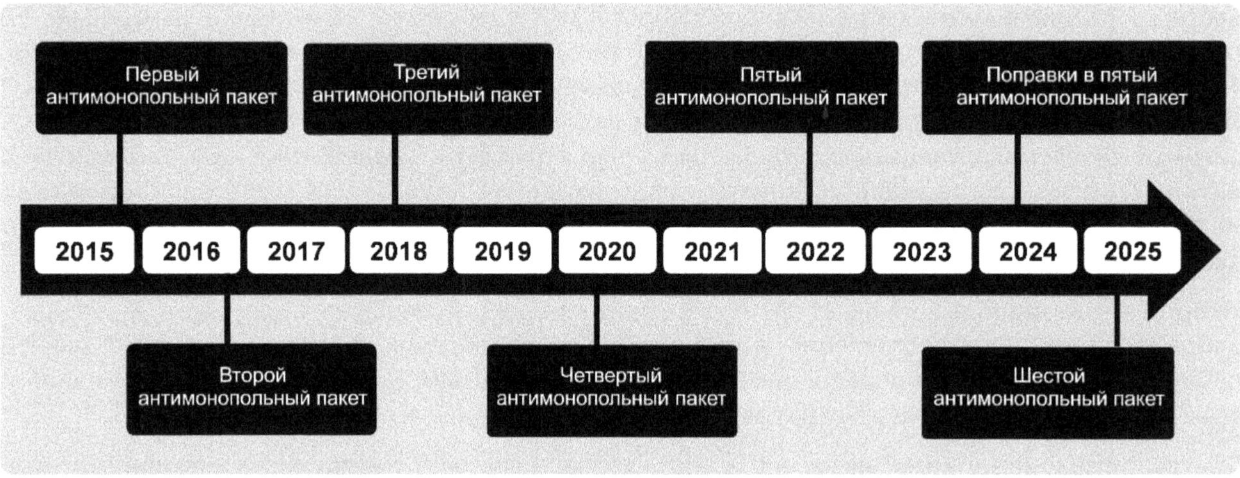

Примечание. Блоки расположены в соответствии с примерным временем года принятия законодательных пакетов.

Обзор реформ антимонопольного законодательства Казахстана подчёркивает масштабные преобразования, произошедшие в национальной системе защиты конкуренции с момента проведения Экспертного обзора ОЭСР 2016 года. ОЭСР отмечает готовность Казахстана к реформам и его последовательное стремление совершенствовать конкурентную политику путём обновления законодательства и развития правоприменительной практики.

В то же время ОЭСР обращает внимание на высокую частоту внесения изменений в законодательство и подзаконные акты. Это затрудняет их отслеживание не только для малых и средних предприятий с ограниченными ресурсами, но и для инвесторов, а также для судебной системы, обеспечивающей применение антимонопольных норм. Правовая определенность имеет ключевое значение для формирования устойчивого делового климата. Важно сохранять баланс между необходимостью реформ и стабильностью регулирования. Частые изменения также создают дополнительную нагрузку на судебные органы, которым приходится регулярно пересматривать сложившуюся практику правоприменения в свете новых правил.

Источники

OECD (2016), *Competition Law and Policy in Kazakhstan: A Peer Review*, Competition Law and Policy Reviews, OECD Publishing, Paris, https://doi.org/10.1787/08f78cd0-en. [1]

Примечания

[1] Кодекс Республики Казахстан от 29 октября 2015 года № 375-V ЗРК.

[2] Закон Республики Казахстан от 28 декабря 2016 года № 34-VI ЗРК «О внесении изменений и дополнений в некоторые законодательные акты Республики Казахстан по вопросам конкуренции и государственной поддержки жилищного строительства».

[3] Закон Республики Казахстан от 24 мая 2018 года № 156-VI ЗРК «О внесении изменений и дополнений в некоторые законодательные акты Республики Казахстан по вопросам совершенствования регулирования предпринимательской деятельности».

[4] Закон Республики Казахстан от 29 июня 2020 года № 352-VI ЗРК «О внесении изменений и дополнений в некоторые законодательные акты Республики Казахстан по вопросам улучшения бизнес-климата».

[5] Закон Республики Казахстан от 3 января 2022 года № 101-VII ЗРК «О внесении изменений и дополнений в некоторые законодательные акты Республики Казахстан по вопросам развития конкуренции».

[6] Закон Республики Казахстан от 6 апреля 2024 года № 71-VIII ЗРК «О внесении изменений и дополнений в некоторые законодательные акты Республики Казахстан по вопросам ведения бизнеса».

3 Институциональная структура

Настоящая глава посвящена институциональной структуре конкурентной политики Казахстана. В ней рассматриваются развитие, организационная структура и мандат национального антимонопольного органа, включая его юридические полномочия, внутреннее устройство и сеть региональных представительств. Глава также анализирует роль совещательных органов, таких как Общественный совет и Совет по барьерам. В заключение представляется обзор судебной системы Казахстана и механизма обеспечения соблюдения антимонопольного законодательства через суды.

3.1. Антимонопольный орган

3.1.1. Эволюция антимонопольного органа

Антимонопольный орган Казахстана претерпел значительные изменения за последние 20 лет. Его развитие в этот период лучше всего характеризуется постоянными реорганизациями, в ходе которых часто менялись его институциональное положение и структура.

Изначально антимонопольный орган Казахстана функционировал в форме комитета, подчинённого Правительству или одному из министерств, и неоднократно подвергался изменениям как в структуре, так и в объёме полномочий. Его деятельность сочетала обеспечение соблюдения антимонопольного законодательства с такими функциями, как регулирование цен (впоследствии классифицированное как регулирование естественных монополий) и защита прав потребителей. В 1999 году орган был преобразован в агентство, однако продолжал находиться под контролем Правительства.[1] Существенный сдвиг произошёл в 2003 году, когда он был подчинён непосредственно Президенту с целью снижения влияния Правительства. Однако уже в 2004 году это решение было пересмотрено, и функции правоприменения вновь были переданы комитету в структуре Правительства.[2]

В 2014 году функции по обеспечению соблюдения антимонопольного законодательства и регулированию естественных монополий были объединены в Комитете Республики Казахстан по регулированию естественных монополий и защите конкуренции (КРЕМЗК) при Министерстве национальной экономики.[3] В 2017 году к ним добавились функции по защите прав потребителей.[4] В 2019 году КРЕМЗК был реорганизован в три отдельных комитета: Комитет по защите и развитию конкуренции и Комитет по регулированию естественных монополий, оба в структуре Министерства национальной экономики РК, а также Комитет по защите прав потребителей, подчинённый Министерству торговли и интеграции РК.[5] Реформирование началось еще в 2015 году в рамках программы Президента «100 конкретных шагов», 53-й шаг которой предусматривал приведение деятельности антимонопольного комитета в соответствие со стандартами ОЭСР.[6]

В 2020 году Комитет по защите и развитию конкуренции был преобразован в Агентство по защите и развитию конкуренции РК (АЗРК),[7] которое в настоящее время осуществляет правоприменение в сфере конкуренции в Казахстане. Однако Агентство, как правило, не обладает полномочиями по принятию окончательных решений в сфере антимонопольного правоприменения, поскольку в Казахстане используется судебная модель. В случаях, когда Агентство выявляет нарушение антимонопольного законодательства, такое как картель или злоупотребление доминирующим положением, оно должно передать дело в суд, где судья принимает решение о применении санкций.

Агентство выполняет прежде всего функции регулятора, осуществляющего надзор за состоянием конкуренции, ограничивающего монополистические практики и регулирующего деятельность государственных монополий. Оно подотчётно непосредственно Президенту Республики Казахстан (см. раздел 3.1.8). Структура и институциональный дизайн антимонопольного органа неоднократно менялись на протяжении последнего десятилетия, что нередко приводило к смещению акцентов на внутренние и организационные вопросы в ущерб основным задачам по обеспечению соблюдения антимонопольного законодательства (Рисунок 3.1). В дальнейшем для повышения эффективности критически важно сформировать устойчивую и предсказуемую институциональную структуру.

Рисунок 3.1. Реорганизации антимонопольного органа в Казахстане

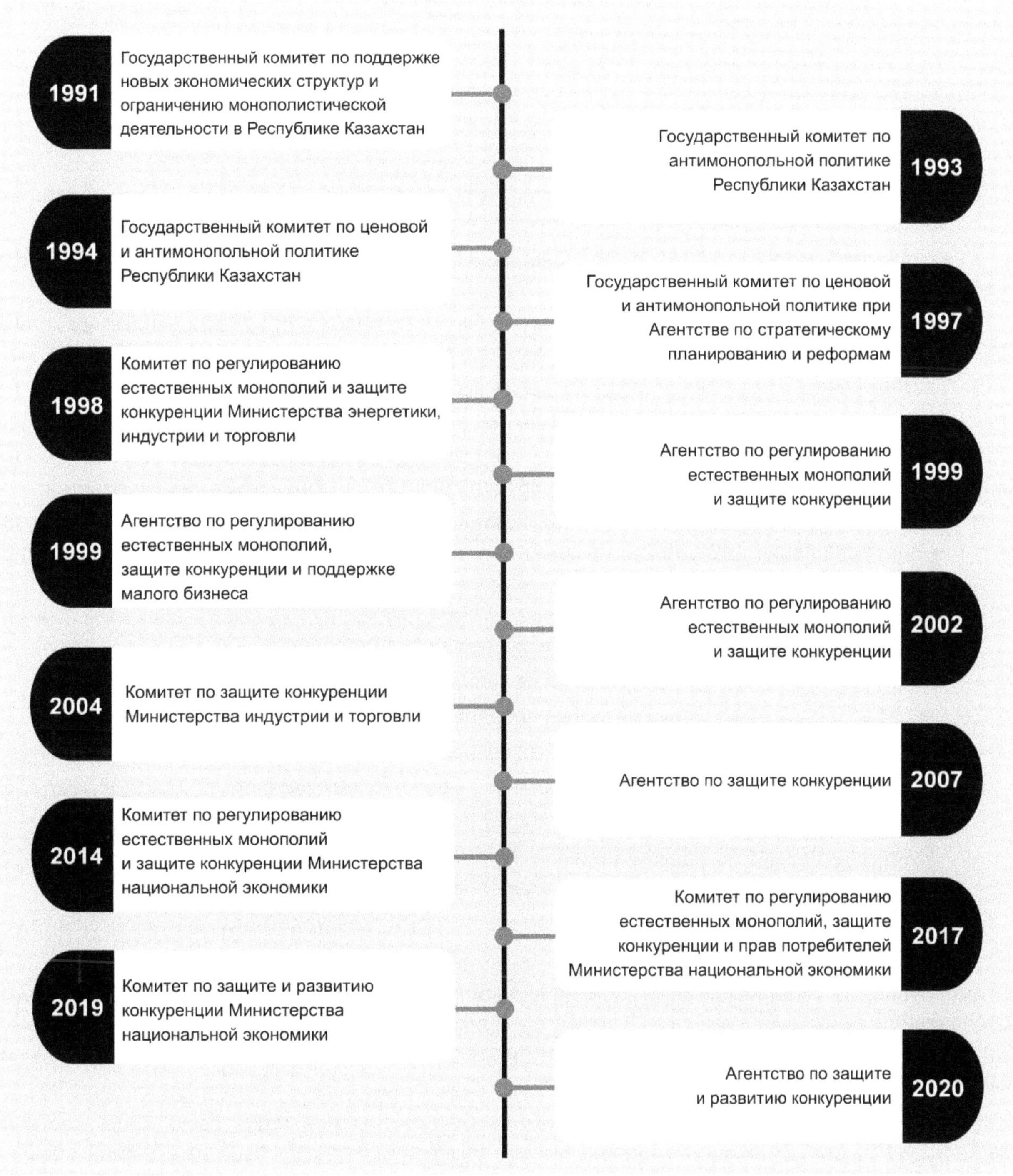

Источник: Секретариат ОЭСР на основе общедоступных нормативных правовых актов Президента и Правительства Республики Казахстан.

3.1.2. Полномочия

Агентство обеспечивает соблюдение антимонопольного законодательства в Казахстане, хотя окончательные решения по делам принимаются судами. В его обязанности входит выявление, расследование и пресечение нарушений антимонопольного законодательства, рассмотрение экономической концентрации, проведение превентивных мер для недопущения антиконкурентных практик, содействие развитию добросовестной конкуренции, а также участие в процессах демонополизации экономики.[8]

Компетенция антимонопольного органа подробно определена в Статье 90-6 Предпринимательского кодекса РК и в Положении об Агентстве Республики Казахстан по защите и развитию конкуренции (далее – «Положение»).[9] В соответствии с ними антимонопольный орган уполномочен:

- реализовывать государственную политику в области защиты конкуренции и осуществлять контроль за соблюдением законодательства о конкуренции;
- осуществлять межотраслевую координацию и международное сотрудничество по вопросам защиты конкуренции;
- предотвращать и пресекать антиконкурентные соглашения и согласованные действия, злоупотребление доминирующим положением и недобросовестную конкуренцию;
- рассматривать ходатайства о согласовании экономической концентрации;
- пресекать акты и действия государственных органов, направленные на ограничение или устранение конкуренции;
- проводить расследования по фактам нарушений антимонопольного законодательства;
- налагать незначительные административные штрафы (например, в случае непредоставления субъектом рынка уведомлений по отдельным вопросам либо неисполнения предписаний);
- направлять уведомления о наличии признаков нарушения и выносить обязательные для исполнения предписаний в ходе и по результатам расследований;
- анализировать состояние конкуренции на товарных рынках;
- разрабатывать и утверждать методики проведения анализа состояния конкуренции;
- осуществлять мониторинг и, в отдельных случаях, регулирование цен на товарных рынках;
- осуществлять мониторинг предоставления мер государственной поддержки частному предпринимательству;
- осуществлять мониторинг деятельности предприятий с государственным участием;
- вносить предложения по передаче государственных предприятий в конкурентную среду;
- распространять информацию о применении норм конкурентного законодательства в Казахстане.

Антимонопольный орган Казахстана нередко наделялся функциями, лишь косвенно связанными с обеспечением защиты конкуренции. К таким функциям в разные периоды относились поддержка малого бизнеса, администрирование естественных монополий, регулирование цен на отдельных товарных рынках и защита прав потребителей.

Несмотря на рекомендации Экспертного обзора 2016 года, Агентство было лишь частично освобождено от этих функций. Поддержка малого бизнеса была исключена из его полномочий в 2002 году, а администрирование естественных монополий и защита прав потребителей были переданы отдельным комитетам в 2019 году в результате разделения КРЕМЗК. Тем не менее регулирование цен на ряде рынков остаётся компетенцией Агентства, при этом разграничение ответственности в сфере естественных монополий остаётся не вполне чётким.

Кроме того, наблюдается устойчивая тенденция наделения Агентства новыми задачами, лишь опосредованно связанными с конкуренцией. Так, в 2020 году оно получило полномочия по контролю за товарными биржами и выдаче торговых лицензий, в 2022 – по оценке мер государственной поддержки, а в 2024 году были переданы функции Национального офиса по приватизации, руководство которым возглавил Председатель Агентства.

Эту тенденцию охарактеризовал заместитель Председателя Агентства, отметивший, что в последние годы орган сместил акцент с защиты конкуренции в сторону роли «экономического регулятора», сосредоточив внимание на регулировании, «либерализации» и приватизации экономики. Хотя внутри Агентства эти новые функции воспринимаются как естественное продолжение работы, существует обеспокоенность, что они отвлекают внимание от ключевой миссии органа – обеспечения соблюдения антимонопольного законодательства.

Интервью с заинтересованными сторонами также показывают, что в Агентстве отсутствуют чёткие институциональные разграничения — так называемые «китайские стены» — между вспомогательными функциями и основной деятельностью по антимонопольному правоприменению. По мере возложения на Агентство дополнительных функций складывается впечатление, что его деятельность по обеспечению соблюдения антимонопольного законодательства постепенно отходит на второй план по сравнению с задачами, формируемыми непосредственными поручениями Президента.

3.1.3. Внутренняя организация

Согласно Статье 90-1 Предпринимательского кодекса РК, антимонопольный орган состоит из центрального аппарата и 20 подведомственных территориальных департаментов (региональных управлений). Несмотря на наличие такого внутреннего деления, от антимонопольного органа ожидается, что он функционирует как единая структура.

Руководство

Управление Агентством осуществляет Председатель, который несёт ответственность за выполнение возложенных на Агентство задач.[10] Председатель организует и контролирует деятельность Агентства, даёт поручения сотрудникам, проводит организационные и административные мероприятия необходимые для реализации функций Агентства, включая утверждение положений о структурных и территориальных департаментах. Кроме того, Председатель подписывает правовые акты Агентства и представляет его во взаимоотношениях с государственными органами и иными организациями. Председатель назначается Президентом Республики Казахстан. Срок его полномочий не установлен и определяется по усмотрению Главы Государства.

В Агентстве имеется *три заместителя*, один из которых является *Первым заместителем*. Их полномочия определяются Председателем Агентства. Кроме того, в структуре Агентства имеется *Руководитель аппарата*, ответственный за управление персоналом. Он уполномочен назначать и освобождать от должности руководителей структурных подразделений и территориальных департаментов (по согласованию с Председателем), возглавляет дисциплинарную комиссию и решает вопросы кадровой политики (отпуска, обучение, оплата труда и др.).

Коллегиальным органом управления является *Правление*, в состав которого входят руководители Агентства. Оно принимает решения по ключевым вопросам – определяет приоритеты формирования и развития конкурентной политики, утверждает ежегодный отчёт о состоянии конкуренции на отдельных товарных рынках, принимает внутренние регламенты и решения по результатам расследований нарушений антимонопольного законодательства. Хотя создание Правления было предусмотрено Положением об Агентстве ещё в 2020 году, фактически оно начало работу только в ноябре 2022 года.

В соответствии с Законом Республики Казахстан «О государственной службе»,[11] государственная служба подразделяется на две категории – политическую и административную. Председатель Агентства и его заместители относятся к категории политической государственной службы. Они назначаются и освобождаются от должности Президентом Республики Казахстан по его усмотрению. Назначение производится без проведения конкурса, а освобождение от должности не требует обоснования. Процедура назначения и освобождения от должности не урегулирована, срок полномочий также не установлен.

Административная государственная служба также подразделяется на две категории. Руководящие административные должности относятся к «корпусу А», а остальные – к «корпусу Б». Руководитель аппарата Агентства относится к категории «корпуса А» и назначается (освобождается от должности) Председателем Агентства. Срок полномочий на должности «корпуса А» составляет четыре года, но может быть продлён ещё на два года решением Председателя Агентства и ещё на два года решением Национальной комиссии по кадровой политике. Таким образом, максимальный срок пребывания на должности в «корпусе А» составляет восемь лет.

Закон о государственной службе РК, содержит положения о конфликте интересов, распространяющиеся как на политических, так и на административных государственных служащих. В случае возникновения конфликта интересов государственный служащий обязан письменно уведомить об этом своего руководителя и временно воздержаться от исполнения служебных обязанностей. Руководитель, в свою очередь, должен своевременно принять меры для урегулирования конфликта интересов — путём передачи полномочий другому сотруднику либо изменения должностных обязанностей государственного служащего (Вставка 3.1).

Центральный аппарат

Центральный аппарат расположен в столице Казахстана – городе Астане. Его организационная структура достаточно сложна. При создании Агентства в 2020 году он включал 16 структурных подразделений.[12] С тех пор было добавлено ещё четыре,[13] и в настоящее время в Агентстве насчитывается 20 структурных подразделений (Рисунок 3.2).

В структуре Агентства действуют отраслевые департаменты, специализирующиеся, в частности на вопросах энергетики, финансовых рынков, транспорта, социальной сферы и сельского хозяйства. Эти департаменты проводят отраслевой экономический анализ как для целей расследований, так и в рамках регулирования экономической концентрации. Как правило, анализ рынка, выполненный отраслевым департаментом, предшествует расследованию, которое осуществляет Департамент расследований. Кроме того, отраслевые департаменты осуществляют мониторинг конкуренции на соответствующих рынках, выявляют потенциальные барьеры для конкуренции, проводят оценку регуляторного воздействия и готовят рекомендации для регулирующих органов. Многие из них также выполняют функции ценового регулирования. Из-за значительного числа возложенных на отраслевые департаменты задач, нередко лишь косвенно связанных с конкуренцией, в них работает большое количество специалистов, однако лишь немногие непосредственно задействованы в обеспечении соблюдения антимонопольного законодательства *stricto sensu* (в строгом (узком) смысле).

Департамент расследований включает два отдела – по расследованию картелей и по расследованию иных нарушений антимонопольного законодательства. По данным Агентства, 95% дел расследуются территориальными департаментами, однако *Департамент расследований* центрального аппарата обычно рассматривает наиболее сложные дела. По результатам миссии ОЭСР в Казахстан по сбору фактической информации в 2025 году установлено, что нагрузка на этот департамент значительна вследствие большого числа дел, отсутствия практики приоритизации, коротких сроков расследований и ограниченных ресурсов (всего 12 сотрудников).

Вероятно, именно это является одной из причин того, что Агентство всё чаще заменяет правоприменительные меры превентивными инструментами (см. также разделы 5.1.1 и 7.3).

Департамент экономической концентрации и контроля государственных предприятий выполняет две основные функции – регулирование экономической концентрации и регулирование цен государственных монополий. Хотя из его названия следует, что основной акцент сделан на регулировании экономической концентрации, на практике, как показали интервью, основная деятельность связана с ценовым регулированием. Регулирование экономической концентрации ограничивается анализом фазы I (осуществляемым одним специалистом), тогда как анализ фазы II (так называемый анализ рынка) выполняется отраслевыми департаментами. Более эффективным решением было бы создание специализированного департамента экономической концентрации, без передачи части функций в отраслевые департаменты, а также увеличение числа специалистов, занимающихся рассмотрением ходатайств.

Департамент правового регулирования конкуренции отвечает за анализ национального антимонопольного законодательства и судебной практики, что позволяет Агентству выявлять причины отмены его решений судами.

В 2024 году был создан *Департамент цифровизации*, основной задачей которого является внедрение цифровых технологий и информационных систем в деятельность Агентства.

Аналитический исследовательский центр развития конкуренции (АИЦРК) был создан для усиления аналитического потенциала Агентства, однако формально не входит в его структуру. Его деятельность курируется Главным экономистом, который не располагает собственным штатом в Агентстве. Таким образом, сотрудники АИЦРК фактически выполняют функции аппарата Главного экономиста, оставаясь при этом вне организационной структуры Агентства. Основными задачами АИЦРК являются проведение прикладных исследований, оценка воздействия регулирования на конкуренцию (*competition assessment*), анализ и мониторинг товарных рынков, поддержка разработки конкурентной политики, а также адвокатирование конкуренции. Центр работает с Агентством на основе запросов, и полученные им эмпирические выводы могут использоваться в заключениях и аналитических материалах Агентства.

Тем не менее эффективность АИЦРК в поддержке антимонопольного правоприменения остаётся ограниченной. Экономические методы, используемые в расследованиях, должны быть заранее определены и закреплены в нормативно-правовой базе; в противном случае существует риск, что суды не примут представленные экономические доказательства. Это существенно снижает практическую ценность исследований Центра для деятельности Агентства по обеспечению соблюдения антимонопольного законодательства. Дополнительным фактором является то, что формально АИЦРК не входит в структуру Агентства, что ограничивает влияние его аналитических материалов на процесс принятия решений.

Центр также взаимодействует с отраслевыми департаментами Агентства. Несмотря на то, что усилия по развитию экономического анализа заслуживают положительной оценки, остаётся открытым вопрос, почему подобная работа не может быть организована внутри существующих департаментов, которые уже выполняют функции экономического анализа, либо через создание полноценного офиса Главного экономиста для снижения нагрузки на отраслевые подразделения. Дублирование функций между АИЦРК и отраслевыми департаментами при проведении отраслевого анализа приводит к пересечению задач и снижает общую эффективность аналитической работы. Вставка 3.1 приводит полный перечень задач АИЦРК.

Рисунок 3.2. Структура Агентства

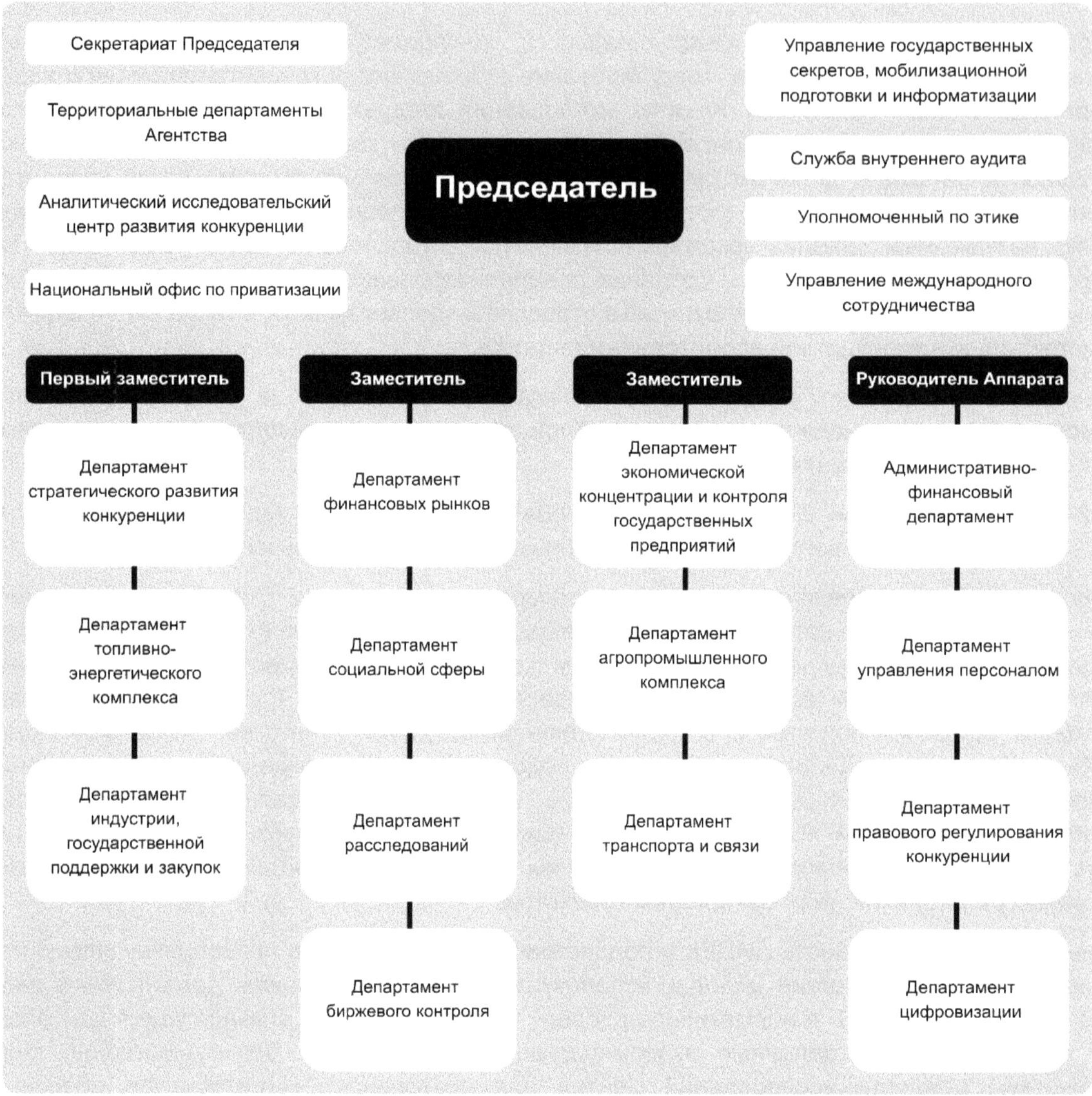

Источник: Информация предоставлена Агентством.

Вставка 3.1. Аналитический исследовательский центр развития конкуренции (АИЦРК)

Основные задачи АИЦРК

АИЦРК проводит аналитические исследования со следующими целями: (1) тестирование и совершенствование аналитических подходов, включая методики ОЭСР, CMA (Великобритания), ФТК и МЮ США, Европейской комиссии и других; (2) формирование более глубокого понимания функционирования рынков – не только с позиции конкуренции, но и в контексте общих экономических процессов.

Вместе с тем проведение рыночных анализов составляет лишь часть деятельности Центра. Его работа также охватывает:

1. подготовку общих исследований в области конкуренции (например, анализ взаимосвязи между конкуренцией и инфляцией на казахстанских рынках, разработку методологии определения предельных издержек и др.);
2. оценку воздействия на конкуренцию, включая использование стандартных индикаторов ОЭСР (как предусмотрено Статьёй 83 Предпринимательского кодекса РК и Правилами проведения оценки воздействия на конкуренцию);
3. содействие развитию системы антимонопольного комплаенса и выработку предложений по её совершенствованию (в т.ч. в рамках отдельного исследовательского проекта);
4. подготовку «экспресс-аналитики» для Агентства – срочных аналитических материалов по вопросам антимонопольного регулирования;
5. организацию программ дополнительного обучения сотрудников Агентства (таким как по Python, SQL, Power BI, эконометрике, статистике и др.), в том числе с привлечением внешних экспертов.

Источник: Аналитический исследовательский центр развития конкуренции (АИЦРК).

В соответствии с Указом Президента РК 2024 года «О мерах по либерализации экономики»[14] был создан *Национальный офис по приватизации* как дополнительное структурное подразделение Агентства (в форме консультативной комиссии). Его задачи включают анализ действующих государственных предприятий; разработку критериев отбора государственных активов, подлежащих обязательной приватизации; формирование перечня активов, предлагаемых к приватизации, и мониторинг хода приватизации. Такая функция является нетипичной для антимонопольного органа и требует специальных компетенций и ресурсов, которые, как правило, сосредоточены в Министерстве финансов или Канцелярии Премьер-Министра. Поскольку данное направление определено как приоритетное, существует реальный риск, что новая зона ответственности Агентства будет отвлекать внимание от его ключевой задачи – обеспечения эффективного правоприменения и защиты конкуренции.

Территориальные департаменты

Помимо центрального аппарата, Агентство имеет территориальные департаменты (региональные подразделения). При создании Агентства их было 17.[15] В 2022 году были добавлены ещё три департамента.[16] В настоящее время их общее число составляет 20 – по одному в каждой из 17 областей и в трёх городах республиканского значения: Астане, Алматы и Шымкенте.

Территориальные департаменты обладают полномочиями, схожими с функциями центрального аппарата.[17] *Руководитель территориального департамента*, возглавляет подразделение и отвечает за выполнение возложенных на него задач. Его обязанности включают организацию и руководство работой подразделением, издание поручений, представление департамента во взаимоотношениях с государственными органами и другими организациями, а также наложение дисциплинарных взысканий на сотрудников. Назначение и освобождение от должности руководителя департамента осуществляются Руководителем аппарата Агентства по согласованию с Председателем. У руководителя территориального департамента также имеется заместитель, назначаемый и освобождаемый от должности в том же порядке; его полномочия определяются руководителем департамента. Важно отметить, что ни руководитель департамента, ни его заместитель не относятся к категории государственных служащих «корпус А».

Организационная структура территориальных департаментов отличается от структуры центрального аппарата. Как правило, они состоят из двух подразделений – Отдела расследований и Отдела развития конкуренции. При этом в территориальных департаментах городов Астаны и Алматы есть дополнительный Отдел защиты конкуренции.

Советы при Агентстве

В соответствии с законодательством Республики Казахстан, общественные советы создаются при министерствах, государственных органах, подотчетных Президенту, а также при органах местного самоуправления. Они выполняют функции консультативно-совещательных органов, разрабатывают рекомендации, которые должны учитываться в процессе принятия решений.[18] Общественные советы призваны служить механизмом вовлечения заинтересованных сторон в процесс формирования политики.

При Агентстве создан *Общественный совет*, в состав которого входят 12 членов – эксперты в области конкуренции, юристы, экономисты и представители бизнеса. Члены Совета отбираются независимой комиссией из числа кандидатов, подавших заявки. Совет функционирует как консультативный орган, осуществляющий мониторинг деятельности Агентства и вырабатывающий рекомендации по её совершенствованию. Кроме того, Совет принимает участие в рассмотрении проектов нормативных правовых актов, затрагивающих права, свободы и обязанности граждан, в соответствии с Законом Республики Казахстан «О нормативных правовых актах». Проекты документов направляются в Общественный совет для обсуждения, после чего его замечания возвращаются в Агентство для рассмотрения. Хотя Агентство не обязано принимать рекомендации Совета, оно должно предоставлять на них мотивированный ответ. По информации, полученной ОЭСР от заинтересованных сторон, основная деятельность Совета в настоящее время сосредоточена на вопросах защиты прав потребителей. При этом часть представителей бизнеса больше не участвует в его работе. В целом ключевая роль Общественного совета заключается в выражении позиции гражданского общества по вопросам, имеющим общественную значимость.

Другим консультативным органом при Агентстве является *Совет по выявлению и устранению барьеров входа на товарные рынки (Совет по барьерам)* (Вставка 3.2.). Он функционирует на постоянной основе как на национальном, так и на региональном уровне и включает 12 представителей бизнеса, а также представителей государственных органов. Совет по барьерам сосредоточен на выявлении нормативных ограничений для входа на товарные рынки, оценке их влияния на конкурентную среду с участием экспертного сообщества и разработке предложений по обеспечению принципов «справедливой торговли». Если Совет выявляет нормы, ограничивающие конкуренцию, он вправе направить предложения по их устранению в соответствующие государственные органы. Последние обязаны представить мотивированное заключение о том, каким образом они намерены устранить выявленный барьер.

Разграничение задач между Советом по барьерам и Общественным советом остаётся не вполне ясным. Как и в ряде других направлений деятельности Агентства, наблюдается определённое дублирование функций, а механизмы подотчётности остаются недостаточно прозрачными.

Например, при проведении оценки регуляторного воздействия на конкуренцию у двух Советов и отраслевых департаментов могут формироваться разные позиции. Введение чётких руководящих принципов и прозрачных механизмов подотчётности позволило бы существенно повысить эффективность этих консультативно-совещательных органов при Агентстве и результаты их работы.

Вставка 3.2. Совет по барьерам

В 2020 году при Агентстве по защите и развитию конкуренции Республики Казахстан был создан *Совет по выявлению и устранению барьеров входа на товарные рынки,* основанный на принципах краудсорсинга. Его основная цель — выявление и устранение административных, экономических и иных препятствий, ограничивающих доступ участников на товарные рынки.

Основные задачи Совета включают разработку предложений:

- по снижению барьеров для входа на товарные рынки, включая инструменты административного и ценового регулирования;
- по сокращению избыточного регулирования и/или государственного вмешательства (например, ограничений доступа к *ключевой мощности*, ценовых искажений и избирательного покровительства);
- по снижению уровня концентрации на рынках и расширению числа конкурентных секторов экономики за счёт сокращения количества субъектов естественных монополий или субъектов специального права;
- по уменьшению доли предприятий с государственным участием и повышению эффективности управления государственными активами;
- по развитию малого и среднего бизнеса и увеличению его вклада в экономику страны;
- по стимулированию биржевой торговли и внедрению прозрачных механизмов ценообразования;
- по обеспечению прозрачности и равного доступа к закупкам со стороны государственных органов и государственных субъектов рынка, а также по расширению доли закупок у частных предприятий, включая малые и средние компании.

По данным Агентства, в 2024 году удалось устранить в общей сложности 13 системных барьеров для развития конкуренции. В частности, одним из таких барьеров были неправомерные отказы владельцев ключевых мощностей в предоставлении доступа к объёмам нефтепродуктов. Для решения этой проблемы Агентство инициировало внесение изменений в Приказ № 15 Председателя Агентства от 13 июня 2022 года «Об утверждении Правил равного доступа к ключевой мощности», регулирующий порядок распределения нефтепродуктов в периоды дефицита топлива.

Источник: информация, предоставленная Агентством.

3.1.4. Человеческие ресурсы

Численность сотрудников

Численность сотрудников антимонопольного органа постепенно увеличивается с 2020 года (Рисунок 3.3). Наиболее заметный рост произошел в 2021–2022 годах в связи с расширением полномочий Агентства и созданием трёх новых территориальных подразделений.

Сопоставление с периодами до 2020 года затруднено из-за различий в компетенциях органа. Наиболее корректным представляется сравнение нынешнего Агентства с Агентством по защите конкуренции (2007–2013 годы), поскольку в тот период в его полномочия не входили регулирование естественных монополий и защита прав потребителей. Такое сравнение показывает значительный рост численности персонала: с 203 человек в 2013 году до 391 человека в 2024 году (Рисунок 3.1 и Рисунок 3.2). Увеличение штата объясняется созданием трёх новых областей Казахстана (Жетісу, Ұлытау и Абай), где были открыты территориальные департаменты Агентства, формированием Департамента цифровизации (восемь штатных единиц), а также расширением функций и полномочий Агентства.

Численность сотрудников Агентства заметно выше среднего уровня по странам ОЭСР (Рисунок 3.2 и Рисунок 3.3). Однако, как показали интервью с сотрудниками и заинтересованными сторонами, значительная часть ресурсов Агентства расходуется на выполнение функций, лишь косвенно связанных с конкуренцией, включая мониторинг и регулирование цен, а также надзор за товарными рынками и естественными монополиями. При этом чёткое разграничение задач между отраслевыми департаментами отсутствует, что затрудняет прямое сопоставление численности персонала с аналогичными органами в других юрисдикциях.

Рисунок 3.3. Сравнение численности сотрудников, работающих в сфере конкуренции, 2020–2023 гг.

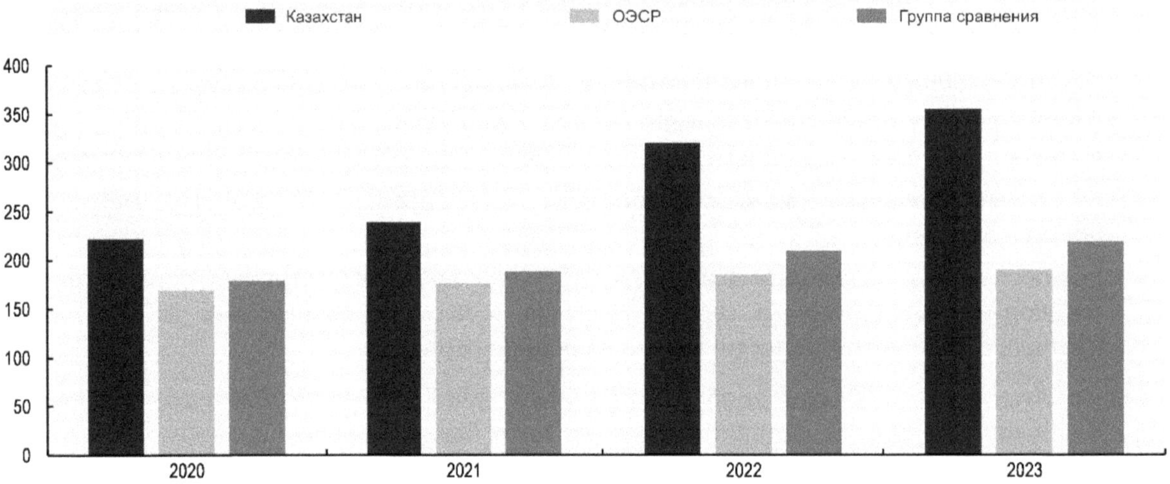

Примечание. Группа сравнения была сформирована из выборки юрисдикций, отчитывающихся в CompStats, на основе близости показателя ВВП на душу населения (включены юрисдикции, у которых разница с Казахстаном составляет менее 3 000 евро).
Источник: CompStats ОЭСР и данные, предоставленные Агентством.

Рисунок 3.4. Количество сотрудников на миллион жителей, 2020–2023 гг.

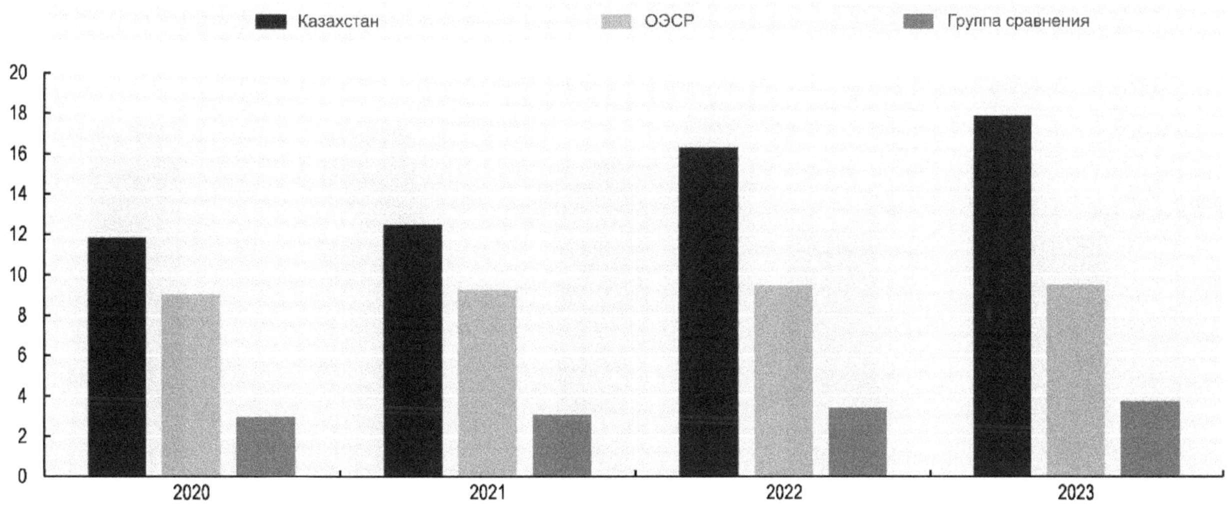

Примечание. Группа сравнения была сформирована из выборки юрисдикций, отчитывающихся в CompStats, на основе близости показателя ВВП на душу населения (включены юрисдикции, у которых разница с Казахстаном составляет менее 3 000 евро).
Источник: ОЭСР CompStats и данные, предоставленные Агентством.

Несмотря на рост численности, в Агентстве сохраняется высокая текучесть кадров. Ежегодно увольняются в среднем 64 сотрудника, и этот показатель остаётся стабильным на протяжении последних лет (Рисунок 3.3). Среди причин – высокая нагрузка, сравнительно низкий уровень заработной платы и ограниченные социальные льготы по сравнению как с частным сектором, так и с другими государственными органами.[19] В частном секторе зарплаты квалифицированных специалистов могут быть в четыре раза выше, а в других госорганах они, как правило, выше благодаря системе надбавок.

По данным Агентства, неконкурентоспособный уровень оплаты труда является одной из ключевых причин текучести кадров и затрудняет привлечение и удержание квалифицированных специалистов. В 2024 году среднемесячная чистая заработная плата специалиста по вопросам конкуренции составляла 260 000 тенге (около 500 евро или 520 долл. США), а руководящего состава – 479 000 тенге (921 евро или 959 долл. США). Для сравнения, средняя чистая заработная плата в Казахстане в 2024 году составила 281 973 тенге (543 евро или 564 долл. США).[20] Таким образом, средняя заработная плата сотрудников Агентства лишь немного превышает общенациональный уровень, при этом значительная часть работников получает существенно меньше.

Рисунок 3.5. Численность сотрудников, 2020–2024 гг.

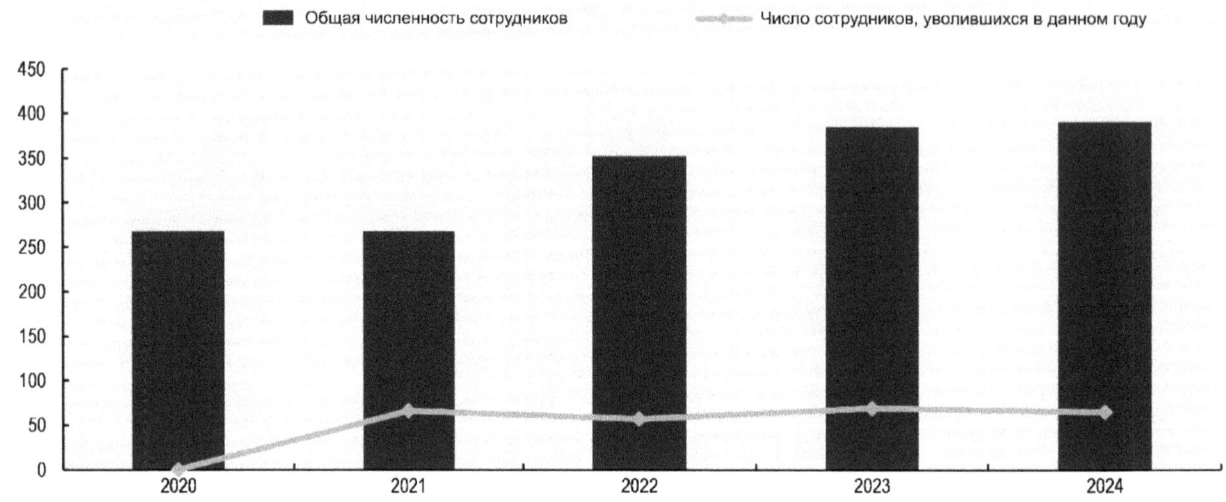

Источник: данные, предоставленные Агентством.

За последние три года проблема удержания кадров приобрела системный характер. Агентство предпринимает меры для её решения: в частности, в 2023 году размер премий был увеличен на 40%. Тем не менее высокая текучесть продолжает снижать эффективность работы органа, в том числе из-за необходимости постоянного обучения новых сотрудников. Хотя численность персонала Агентства в последние годы увеличилась, это связано не только с новыми функциями, но и с тем, что выполнение задач теперь требует большего количества работников, чем ранее, когда их выполняло меньшее число более опытных специалистов, покинувших Агентство.

В приоритетном порядке Агентству следует сосредоточить усилия на удержании квалифицированных кадров, чтобы обеспечить устойчивость, институциональную память и эффективность своей деятельности.

Правовой статус сотрудников Агентства

Как упоминалось ранее, Закон Республики Казахстан «О государственной службе» различает административные государственные должности категорий «корпус А» и «корпус Б» и устанавливает отдельные правила для каждой из них. Сотрудники Агентства, включая руководителей структурных подразделений и территориальных департаментов, относятся к категории «корпус Б».

Вставка 3.3. Правовой статус государственных служащих «корпуса Б» в Казахстане

Приём на государственную службу в «корпус Б» осуществляется на конкурсной основе. Конкурсный процесс включает пять этапов: (i) публикацию объявления о конкурсе; (ii) приём документов от кандидатов; (iii) их рассмотрение; (iv) собеседование, проводимое конкурсной комиссией государственного органа; (v) принятие решения конкурсной комиссией. Конкурс может быть общим (открытым для всех) или внутренним (ограниченным государственными служащими данного органа и его подразделений). Как правило, общий конкурс проводится для замещения нижестоящих должностей, а также в случае отсутствия кандидатов во внутреннем конкурсе.

Государственные служащие обязаны исполнять свои обязанности в соответствии с законодательством РК. Эффективность и качество их работы оцениваются и учитываются при принятии решений о вознаграждении, продвижении по службе, обучении, ротации и увольнении. За добросовестное исполнение обязанностей они могут быть поощрены денежной выплатой, благодарностью, почётным званием или другими наградами. Продвижение по службе сопровождается более высокой квалификацией и заработной платой и зависит от профессиональных навыков, заслуг и качества работы.

Помимо ежемесячной заработной платы государственные служащие могут получать премии, размер которых определяется руководителем органа по итогам годовой оценки. Премии назначаются с учётом таких факторов, как соблюдение законодательства, добросовестное исполнение обязанностей, выполнение срочных и внеплановых заданий, подготовка проектов законов, конвенций и соглашений, а также в связи с юбилейными датами.

Основания для увольнения с государственной службы определены Статьёй 61 Закона РК «О государственной службе». Часть из них совпадает с общими нормами трудового законодательства, включая неисполнение обязанностей, неудовлетворительные результаты оценки, осуждение за уголовные правонарушения или предоставление недостоверных сведений при поступлении на службу. Другие основания являются специфическими для государственной службы – например, утрата гражданства РК или наличие иностранного гражданства, совершение дисциплинарного проступка, дискредитирующего государственную службу, а также занятие иной государственной должности. Применяются и иные основания, предусмотренные трудовым законодательством.

Государственные служащие обязаны принимать меры по предотвращению конфликта интересов. В случае его возникновения они должны письменно уведомить руководителя, который обязан принять меры по урегулированию ситуации – либо через передачу полномочий другому сотруднику, либо через изменение должностных обязанностей. До урегулирования конфликта интересов служащему запрещается осуществлять свои должностные полномочия.

Источники: Статьи 27, 28, 29, 33, 35, 37, 51 Закона РК «О государственной службе»; п.7 главы 2 Приказа Председателя Агентства РК по делам государственной службы и противодействию коррупции от 21 февраля 2017 года № 40; ППРК от 29 августа 2001 года № 1127.

Обучение сотрудников

Государственные служащие проходят различные виды обучения. Каждый вновь назначенный на административную государственную должность сотрудник обязан пройти курс переподготовки в Академии государственного управления РК. Дополнительные программы обучения включают курсы по цифровым навыкам, кибербезопасности, искусственному интеллекту, бизнес-процессам и другим направлениям.

Агентство также организует обучение, связанное с вопросами конкуренции. Оно проводится как на национальном, так и на международном уровне. Сотрудники Агентства принимают участие в семинарах, организованных Региональным центром ОЭСР по вопросам конкуренции в Восточной Европе и Центральной Азии, а также в программах, проводимых антимонопольными органами других стран. Агентство отмечает, что расширение числа тренингов, особенно в сфере цифровых рынков, могло бы существенно повысить квалификацию его специалистов.

3.1.5. Финансовые ресурсы

Согласно пункту 12 главы 1 Положения об Агентстве, его деятельность финансируется исключительно за счет средств республиканского бюджета. Финансирование осуществляется на основе лимитов штатной численности государственных органов и утверждается на трёхлетний финансовый период[21] Законом о Республиканском бюджете РК, с последующим ежегодным переутверждением.

Агентство не располагает фиксированным бюджетом и ежегодно должно обращаться в Министерство финансов и Парламент Казахстана за утверждением финансированием. По данным АЗРК, запрошенные бюджетные средства, как правило, одобряются, однако не всегда в полном объёме. Так, в 2024 году Агентство не получило всю заявленную сумму, что вынудило сократить расходы на оборудование и административные нужды, что, в свою очередь, может негативно сказаться на способности проводить расследования. Подобная непредсказуемость в распределении средств подрывает стабильность работы Агентства. В этой связи Агентство выступает за внедрение механизма «защищенного бюджета», который обеспечил бы большую финансовую независимость.

Таблица 3.1 отражает в целом положительную динамику роста бюджетных ассигнований, выделяемых на деятельность Агентства. Вместе с тем в 2025 году бюджет был сокращён на 220 млн тенге (423 892 евро или 440 882 долл. США) по сравнению с 2024 годом.

Таблица 3.1. Бюджетные средства антимонопольного органа

Год	Бюджетные средства (в тенге)	Бюджетные средства (в евро)	Бюджетные средства (в долларах США)
2020	1 088 367 000	2 103 856	2 583 004
2021	1 769 362 000	3 574 860	4 066 941
2022	2 761 161 000	5 561 576	5 968 856
2023	3 548 378 000	7 090 564	7 827 251
2024	3 669 550 000	6 751 668	6 988 315
2025	3 449 066 000	6 638 885	6 905 128

Примечание. Бюджетные средства в евро и долларах США рассчитаны по обменному курсу на 31 декабря каждого года. Для 2025 года использовался обменный курс на 28 февраля 2025 года. Курсы валют взяты с сайта https://www.xe.com/currencytables/.
Источник: Данные, предоставленные Агентством.

Основная часть бюджета расходуется на оплату труда, меньшая – на административные расходы (Рисунок 3.6). В последние годы наблюдается устойчивая тенденция роста доли фонда заработной платы: с 72% в 2021 году до 83% в 2024 году, тогда как доля административных расходов снизилась с 28% до 17% за тот же период. Несмотря на это, по данным Агентства, выделенных средств на оплату труда недостаточно для обеспечения конкурентного уровня заработной платы, что затрудняет привлечение и удержание квалифицированных специалистов.

Рисунок 3.6. Распределение бюджетных средств Агентства между заработной платой и административными расходами, 2021–2025 гг.

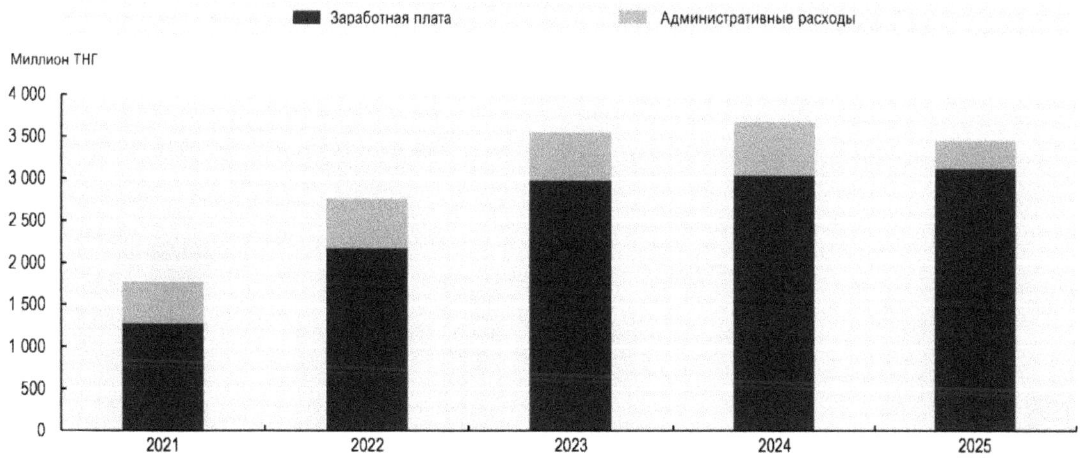

Источник: Данные предоставлены Агентством.

Рисунок 3.7. Сравнение бюджета по ППС, 2020–2023 гг.

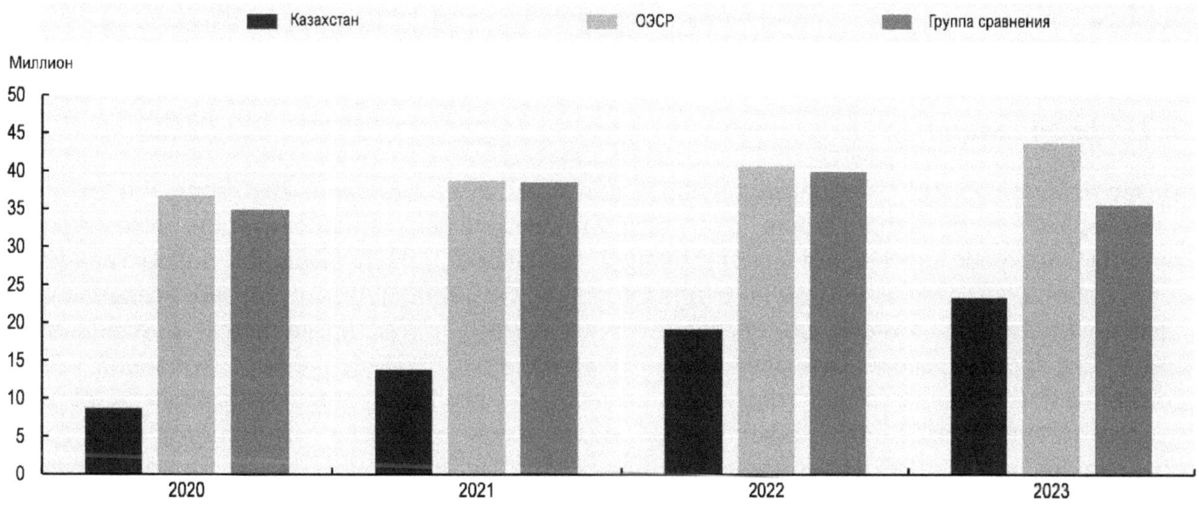

Примечание. Бюджет антимонопольного органа выражен по ППС (паритет покупательной способности). Группа сравнения была сформирована из выборки юрисдикций, отчитывающихся в CompStats, на основе близости показателя ВВП на душу населения (включены юрисдикции, у которых разница с показателем Казахстана составляет менее 3 000 евро).
Источник: CompStats ОЭСР и данные, предоставленные Агентством.

Сравнение бюджета Агентства со средними показателями по странам ОЭСР и по группе сравнения показывает его отставание, хотя ситуация улучшилась в последние два года. В пересчёте по паритету покупательной способности бюджет остаётся существенно ниже среднего уровня по ОЭСР и группе сравнения (Рисунок 3.7), что, однако, не учитывает размер юрисдикции. В соотношении к ВВП бюджет Агентства выглядит ближе к среднему уровню по ОЭСР (Рисунок 3.8). Однако это может отражать широкий спектр задач, возлагаемых на сотрудников. С учётом указанных факторов перед Агентством стоит задача обеспечения стабильности бюджета. Кроме того, в условиях низкого уровня заработной платы и высокой текучести кадров уровень оплаты труда должен быть приведён в соответствие с аналогичными должностями государственной службы.

Рисунок 3.8. Соотношение бюджета к ВВП, 2020–2023 гг.

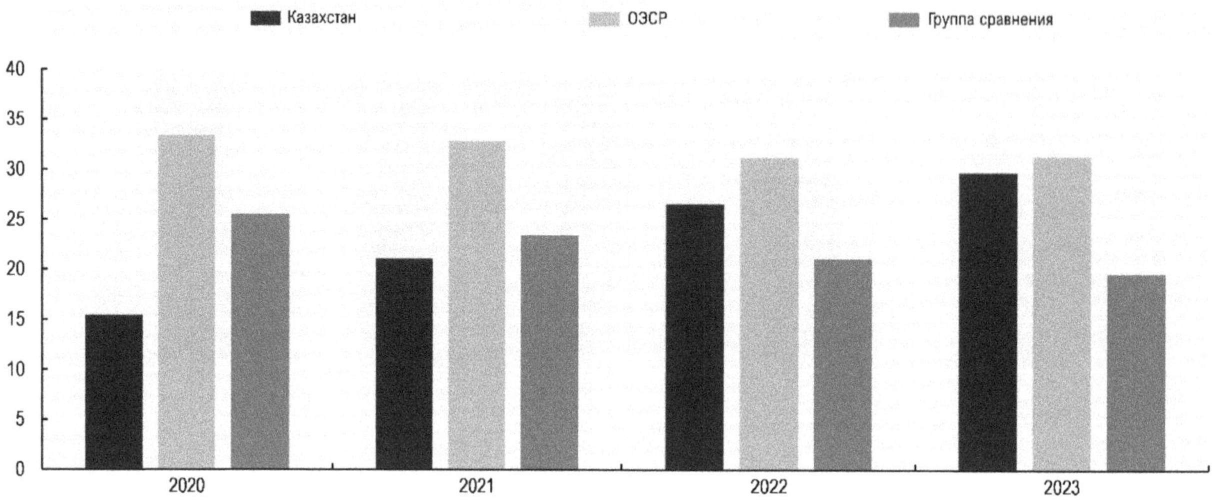

Примечание. Соотношение бюджета рассчитывается как бюджет (в евро), делённый на ВВП по ППС и затем делённый на 1 000. Группа для сопоставления сформирована из выборки юрисдикций, отчитывающихся в CompStats, на основе близости показателя ВВП на душу населения (включены юрисдикции, у которых разница с показателем Казахстана составляет менее 3 000 евро).
Источник: CompStats и данные, предоставленные Агентством.

3.1.6. Цифровизация

Агентство начало процесс цифровизации своей деятельности в середине 2023 года, а в 2024 году для поддержки этого направления был создан Департамент цифровизации. Несмотря на достигнутый прогресс, потенциал использования технологий для повышения эффективности и качества работы остаётся во многом не реализованным. По данным Агентства, значительная часть его деятельности по-прежнему осуществляется на бумаге, в так называемом «механическом режиме». Так, процедуры оценки воздействия на конкуренцию, проведение расследований, выдача уведомлений и наложение административных штрафов до сих пор оформляются в бумажном виде. Это препятствует созданию эффективных механизмов контроля и мониторинга сроков расследований, исполнения уведомлений и других внутренних процессов. В настоящее время ведётся работа над формированием цифровой экосистемы Агентства, включая интеграцию технологий искусственного интеллекта.

В распоряжении Агентства находятся 381 стационарный компьютер и 70 ноутбуков, что в целом соответствует численности персонала. Однако, как установила миссия ОЭСР по сбору информации, не все сотрудники имеют доступ к Интернету со своих рабочих мест, и для его получения требуется специальное разрешение. Эти ограничения предусмотрены национальным законодательством об информационной безопасности для государственных органов и направлены на предотвращение киберугроз. Для обеспечения доступа к необходимым онлайн-ресурсам Агентство сформировало «белый список» разрешённых сайтов, включая проверенные зарубежные источники, доступ к которым предоставляется в целях выполнения служебных обязанностей.

Тем не менее использование Интернета остаётся крайне важным условием эффективной работы в современных условиях, поскольку оно позволяет оперативно находить необходимую информацию, включая судебные прецеденты, данные о зарубежной практике и аналитические материалы для совершенствования методов расследования. В настоящее время некоторые сотрудники вынуждены использовать личные мобильные устройства для поиска информации, что не только неэффективно, но и сопряжено с потенциальными рисками для информационной безопасности. Расширение доступа к Интернету и повышение уровня цифровой грамотности сотрудников следует рассматривать как важные условия для повышения эффективности и качества деятельности Агентства.

Вставка 3.4. Цифровизация работы Агентства

Агентство продвигает цифровизацию через разработку и тестирование «Информационно-аналитической системы», предназначенной для анализа состояния конкуренции на рынках. Интегрированная с системой Smart Data Government через портал eGov, она обеспечивает онлайн-доступ к 89 государственным базам данных и позволяет направлять опросы потребителям и запросы субъектам рынка одним кликом, включая мобильные push-уведомления для представителей компаний. По данным Агентства, такая интеграция сократила сроки сбора данных с более чем 30 дней до 5–7 дней, снизила нагрузку на сотрудников и повысила точность анализа рынков. Система обеспечивает доступ к достоверным данным в режиме реального времени, помогает выявлять релевантные группы потребителей и предприятий и поддерживает применение «теста гипотетического монополиста», тем самым улучшая качество оценки воздействия на конкуренцию.

Параллельно Агентство разрабатывает Информационный портал «Antitrust», предназначенный для полной цифровизации своей деятельности. Портал будет использоваться для внутреннего мониторинга, оптимизации работы структурных и территориальных подразделений, а также для ведения электронного архива. Он позволит перевести в цифровой формат такие процессы, как оценка воздействия на конкуренцию, проведение расследований, выдача уведомлений и регулирование экономической концентрации, а также обеспечит возможность электронного согласования и подписания документов руководством. Портал будет интегрирован с информационными системами правоохранительных и судебных органов. После ввода в эксплуатацию ожидается, что он снизит нагрузку на сотрудников, усилит внутренний контроль и существенно сократит объём бумажного документооборота.

Источник: информация, предоставленная Агентством.

Положительным аспектом является то, что система рассмотрения ходатайств/уведомлений об экономической концентрации уже полностью переведена в цифровой формат. Кроме того, для мониторинга картельных сговоров на торгах применяется поисковая информационная система «Өрмек», которая позволяет выявлять признаки сговора в государственных закупках на основе таких данных, как электронные адреса, геолокация, IP-адреса и электронные подписи участников. В результате борьба с картелями в Казахстане в значительной степени опирается на аналитические возможности системы «Өрмек».

3.1.7. Приоритизация и оценка

Приоритизация

С учётом широты задач, стоящих перед антимонопольными органами, требуется чёткая приоритизация для оптимального использования имеющихся (нередко ограниченных) ресурсов. Такая приоритизация включает: формирование стратегических планов, распределение ресурсов между направлениями деятельности и расстановку приоритетов при рассмотрении отдельных дел.

При этом надзор со стороны других государственных органов может ограничивать способность антимонопольного органа определять приоритеты (OECD, 2016[1]).

В Казахстане стратегические ориентиры в сфере антимонопольного законодательства и его правоприменения задаются Президентом Республики Казахстан через стратегические документы и Указы.[22] Однако эти ориентиры не конвертируются в операционные приоритеты, которые позволяли бы органу выделять наиболее значимые дела или определять баланс между регулированием экономической концентрации, расследованием антиконкурентных практик и адвокатированием конкуренции. Скорее, каждое новое поручение или Указ Президента (например, создание Национального офиса по приватизации) фактически формирует для Агентства новый приоритет.

Миссия по сбору информации, проведённая ОЭСР в Казахстане в январе 2025 года, выявила отсутствие формализованного процесса приоритизации дел внутри Агентства. В соответствии с действующей правовой базой Агентство юридически обязано расследовать все дела, включая каждую поступившую жалобу. Однако даже при таких условиях может быть внедрена система приоритезации на основе «весов» или баллов, учитывающая такие факторы, как: вид предполагаемого нарушения; ожидаемое воздействие на рынок и эффект; масштаб географического рынка; наличие и качество доказательств; а также приоритетность соответствующего сектора экономики. Подобная система помогла бы выстраивать иерархию дел и сформировать методологию их отбора. Очень короткие сроки проведения анализа рынков (шесть месяцев) и расследований (пять месяцев) также могут быть естественным следствием отсутствия такой приоритизации.

Раз в три года Агентство разрабатывает План развития, который включает приоритеты, установленные Указами Президента Республики Казахстан. Вместе с тем этот документ может служить инструментом для определения внутренних приоритетов правоприменения в рамках компетенции Агентства. Несмотря на то, что в Плане развития АЗРК формулируются цели, они остаются слишком общими и не могут рассматриваться как практические ориентиры правоприменения. Действующий План развития на 2023–2027 годы предусматривает следующие цели:

- ускорение предпринимательского роста;
- «демонополизация» экономики;
- предотвращение, выявление, расследование и пресечение нарушений антимонопольного законодательства;
- содействие развитию добросовестной конкуренции;
- регулирование экономической концентрации;
- обеспечение открытого и эффективного функционирования товарных бирж и добросовестной конкуренции между участниками биржевой торговли.

Оценка

В рамках Плана развития Агентство проводит ежеквартальную оценку своей деятельности. Для измерения эффективности применяются различные целевые показатели. Так, в Плане развития на 2020–2024 годы для каждой из четырёх целей использовался лишь один целевой показатель. Новый План развития на 2023–2027 годы существенно расширил их перечень: достижение шести стратегических целей Агентства теперь оценивается с использованием 11 целевых показателей. (Таблица 3.2).

Таблица 3.2. Целевые показатели

No.	Целевой показатель	Единица измерения	2025	2026	2027
1	Количество устранённых барьеров входа на товарные рынки, препятствовавших развитию конкуренции	Количество барьеров	14	15	16
2	Доля рекомендаций Агентства, поддержанных государственными органами	%	86	88	90
3	Увеличение объема передачи на субподряд суммы не менее 5% от суммы, выделяемой на оказание услуг в форме госзадания	%	9	10	15
4	Доля исполненных уведомлений о наличии признаков нарушений антимонопольного законодательства	%	78	79	80
5	Доля исполненных предписаний	%	87.5	88	88.5
6	Доля уплаченных штрафов за нарушения антимонопольного законодательства от наложенных штрафов	%	91	92	93
7	Доля замечаний и предложений Агентства, принятых госорганами при согласовании проектов НПА	%	57	60	63
8	Охват результатов оценки регуляторного воздействия на конкуренцию	%	97	98	99
9	Охват гайдлайнами по нарушениям антимонопольного законодательства	%	15	20	25
10	Доля сделок по экономической концентрации, по которым проведён анализ их влияния на состояние конкуренции на соответствующих товарных рынках	%	15	20	25
11	Доля исполненных рекомендаций по результатам дистанционного превентивного контроля (биржи)	%	80	85	90

Источник: План развития на 2023–2027 годы.

Однако отдельные показатели представляются неудачными для оценки эффективности или влияния деятельности Агентства. Например, целевой показатель по устранению заранее установленного числа барьеров для входа не выглядит обоснованным: такие барьеры должны сначала быть выявлены и оценены в рамках процедуры оценки регуляторного воздействия. Хотя эта работа осуществляется при поддержке Совета по барьерам (Вставка 3.2), сам факт установления предопределённого количественного ориентира до момента выявления барьеров представляется методологически некорректным.

Аналогично, некоторые количественные показатели (например доля рекомендаций, поддержанных государственными органами) фактически находятся вне контроля Агентства. Несмотря на то, что План развития разрабатывается при его участии, достижение или недостижение отдельных целевых показателей не всегда отражает реальный вклад Агентства или фактическое влияние его деятельности.

3.1.8. Институциональная независимость

Независимость антимонопольного органа является ключевым условием эффективного правоприменения, поскольку она обеспечивает возможность принятия решений, основанных на правовых и экономических аргументах, без влияния политических интересов или внешнего давления. Вместе с тем само понятие независимости и механизмы её обеспечения представляют собой более сложную категорию. Поскольку антимонопольные органы действуют в разных политических, социальных, административных, правовых и экономических контекстах и выполняют разные функции, универсальной модели независимости не существует. Тем не менее можно выделить ряд индикаторов, позволяющих оценить степень независимости конкретного органа (OECD, 2016[1]).

Согласно подходу ОЭСР (2016[1]) правовая независимость антимонопольного органа включает пять ключевых элементов: (i) порядок назначения и статус высшего руководства; (ii) институциональный статус органа, (iii) ресурсы, (iv) систему приоритизации и подотчётность, и (v) цели антимонопольного законодательства. Оценка независимости Агентства в данном отчёте будет строиться на базе этих элементов.

Назначение и статус высшего руководства

Поскольку именно высшее руководство антимонопольного органа принимает ключевые решения, оно должно быть защищено от неправомерного внешнего (в том числе политического) давления. Такая защита обеспечивается через установление прозрачных и чётко закреплённых правил назначения, утверждения, срока полномочий и освобождения от должности. Процессы выдвижения и назначения должны быть открытыми и основываться на объективных, профессиональных критериях. Создание независимых комиссий по отбору кандидатов может дополнительно укрепить независимость руководства. Срок полномочий должен быть фиксированным, при этом предпочтительны более продолжительные периоды. Риск досрочного освобождения от должности рассматривается как фактор, подрывающий независимость (OECD, 2016[1]).

В Казахстане назначение и освобождение от должности Председателя Агентства и его заместителей осуществляется Президентом Республики Казахстан по своему усмотрению, без установления фиксированного срока полномочий. Процедуры назначения и освобождения от должности также не определены. Введение чётких правил в этой сфере могло бы повысить уровень институциональной независимости Агентства. Это предполагает установление квалификационных требований для должностей высшего руководства (с возможной оценкой независимой комиссией), а также закрепление исчерпывающего перечня оснований для досрочного освобождения. Кроме того, хотя в Агентстве действует механизм, направленный на предотвращение конфликта интересов, остаётся неясным, в какой мере его положения распространяются на высшее руководство.

Институциональный статус органа

Важным элементом независимости антимонопольного органа является его положение в системе органов государственной власти. Организационное отделение от правительства, как правило, обеспечивает большую защиту от политического влияния и снижает вероятность вмешательства в его деятельность (OECD, 2016[1]).

В отличие от КРЕМЗК, который функционировал в структуре Министерства национальной экономики РК и, следовательно, был подвержен потенциальному политическому влиянию, реформа 2020 года вывела функции по защите конкуренции из компетенции Министерства и передала их новому Агентству, напрямую подотчётному и подконтрольному Президенту Республики Казахстан. Однако сам по себе факт того, что Агентство больше не входит в структуру Правительства, не является достаточным условием для обеспечения его независимости. Не менее важными являются такие факторы, как наличие гарантированных и устойчивых источников финансирования (см. ниже), а также чётко определённые сроки полномочий Председателя и его заместителей.

Ресурсы

Для того чтобы антимонопольный орган мог функционировать эффективно и независимо, он должен располагать достаточными финансовыми и человеческими ресурсами. Финансирование, как правило, обеспечивается за счёт государственного бюджета, что создаёт риск использования механизма распределения бюджетных средств в качестве рычага политического влияния. В этой связи наличие хотя бы частично независимых источников финансирования рассматривается как важное условие для укрепления независимости. Человеческие ресурсы имеют не менее важное значение: конкурсный отбор на основе заслуг должен быть прозрачным и объективным, чтобы привлекать квалифицированных специалистов, а удержание опытных кадров является критически важным для обеспечения устойчивости института (OECD, 2016[1]).

В настоящее время Агентство полностью финансируется из республиканского бюджета (см. Раздел 3.1.5) и, таким образом, остаётся финансово зависимым от Правительства. Поскольку исполнительная власть вправе увеличивать или сокращать объём выделяемых средств, существует риск, что деятельность Агентства будет вынуждена адаптироваться к ожиданиям правительства, что ставит под сомнение его фактическую независимость. В ходе участия в круглом столе ОЭСР 2023 года «Оптимальная структура, организация и полномочия антимонопольных органов» (2023[2]) Казахстан признал необходимость укрепления независимости Агентства путём обеспечения большей финансовой автономии. Вставка 3.5 иллюстрирует примеры альтернативных подходов к финансированию антимонопольных органов в других юрисдикциях.

Вставка 3.5. Финансирование антимонопольных органов

Во многих странах антимонопольные органы традиционно финансируются за счёт общих государственных ресурсов. Вместе с тем в ряде юрисдикций предпринимаются меры для обеспечения большей предсказуемости и стабильности их финансирования:

- бюджет может выделяться на многолетней основе, а не ежегодно;
- возможна система частичного самофинансирования за счёт иных источников, например:
  - штрафов, налагаемых антимонопольными органами (однако такой подход сопряжён с риском конфликта интересов);
  - специальных налогов или взносов, взимаемых с хозяйствующих субъектов;
  - платы за отдельные услуги, например за подачу ходатайств о согласовании экономической концентрации.

Источник: ОЭСР (2016[1]), Независимость антимонопольных органов – от разработки к практике (Independence of Competition Authorities - From Designs to Practices), https://doi.org/10.1787/ea9749e1-en.

Система приоритизации и подотчётность

Как отмечалось выше, приоритеты конкурентной политики в Казахстане определяются стратегическими документами, утверждаемыми Президентом (см. раздел 3.1.7), и отражаются в Плане развития, который утверждается Агентством. План подлежит согласованию с министерствами национальной экономики и финансов РК. Таким образом, Агентство в определённой степени участвует в формировании приоритетов, однако основные направления задаются Президентом. Что касается подотчётности, Агентство обязано отчитываться перед Президентом, однако сама по себе эта обязанность не ограничивает его в установлении внутренних приоритетов. Тем не менее значительное влияние Президента на деятельность Агентства — в частности, тот факт, что указы Президента формируют повестку дня и перераспределяют ресурсы от правоприменительной деятельности к иным задачам (например, приватизации) — вызывает сомнения относительно наличия у Агентства де-факто независимости.

3.1.9. Прозрачность

Агентство взаимодействует с общественностью через официальный веб-сайт и страницы в социальных сетях, включая Facebook, Instagram, Telegram и YouTube.

Недостаточная прозрачность в публикации решений и, в отдельных случаях, рыночных анализов может создавать неопределённость и непредсказуемость для субъектов рынка. Регулярное обнародование таких материалов способствовало бы формированию правоприменительной практики, на которую компании могли бы ориентироваться, а также усилило бы превентивный эффект деятельности Агентства. В этой связи Рекомендация ОЭСР о транспарентности и процессуальной справедливости в обеспечении соблюдения антимонопольного законодательства [OECD/LEGAL/0465] рекомендует антимонопольным органам публиковать свои решения при условии защиты конфиденциальной информации.

3.2. Судебная система

Конституционный закон Республики Казахстан «О судебной системе и статусе судей Республики Казахстан» (далее – «Конституционный закон»)[23] закрепляет трёхуровневую структуру судебной системы. Суды первой инстанции – районные и приравненные к ним суды. Они являются судами общей юрисдикции, при этом в отдельных сферах действуют специализированные районные и межрайонные суды. Следующий уровень – региональные (*областные*) суды, выполняющие функции апелляционных инстанций. Они могут формировать специализированные судебные составы по различным категориям дел. Высшей судебной инстанцией является Верховный Суд Республики Казахстан, выполняющий функции кассационного суда. Аналогично, в его структуре есть специализированные составы по различным категориям дел.

Для антимонопольного правоприменения ключевое значение имеет то, что в Казахстане действует судебная, а не административная модель. Хотя в отдельных случаях решения принимает само Агентство, в целом система не предусматривает административного правосудия в антимонопольных делах. Это определяет особую роль судов, которые выступают как в качестве судов первой инстанции, так и апелляционных судов.

Развитие специализированных административных судов было достаточно длительным процессом (Ablaeva, 2024[3]). После обретения независимости Казахстаном административные дела рассматривались районными судами по правилам гражданского судопроизводства, за некоторыми исключениями. Принятие первого Кодекса об административных правонарушениях[24] передало компетенцию по рассмотрению дел об административных правонарушениях специализированным административным судам. В результате первые два специализированных межрайонных административных суда были учреждены в Астане и Алматы,[25] а в последующие годы их количество увеличилось. Однако эти суды не относились к административным судам в европейской традиции административного правосудия, поскольку рассматривали дела по искам государства против частных лиц (административные правонарушения), но не иски частных лиц против государства (LPRC, 2009[4]).

Ситуация изменилась с принятием в 2020 году Административного процедурно-процессуального кодекса Республики Казахстан (АППК),[26] который регулирует как административные процедуры, так и административное судопроизводство, направленное на защиту прав и законных интересов физических и юридических лиц в публичных правоотношениях. В соответствии с АППК в 2021 году были учреждены специализированные межрайонные административные суды (21 суд) [27] во всех областях страны и в городах Астана, Алматы и Шымкент. Ранее действовавшие административные суды, занимавшиеся преимущественно делами об административных правонарушениях, были переименованы в суды по административным правонарушениям.

В Казахстане не существует специализированных судов по вопросам конкуренции или экономических судов. Дела, связанные с нарушениями антимонопольного законодательства, относятся к юрисдикции различных судов в зависимости от характера спора. Во-первых, решения Агентства, вынесенные в ходе расследований, относятся к категории административных дел и рассматриваются специализированными межрайонными административными судами. Во-вторых, некоторые административные правонарушения, связанные с нарушением антимонопольного законодательства, рассматриваются судами по административным правонарушениям. В-третьих, уголовные и гражданские дела, связанные с нарушениями антимонопольного законодательства, рассматриваются районными судами общей юрисдикции.

В специализированных межрайонных административных судах дела по вопросам конкуренции рассматриваются единолично судьёй.[28] В их составе есть судьи, специализирующиеся на антимонопольных делах. Апелляционные функции выполняют региональные суды, где дела рассматриваются коллегиально (не менее чем тремя судьями), включая специализированные составы по административным делам. *Верховный Суд Республики Казахстан* выступает кассационной инстанцией по делам, связанным с нарушением антимонопольного законодательства, и рассматривает их коллегиально через Судебную коллегию по административным делам.

Некоторые судьи специализируются на рассмотрении дел в сфере конкуренции. Для них периодически организуются тренинги, семинары и мастер-классы с участием университетов и международных организаций. Однако регулярной программы повышения квалификации по антимонопольной тематике пока не существует. Судьи, опрошенные в рамках экспертного обзора, подчеркнули необходимость регулярного обучения, включая изучение международной практики и экономических аспектов.

С 1 июля 2025 года вступят в силу изменения в Конституционный закон Республики Казахстан, принятые Указом Президента РК в июле 2024 года.[29] Они предусматривают создание трёх кассационных судов – по гражданским, уголовным и административным делам. В результате Верховный Суд утратит функции кассационной инстанции и сосредоточится на обеспечении единообразия судебной практики.

Источники

Ablaeva, E. (2024), “Specialised Administrative Courts, Republic of Kazakhstan”, *Bulletin of the Institute of Legislation and Legal Information of the Republic of Kazakhstan*, Vol. 1/76, pp. 58-69, https://cyberleninka.ru/article/n/spetsializirovannye-administrativnye-sudy-respubliki-kazahstan. [3]

Kazakhstan (2023), *Optimal Design, Organisation and Powers of Competition Authorities – Note by Kazakhstan*, https://one.oecd.org/document/DAF/COMP/WP3/WD(2023)49/en/pdf. [2]

LPRC (2009), *Prospects for the development of administrative-tort law (the law of administrative responsibility) in the Republic of Kazakhstan*, https://lprc.kz/wp-content/uploads/2020/01/Perspektivy-razvitiya-administrativno-deliktnogo-prava-_prava-administrativnoj-otvetstvennosti_-v-Respublike-Kazahstan.pdf. [4]

OECD (2016), “Independence of Competition Authorities - From Design to Practice”, *OECD Roundtables on Competition Policy Papers*, No. 195, OECD Publishing, Paris, https://doi.org/10.1787/ea9749e1-en. [1]

Примечания

[1] Указ Президента Республики Казахстан от 22 января 1999 года № 6.

[2] Указ Президента Республики Казахстан от 13 июня 2003 года № 1107.

[3] Указ Президента Республики Казахстан от 6 августа 2014 года № 875.

[4] Постановление Правительства Республики Казахстан от 10 июля 2019 года № 497.

[5] Постановление Правительства Республики Казахстан от 10 июля 2019 года № 497.

[6] *100 конкретных шагов,* представленных Президентом Нурсултаном Назарбаевым для реализации пяти институциональных реформ, 20 мая 2015 года.

[7] Указ Президента Республики Казахстан от 8 сентября 2020 года № 407.

[8] Статья 90-2 Предпринимательского кодекса РК.

[9] Указ Президента Республики Казахстан от 5 октября 2020 года № 428 (см. главу 2 Положения).

[10] Указ Президента Республики Казахстан от 5 октября 2020 года № 428 (см. главу 3 Положения).

[11] Закон Республики Казахстан от 23 ноября 2015 года № 416-V ЗРК.

[12] Указ Президента Республики Казахстан от 5 октября 2020 года № 428.

[13] Указ Президента Республики Казахстан от 17 марта 2022 года № 841; Указ Президента Республики Казахстан от 1 марта 2023 года № 134; Указ Президента Республики Казахстан от 27 августа 2024 года № 632.

[14] Указ Президента Республики Казахстан от 8 мая 2024 года № 542.

[15] Указ Президента Республики Казахстан от 5 октября 2020 года № 428.

[16] Указ Президента Республики Казахстан от 15 августа 2022 года № 979.

[17] Приказ Председателя Агентства по защите и развитию конкуренции Республики Казахстан от 9 октября 2020 года № 1-НҚ. Приложение включает Положение о территориальных департаментах Агентства.

[18] Закон Республики Казахстан от 2 ноября 2015 года № 383-V ЗРК.

[19] Агентство, в частности отметило, что в Национальном Банке Республики Казахстан заработная плата существенно выше.

[20] Курсы валют получены по ссылке https://www.xe.com/currencytables/. Данные актуальны на 28 февраля 2025 года.

[21] Самый последний из них – Закон РК «О республиканском бюджете на 2023-2025 годы» от 1 декабря 2022 года № 163-VII ЗРК.

[22] Вставка 4.1. в разделе 4.1. описывает недавние приоритеты высокого уровня.

[23] Конституционный закон Республики Казахстан 25 декабря 2000 года, № 132.

[24] Кодекс Республики Казахстан от 30 января 2001 года № 155.

[25] Указ Президента Республики Казахстан от 9 февраля 2002 года № 803.

[26] Кодекс Республики Казахстан от 29 июня 2020 года № 350-VI ЗРК.

[27] Указ Президента Республики Казахстан от 26 января 2021 года № 500.

[28] Статья 24 АППК РК.

[29] Конституционный закон Республики Казахстан от 5 июля 2024 года № 109-VIII ЗРК.

4 Сфера действия и применение конкурентного законодательства Казахстана

Данная глава рассматривает основные материальные нормы конкурентного законодательства Республики Казахстан, включая антиконкурентные соглашения (как горизонтальные, так и вертикальные), согласованные действия, злоупотребление доминирующим положением, регулирование экономической концентрации и недобросовестную конкуренцию. Глава также охватывает специальные положения, регулирующие деятельность государственных органов и сферу государственных закупок. Кроме того, в ней анализируются механизмы выявления и пресечения антиконкурентного поведения, оценивается эффективность действующих правовых исключений, а также рассматриваются правоприменительная практика антимонопольного органа и степень соответствия законодательства и практики его применения в Казахстане международным стандартам.

4.1. Цели казахстанского законодательства о конкуренции

Общепризнано, что одной из основных целей законодательства о конкуренции является содействие эффективному распределению ресурсов посредством защиты конкуренции в различных секторах экономики. В ряде стран к этому добавляются дополнительные задачи, такие как поддержка малого и среднего бизнеса, уязвимых этнических групп, развитие регионов, децентрализация, обеспечение плюрализма и социального прогресса (OECD, 2016[1]). В некоторых юрисдикциях, например в Южной Африке, в закон о конкуренции включено положение о защите общественных интересов.

В Казахстане цели конкурентного права определены в Статье 160 ПК. Основная из них – защита конкуренции. Закон определяет конкуренцию как *«состязательность субъектов рынка, при которой их самостоятельные действия эффективно ограничивают возможность каждого из них односторонне воздействовать на общие условия обращения товаров на соответствующем товарном рынке».* Под этим понимается рыночная среда, в которой ни один субъект не способен доминировать или искажать рыночные условия. К другим целям относятся создание и поддержание благоприятных условий для добросовестной конкуренции, обеспечение эффективного функционирования рынка, экономического единства, свободы перемещения товаров и свободы предпринимательской деятельности. Закон также предусматривает ограничение монополистической деятельности и предотвращение нарушений конкурентного законодательства.

Хотя эти цели носят преимущественно экономический характер, отдельные положения законодательства предполагают дополнительные, прямо не закреплённые задачи. Например, определённые практики освобождаются от применения норм, если они способствуют развитию малого и среднего предпринимательства (МСП). Кроме того, правоприменительная практика Агентства демонстрирует акцент на защиту потребителей, особенно от необоснованно завышенных цен, с использованием инструментов конкурентного анализа для контроля и ценового регулирования.

Эти более широкие задачи выходят за рамки типичных функций антимонопольного органа и могут отвлекать ресурсы от его основных направлений деятельности, которые целесообразнее возлагать на другие ведомства. Несмотря на то, что Предпринимательский кодекс РК закрепляет цели антимонопольного законодательства в экономических условиях, практическая деятельность Агентства формируется также под влиянием краткосрочных политических приоритетов, устанавливаемыми Президентом Казахстана в стратегических документах, поручениях и Указах (Вставка 4.1). Президент оказывает значительное влияние на цели и направления конкурентной политики и, в частности, на деятельность Агентства. Это также ставит вопрос о *де-факто* независимости Агентства (см. Раздел 3.1.8).

Вставка 4.1. Приоритеты конкурентного законодательства и правоприменения, определённые Президентом РК

Недавние изменения в конкурентной политике Казахстана были обусловлены рядом ключевых государственных документов и правовых актов. В 2022 году Президент утвердил Указ «Об утверждении *Концепции защиты и развития конкуренции в Республике Казахстан на 2022–2026 годы».* Концепция определила основные проблемы, искажающие конкуренцию, и предложила меры по формированию здоровой конкурентной среды. Указ закрепил приоритеты в области защиты конкуренции, включая:

- обеспечение доступа к ключевым мощностям;
- сокращение административных и экономических барьеров входа на товарные рынки;

- обеспечение равного доступа субъектов предпринимательства к мерам государственной поддержки;
- сокращение доли субъектов рынка с государственным участием;
- совершенствование механизмов защиты и развития конкуренции, и
- устранение издержек переключения.

В мае 2024 года Глава Государства предложил новые шаги по дальнейшей либерализации экономики, часть из которых напрямую касалась сферы конкуренции. Среди них: завершение процесса приватизации и предотвращение увеличения числа государственных предприятий, развитие конкуренции на финансовых рынках, обеспечение равного доступа частного бизнеса к мерам государственной поддержки, а также дополнительные меры в отдельных секторах, включая топливно-энергетический комплекс.

Спустя несколько месяцев, 30 июля 2024 года, Президент РК утвердил *Национальный план развития Республики Казахстан до 2029 года*. В документе подчёркивается необходимость дальнейшего стимулирования добросовестной конкуренции и предлагается переход к проактивной конкурентной политике, предполагающей отказ от преимущественно карательных методов и расширение применения инструментов «мягкого права». Среди политических приоритетов обозначены: равный доступ к инфраструктуре, внедрение принципа конкурентного нейтралитета, сокращение присутствия государства на отдельных товарных рынках (таких как телекоммуникации, железнодорожный и воздушный транспорт, энергетика) и приватизация.

Источники: Указ Президента Республики Казахстан от 22 июня 2022 года № 938; Указ Президента Республики Казахстан от 8 мая 2024 года № 542; Указ Президента Республики Казахстан от 30 июля 2024 года № 611.

4.2. Антиконкурентные соглашения

Конкурентное законодательство Казахстана запрещает антиконкурентные соглашения и согласованные действия. Ранее законодательство не различало эти категории и не выделяло отдельные виды ограничительных соглашений. Реформа 2013 года[1] ввела разграничение между горизонтальными и вертикальными соглашениями, а также между антиконкурентными соглашениями и согласованными действиями. Этот подход был закреплён в Предпринимательском кодексе РК 2015 года.

В действующей редакции Статья 169 ПК охватывает три группы антиконкурентных соглашений:

- горизонтальные соглашения, квалифицируемые как ограничения по предмету (пункт 1);
- вертикальные соглашения, квалифицируемые как ограничения по предмету (пункт 2);
- иные антиконкурентные соглашения (пункт 3).

4.2.1. Горизонтальные соглашения

Согласно Статье 168 ПК, горизонтальные соглашения – это антиконкурентные соглашения между субъектами рынка, являющимися конкурентами [2] или потенциальными конкурентами.[3] Правовое регулирование горизонтальных соглашений зависит от содержания конкретного соглашения.

Статья 169(1) ПК запрещает горизонтальные соглашения, которые «приводят или могут привести» к следующим пяти последствиям: (i) установлению цен, (ii) сговорам при проведении торгов, (iii) разделу рынков, (iv) ограничению производства, или (v) согласованным бойкотам. Эти соглашения квалифицируются законом как картели, то есть наиболее серьёзные формы ограничений конкуренции. Они рассматриваются как ограничения по предмету (*per se* запреты), что означает отсутствие необходимости анализа их антиконкурентных последствий. Предпринимательский кодекс РК прямо закрепляет, что исключения для таких соглашений не допускаются. Во многих юрисдикциях действует аналогичный *per se* запрет на соглашения о ценах, сговоры на торгах, раздел рынков, ограничение производства и согласованные бойкоты. В Казахстане такой подход был закреплён реформой 2013 года; до этого все соглашения подлежали оценки их последствий для конкуренции.

Реформа 2013 года также установила, что горизонтальные соглашения, «нарушающие права потребителей», являются *per se* нарушением, без необходимости доказывать антиконкурентные последствия. Таким образом, нарушение могло устанавливаться только на основании предполагаемого нарушения прав потребителей. ОЭСР (2016[2]) отмечала, что такая формулировка смешивала защиту благосостояния потребителей с защитой прав отдельных потребителей. С принятием Предпринимательского кодекса РК 2015 года формулировка «нарушение прав потребителей» была исключена в соответствии с рекомендацией ОЭСР.

Не все горизонтальные соглашения подпадают под указанные пять категорий и, соответственно, не считаются ограничениями по предмету. Такие соглашения подпадают под действие Статьи 169(3) ПК, которая запрещает иные договорённости между субъектами рынка, «приводящие или способные привести к ограничению конкуренции». В качестве примеров в Кодексе названы соглашения о дискриминационном отношении к субъектам рынка, необоснованном ограничении производства, ценовой дискриминации, ограничении доступа на рынок, а также навязывании условий и комплексных предложений. Перечень не является исчерпывающим и охватывает иные соглашения, ограничивающие конкуренцию. Эти горизонтальные соглашения квалифицируются как *ограничения конкуренции по результату* и требуют анализа их фактических последствий для рынка. Соответственно, законом допускается возможность учёта потенциальных выгод таких соглашений в качестве основания для защиты (см. Раздел 4.2.4).

Значительная доля дел о картелях в Казахстане связана со сговорами при проведении тендеров. В то время как положения о картелях охватывают координацию между конкурентами в сфере государственных закупок, в 2018 году в законодательство было введено отдельное нарушение – действия организаторов и операторов закупок и тендеров, направленные на координацию участников торгов (см. подробнее Раздел 4.7.2).

Агентство осуществляет мониторинг признаков возможных сговоров при проведении тендеров, собирая данные о торгах. Поводом для проверки могут служить случаи, когда несколько тендеров выигрывает одна и та же компания, когда компании поочерёдно выигрывают торги, когда участвуют компании, ранее не подававшие заявки, а также временные совпадения в подаче заявок. После выявления таких сигналов Агентство проверяет заявки на наличие дополнительных доказательств, таких как схожесть предложений, одинаковые орфографические ошибки, совпадения в вычислениях, IP-адреса, электронные адреса и иные признаки взаимосвязи между участниками торгов. Вставка 4.2 иллюстрирует некоторые примеры сговоров при проведении тендеров.

Вставка 4.2. Примеры дел о сговорах при проведении тендеров

Сговор при закупках в сфере фармацевтической логистики (2024 год)

В 2020–2021 годах Агентство провело расследование возможного сговора при государственных закупках услуг по хранению и перевозке лекарственных средств и медицинских изделий, осуществляемых ГП «СК-Фармация». Проверка охватила три компании: ТОО «Казахская фармацевтическая компания Медсервис Плюс», ТОО «СТОФАРМ» и ТОО «АК НИЕТ». Агентство установило, что в период 2017–2020 годов компании разделили рынок по региональному принципу, подавая заявки только на определённые лоты без пересечения, а также согласовывали цены. Дополнительно было выявлено, что они отказывались от участия в торгах по регионам, на которые ранее подавали заявки. Суд подтвердил выводы и доказательства Агентства и привлёк компании к ответственности (Таблица 4.1).

Таблица 4.1. Санкции по отдельному делу о сговоре при проведении тендера

Компания	Административный штраф	Конфискация монопольного дохода
ТОО «Казахская фармацевтическая компания Медсервис Плюс»	166.6 млн ТГ.	72.9 млн ТГ.
ТОО «СТОФАРМ»	73.8 млн ТГ.	/
ТОО «АК НИЕТ»	29.4 млн ТГ.	/

Сговор при закупках строительно-монтажных работ (2021 год)

В 2021 году Агентство инициировало расследование возможного сговора при государственных закупках строительно-монтажных работ в Восточно-Казахстанской области. Было установлено, что ТОО «Терезе» и ТОО «Элхон» заключили картельное соглашение: ТОО «Элхон» обеспечивало формальную конкуренцию с ТОО «Терезе», не намереваясь реально соперничать. Доказательствами стали: совпадение времени подачи заявок, подготовка конкурсной документации одним лицом и корпоративная аффилированность компаний. Однако в 2024 году Верховный Суд Республики Казахстан оставил в силе решения нижестоящих судов об отмене решения Агентства по процедурным основаниям: суды установили, что в отчёте расследования отсутствовали все стадии анализа рынка, вследствие чего оно было признано неполным. Подобные случаи характерны для практики Казахстана (см. Раздел 5.1.7).

Источник: Решения суда № 7528-24-00-3/13280 (15 апреля 2024 г.), № 7528-24-00-3/13301 (17 апреля 2024 г.), № 7528-24-00-3/13291 (18 апреля 2024 г.); Решение Верховного Суда № 6001-23-00-6ПП/3 (26 апреля 2024 г.).

4.2.2. Вертикальные соглашения

Статья 168 ПК определяет вертикальные соглашения как антиконкурентные соглашения между неконкурирующими субъектами рынка, один из которых приобретает товар (потенциальный покупатель), а другой предоставляет товар (потенциальный продавец).

Если Закон о конкуренции 2008 года требовал анализа антиконкурентных последствий всех вертикальных соглашений, то реформа 2013 года изменила этот подход. Часть вертикальных соглашений была запрещена *per se* (как таковая), тогда как другие продолжали требовать анализа последствий. Этот подход был закреплён в Предпринимательском кодексе РК.

Согласно Статье 169(2) ПК, в качестве ограничений конкуренции по предмету запрещаются следующие вертикальные соглашения:

- соглашения, которые приводят или могут привести к установлению цены перепродажи товаров (за исключением максимальной цены перепродажи);
- соглашения, предусматривающие обязательство покупателя не продавать товары субъекта рынка, являющемуся конкурентом продавца (за исключением соглашений об организации продажи товаров под товарным знаком);
- соглашения, предусматривающие обязательство продавца не продавать товары субъекту рынка, являющемуся конкурентом покупателя.

Реформа 2013 года установила *per se* запрет, не допускающий исключений даже в случае возможного повышения эффективности таких соглашений. ОЭСР (2016[2]) сочла этот подход чрезмерно жёстким, поскольку он может препятствовать заключению вертикальных соглашений, способствующих повышению эффективности. В связи с этим ОЭСР рекомендовала применять «правило разумности», предусматривающее оценку как проконкурентных, так и антиконкурентных последствий соответствующего вертикального соглашения. Предпринимательский кодекс РК частично учёл данную рекомендацию, допустив использование доводов об эффективности в качестве элемента защиты. Однако сами запреты на указанные соглашения как ограничения по предмету сохранены, и проведение анализа антиконкурентных последствий по-прежнему не требуется.

Вертикальные соглашения, не охватываемые пунктом 2, подпадают под действие Статьи 169(3) ПК, аналогично горизонтальным соглашениям (см. выше). Такие соглашения рассматриваются как ограничения конкуренции по результату. Соответственно, законом допускается возможность учёта потенциальных выгод от таких соглашений в качестве доводов защиты.

Вставка 4.3 Вертикальные соглашения на практике

Вертикальное соглашение между ТОО «КТЖ-Грузовые перевозки» и Hill Corporation

В 2024 году Агентство провело расследование и установило наличие вертикального соглашения между ТОО «КТЖ-Грузовые перевозки» (покупатель) и Hill Corporation (поставщик). В рамках этого соглашения ТОО «КТЖ-Грузовые перевозки» применяло дискриминационные практики в тендерной процедуре, направленные на исключение альтернативных поставщиков моторных масел для локомотивов и предоставление преимущества компании Hill Corporation.

Основанием для возбуждения расследования стала информация государственных органов, указывающая на возможное нарушение законодательства о защите конкуренции. В ходе расследования Агентство выявило, что в тендерной процедуре применялись дискриминационные методы, ограничивавшие участие альтернативных поставщиков. В частности, было введено дополнительное требование о проведении эксплуатационных испытаний, сроки которых существенно различались для участников: для Hill Corporation – 4 месяца, а для компании ПАО «Лукойл» – 15 месяцев.

Кроме того, после подачи заявок от потенциальных поставщиков (за исключением Hill Corporation) дополнительно запрашивались документы, подтверждающие возможность поставки продукции на условиях DDP (т.е. наличие заправочной станции на железнодорожных станциях).

Hill Corporation и ТОО «КТЖ-Грузовые перевозки» обжаловали выводы Агентства в судебном порядке, однако суды подтвердили доказательства и выводы Агентства. Материалы дела были переданы в правоохранительные органы для возбуждения досудебного расследования. В настоящее время дело рассматривается на предмет возможной уголовной ответственности.

Источник: информация, предоставленная Агентством; Агентство по защите и развитию конкуренции (2024[3]), *Антиконкурентное соглашение между ТОО «КТЖ-Грузовые перевозки» и Hill Corporation* Ltd. https://www.gov.kz/memleket/entities/zk/press/news/details/695805?lang=ru.

4.2.3. Координация экономической деятельности третьим лицом

Статья 169(5) ПК также запрещает координацию экономической деятельности третьим лицом, если она приводит к любому из последствий, указанных в пунктах 1, 2 или 3. Под координацией экономической деятельности понимается *«координация действий субъектов рынка третьим лицом, не входящим в одну группу лиц ни с одним из этих субъектов рынка и не осуществляющим деятельность на товарных рынках, на которых осуществляются согласование действий субъектов рынка».* По информации Агентства, дел с участием объединений предпринимателей (ассоциаций или торговых объединений) до настоящего времени не рассматривалось, и данная статья на практике пока не применялась.

4.2.4. Исключения для антиконкурентных соглашений

Исключение по критерию «эффективности»

Статья 169(8) ПК предусматривает возможность освобождения от запрета антиконкурентных соглашений, если одновременно соблюдаются следующие условия:

- соглашение не накладывает на субъектов рынка ограничений, не являющихся необходимыми для достижения его цели;
- соглашение не создаёт возможности устранения конкуренции на соответствующем товарном рынке;
- соглашение имеет или может иметь своим результатом: (i) содействие совершенствованию производства, (ii) стимулирование технического (экономического) прогресса либо (iii) повышение конкурентоспособности производимых товаров;
- потребители получают соразмерную часть выгод, возникающих вследствие заключения соглашения.

Реформа 2013 года исключила возможность применения «исключения по критерию эффективности» к соглашениям, запрещённым *per se*, в частности к вертикальным соглашениям, прямо запрещённых законом. ОЭСР (2016[2]) отметила чрезмерную жёсткость такого подхода, поскольку он мог препятствовать заключению вертикальных соглашений, способствующих повышению эффективности. В настоящее время Кодекс допускает применение данного исключения ко всем вертикальным соглашениям. Вместе с тем картели (пункт 1) по-прежнему полностью исключены из сферы действия этого правила. Таким образом, соглашения о ценовом сговоре, сговоры при торгах, раздел рынков, ограничение производства или сбыта, а также согласованные бойкоты не могут обосновываться доводами об эффективности.

Исключение в отношении прав интеллектуальной собственности

Статья 169(7) ПК предусматривает изъятие для реализации исключительных прав на результаты интеллектуальной деятельности и иных средств индивидуализации юридического лица или товаров. Оно распространяется на все антиконкурентные соглашения и охватывает все формы использования прав интеллектуальной собственности, включая товарные знаки и фирменные наименования.

Долгое время казахстанское законодательство о конкуренции безусловно исключало такие соглашения из сферы регулирования. В Экспертном обзоре ОЭСР 2016 года рекомендовалось включить их в общую систему исключений, поскольку соглашения, связанные с правами интеллектуальной собственности, также могут наносить ущерб конкуренции. Более сбалансированным считался подход, предполагающий анализ антиконкурентных последствий и потенциальных выгод в каждом конкретном случае.

С поправками 2016 года в Предпринимательский кодекс РК[4], было закреплено, что соглашения, связанные с осуществлением прав интеллектуальной собственности, освобождаются от запрета антиконкурентных соглашений только *«при условии, что такие соглашения не привели и не могут привести к ограничению или устранению конкуренции».*

Исключение для «группы лиц»

Статья 169(6) ПК освобождает от запрета антиконкурентные соглашения между субъектами рынка в пределах одной «группы лиц», поскольку такие субъекты рассматриваются как единое экономическое образование. Кодекс определяет эту группу в широком смысле,[5] однако на практике это исключение применяется лишь в двух случаях: (i) когда одно лицо контролирует другое и (ii) когда оба находятся под общим контролем.

Под «контролем» понимается возможность определять решения другого лица посредством: (i) распоряжения более чем 50% голосующих акций, (ii) осуществление функций исполнительного органа, либо (iii) наличия права определять условия ведения предпринимательской деятельности или давать обязательные указания. Это исключение носит абсолютный характер, за исключением случаев сговора при проведении тендеров. Такие соглашения внутри группы лиц не освобождаются от ответственности, что предотвращает использование структуры группы для обхода правил конкуренции.

Практически безусловное *(per se*) освобождение группы лиц от запрета антиконкурентных соглашений представляется спорным. Хотя группа лиц действительно может рассматриваться как альтернативная организационная форма единой интегрированной компании, это не всегда соответствует реальности. Более целесообразным подходом было бы оценивать каждый случай индивидуально, принимая во внимание: (i) степень контроля одного субъекта рынка над другим, (ii) степень совпадения их интересов и (iii) их фактическое поведение на рынке (Van Cleynenbreugel, 2011[4]). Только при подтверждении этих критериев исключение следовало бы применять.

Исключение «de minimis»

В казахстанском законодательстве о конкуренции отсутствует общее исключение «*de minimis*» из запрета антиконкурентных соглашений. Единственное исключение «*de minimis*» применяется к вертикальным соглашениям, за исключением тех, которые квалифицируются как ограничения конкуренции по предмету (пункт 2). Иные вертикальные соглашения (пункт 3) могут быть освобождены от действия законодательства о конкуренции, если доля субъектов рынка на одном товарном рынке не превышает 20%. Исключение не распространяется на вертикальные соглашения, связанные со сложными коммерческими лицензиями (франчайзингом), государственно-частным партнёрством, включая концессии, а также на закупку товаров. В отличие от многих стран ОЭСР, в Казахстане исключение «*de minimis*» не применяется к горизонтальным соглашениям (за исключением жёстких картелей).

4.2.5. Статистика по антиконкурентным соглашениям

Антиконкурентные соглашения составляют от одной четверти до одной трети всех решений Агентства. В среднем ежегодно принимается около 40 решений, при этом 2023 год стал исключением (Рисунок 4.1). Значительная часть дел об антиконкурентных соглашениях связана со сговорами при проведении тендеров – в 2023 году их доля составила около 50%.

Рисунок 4.1. Количество ежегодных решений по антиконкурентным соглашениям, 2019–2023 гг.

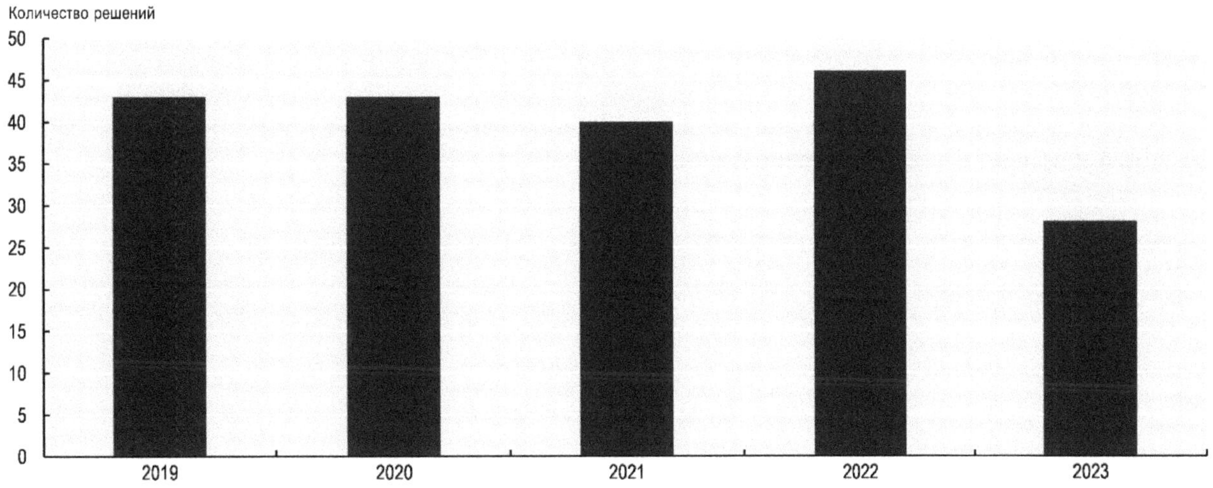

Источник: данные, предоставленные Агентством.

4.3. Согласованные действия

4.3.1. Понятие согласованных действий

Казахстанское законодательство о конкуренции запрещает согласованные действия, направленные на ограничение конкуренции. Определение согласованных действий со временем эволюционировало: от трёх видов действий, закреплённых в Законе «О конкуренции» 2008 года, до шести – в редакции Предпринимательского кодекса РК 2016 года. Согласно Статье 170(2) ПК, для признания действий согласованными необходимо одновременное наличие шести элементов:

1. действия субъектов рынка ограничивают конкуренцию;
2. результат действий соответствует интересам каждого из субъектов рынка;
3. действия субъектов рынка заранее известны каждому из них (посредством публичного заявления или публичного размещения информации);
4. действия каждого субъекта рынка вызваны действиями иных субъектов рынка;
5. действия субъектов рынка не являются следствием обстоятельств, в равной мере влияющих на данных субъектов рынка, и
6. совокупная доля субъектов рынка на соответствующем товарном рынке составляет не менее 35%, а минимальная доля одного субъекта рынка – не менее 5%.

До принятия Первого антимонопольного пакета ключевым элементом считалось наличие «параллельных действий субъектов рынка, совершённых в течение трёх месяцев и приведших к получению выгоды, которая в противном случае не ожидалась». Это позволяло антимонопольному органу квалифицировать параллельные повышения цен как согласованные действия без необходимости доказывать наличие координации или сговора. Такой подход к контролю цен вызывал значительные споры, и ОЭСР (2016, p. 108[2]) рекомендовала отказаться от него, поскольку он не обязательно выявлял жёсткие картели. В рамках Первого антимонопольного пакета данное требование было исключено, что должно было сместить акцент с контроля цен на выявление координации. Однако на практике это изменение оказалось неполным: ОЭСР установила, что ценовой контроль по-прежнему широко используется и фактически встроен в инструменты конкурентной политики. В результате параллельные повышения цен без обоснования затрат продолжают квалифицироваться Агентством как согласованные действия, и рекомендация Экспертного обзора 2016 года остаётся актуальной.

Согласованные действия признаются незаконными, если они направлены на ограничение конкуренции. В Кодексе в качестве примеров указаны: (i) установление цен и иных условий покупки или продажи; (ii) необоснованное ограничение производства; (iii) необоснованный отказ от заключения договора; и (iv) применение дискриминационных условий к идентичным договорам. Таблица 4.2 приводит статистические данные.

Таблица 4.2. Количество расследований, включая согласованные действия

Год	Всего завершённых расследований	Расследования по антиконкурентным согласованным действиям
2024	93	2
2023	94	10
2022	133	26
2021	121	19
2020	109	3
2019	87	0

Источник: информация, предоставленная Агентством.

Вставка 4.4. Примеры согласованных действий

Дело о поставщиках моторного топлива в розницу

В 2018 году Агентство завершило расследование в отношении компаний, осуществлявших розничную продажу моторного топлива – ТОО «Sinooil», ТОО «Helios», ТОО «КазМунайГаз Өнімдері», ТОО «Газпром нефть – Казахстан» и ТОО «Новая АЗС». Было установлено, что в период с августа 2016 по февраль 2017 года компании одновременно и без достаточных оснований повысили цены на топливо. Агентство не выявило объективных причин для роста цен; напротив, материалы расследования показали снижение закупочных цен и наличие значительных запасов топлива. В частности, три компании впервые повысили цены в октябре 2016 года, причём две из них сделали это в один и тот же день. На этом основании действия компаний были квалифицированы как согласованные.

Суд поддержал позицию Агентства и признал компании виновными в совершении административного правонарушения. ТОО «Sinooil», ТОО «Helios» и ТОО «Новая АЗС» были привлечены к административной ответственности с конфискацией монопольного дохода, тогда как дело в отношении ТОО «КазМунайГаз Өнімдері» было прекращено.

Источник: Информация, предоставленная Агентством.

4.3.2. Исключения для согласованных действий

Предпринимательский кодекс Республики Казахстан предусматривает два возможных исключения.

Исключение «de minimis»

Исключение «*de minimis*» уже встроено в систему регулирования согласованных действий как определяющий элемент. Оно предусматривает, что совокупная доля субъектов рынка на соответствующем товарном рынке должна составлять не менее 35%, при этом индивидуальная доля каждого субъекта – не менее 5%. Из этого следует, что исключение применяется: (i) к действиям субъектов рынка, которые в совокупности имеют доли менее 35% на соответствующем товарном рынке, и (ii) к действиям субъектов рынка, доля каждого из которых составляет менее 5%.

Особенностью казахстанской практики является требование совокупного порога, которое допускает, гипотетически, исключение даже для действий субъектов рынка, совокупная доля которых превышает 35%, если при этом индивидуальная доля каждого участника составляет менее 5%. Это исключение имеет неопровержимый характер: если условия «*de minimis*» выполнены, согласованные действия считаются отсутствующими, независимо от их фактических последствий для конкуренции.

Возникают также дополнительные вопросы, связанные с уровнем установленных порогов. Совокупный порог в 35% представляется чрезмерно высоким, поскольку он позволяет вывести из сферы регулирования координацию действий, охватывающую до одной трети рынка (в случае горизонтальных согласованных действий). Для сравнения: в Европейском союзе этот показатель значительно ниже и составляет 10% для горизонтальных согласованных действий (значительно ниже казахстанского исключения в 35%)[6]; и 15% для вертикальных ограничительных практик (Вставка 4.5).

Кроме того, в Казахстане остаётся неясным механизм применения данного порога к вертикальным согласованным действиям, поскольку их участники не конкурируют на одном и том же товарном рынке. В этой связи для обеспечения большей правовой определённости, представляется целесообразным разграничить применение исключения «*de minimis*» в отношении горизонтальных и вертикальных согласованных действий.

Вставка 4.5. Исключения «*de minimis*» для вертикальных соглашений в Европейском союзе

Краткое содержание исключения «*de minimis*» для вертикальных соглашений

Пороговые значения рыночных долей (Уведомление о** De Minimis **– 2014/C 291/01)

Вертикальные соглашения (между неконкурирующими субъектами) освобождаются от действия Статьи 101(1) ДФЕС, если рыночная доля каждой стороны на соответствующем рынке не превышает 15%. Если стороны являются фактическими или потенциальными конкурентами, применяется более низкий порог – 10%. Эти пороговые значения определяются для соответствующих товарных рынков, на которые соглашение оказывает влияние.

Исключение для жёстких ограничений

Даже если рыночные доли ниже установленных порогов, исключение «*de minimis*» не применяется, если соглашение содержит жёсткие ограничения (определённые в рамках Регламента ЕС о вертикальных ограничениях – VBER).

К жёстким ограничениям в вертикальных соглашениях относятся:

- установление минимальной или фиксированной цены перепродажи;
- территориальные или клиентские ограничения (например, запрет пассивных продаж в другие регионы или иным категориям клиентов);
- ограничения перекрёстных поставок между дистрибьюторами в системе селективной дистрибуции;
- ограничения онлайн-продаж, неоправданно ограничивающих доступ или видимость.

Правовые последствия

Соглашения, которые соответствуют порогам «de minimis» и не содержат жёстких ограничений, не считаются существенно ограничивающими конкуренцию, и на них не распространяется Статья 101(1) ДФЕС. Такие соглашения не требуют отдельного освобождения по Статье 101(3) ДФЕС, поскольку изначально не подпадают под запрет.

Взаимосвязь с Регламентом ЕС о вертикальных соглашениях (VBER)

Регламент VBER (Регламент (ЕС) 2022/720) предоставляет так называемую «безопасную гавань» для соглашений, если рыночная доля как поставщика, так и покупателя не превышает 30%. Таким образом, если рыночные доли сторон превышают пороги «de minimis» (15%), но остаются ниже 30% и при этом отсутствуют жёсткие ограничения, может применяться освобождение в рамках VBER вместо использования исключения «de minimis».

Источник: Уведомление о De *Minimis Европейского союза* 2014/C 291/01.

Исключение по пункту 4 Статьи 170 ПК

Статья 170(4) ПК предусматривает исключение для согласованных действий между субъектами рынка в пределах одной группы лиц, при условии, что такие действия направлены на:

- совершенствование производства путём внедрения передовых технологий, стандартизации, систем контроля качества или защиты окружающей среды – при условии, что потребители получают соразмерную часть преимуществ;
- развитие малого и среднего предпринимательства (МСП); или
- разработку и применение документов по стандартизации.

Это исключение имеет необычную структуру, поскольку сочетает два различных типа освобождений: «исключение для группы лиц» и «исключение на основе эффективности», каждое из которых имеет собственное обоснование. Первое рассматривает внутригрупповые соглашения как форму внутренней координации в рамках единого хозяйствующего субъекта, аналогично вертикально интегрированной компании. Второе допускает согласованные действия, которые создают положительный эффект для конкуренции, достаточный для перевешивания их антиконкурентных последствий.

Такой подход вызывает вопросы. Нелогично, что субъекты внутри группы лиц могут заключать антиконкурентные соглашения без дополнительных условий, тогда как согласованные действия требуют обязательного обоснования в виде достижения определённых выгод в сфере эффективности. Учитывая, что антиконкурентные соглашения и согласованные действия по своим последствиям для конкуренции функционально схожи, различие в критериях их исключений выглядит непоследовательным.

Гармонизация критериев исключений для антиконкурентных соглашений и согласованных действий способствовала бы повышению внутренней согласованности и определенности казахстанского конкурентного законодательства.

4.4. Злоупотребление доминирующим положением

4.4.1. Определение доминирующего и монопольного положения

Статье 172(1) ПК определяет доминирующее и монопольное положение как возможность субъекта рынка или группы субъектов контролировать соответствующий товарный рынок, в том числе оказывать значительное влияние на условия обращения товаров.

Правила установления доминирующего положения закреплены в Предпринимательском кодексе РК и воспроизведены в *Методике Агентства по проведению анализа состояния конкуренции на товарных рынках*.[7] Кодекс устанавливает ряд структурных признаков доминирования, основанных на рыночных долях как индикаторах положения субъекта на рынке. Эти признаки охватывают как индивидуальное, так и коллективное доминирование. Методика также уточняет аналитический подход к установлению доминирования, главным образом опираясь на индекс Лернера.

Структурные признаки

Предпринимательский кодекс РК устанавливает пороговые значения рыночных долей, при достижении которых возникают признаки доминирования. Хотя определение доминирующего положения должно подтверждаться экономическим анализом, на практике Агентство в значительной степени опирается именно на структурные критерии. В частности, Кодекс закрепляет неопровержимый признак доминирования – долю на рынке в 50% и более, что исключает необходимость проведения экономического анализа. Доля субъекта рынка на соответствующем товарном рынке определяется как отношение объема реализации товара или взаимозаменяемых товаров данным субъектом рынка к общему объему продаж на рынке. [8]

В международной практике конкурентного права использование таких неопровержимых признаков, как правило, считается нежелательным и рекомендуется ограничивать их применение.

Согласно Статье 172(3) ПК, субъект с рыночной долей 35% и более также может быть признан индивидуально доминирующим при условии соблюдения следующих трёх критериев:

- способность субъекта в одностороннем порядке определять уровень цен и оказывать решающее влияние на общие условия реализации товаров;
- наличие экономических, технологических, административных или иных ограничений для доступа на рынок;
- устойчивость возможности субъекта оказывать решающее влияние на условия обращения товаров на рынке.

Коллективное доминирование (Статья 172(4) ПК) может быть установлено: при совокупной доле в 50% и более для двух или трёх субъектов с наибольшими долями; либо при совокупной доле в 70% и более для четырёх субъектов. [9]

Дополнительно должны выполняться следующие три условия:

- относительные размеры долей субъектов рынка остаются стабильными в течение длительного периода (не менее одного года);
- реализуемый или приобретаемый товар не может быть заменён другим товаром при потреблении;
- информация о ценах и (или) условиях реализации товара является общедоступной.

Субъект рынка не может быть признан доминирующим, если его доля на рынке не превышает 15%. Это положение фактически служит «безопасной гаванью» для коллективно доминирующих субъектов, однако оно не применяется к индивидуальному доминированию, где порог в 35%

остаётся релевантным. Следовательно, доля на уровне 15% вряд ли имеет значение при оценке доминирующего положения.

Помимо доминирующего положения, законодательство также определяет монопольное положение. К нему относятся естественные и государственные монополии, субъекты «специального права», а также хозяйствующие субъекты, обладающие 100% долей на соответствующем товарном рынке.

Аналитический подход

Методика анализа состояния конкуренции на товарных рынках предусматривает альтернативный способ установления доминирующего положения, основанный на более глубоком экономическом анализе. Особое внимание уделяется двум показателям – показателям концентрации рынка и индексу Лернера.

Казахстан применяет два индекса концентрации. Коэффициент концентрации (CR) рассчитывается как отношение объёма продаж крупнейших участников рынка к общему объему продаж на соответствующем товарном рынке. Обычно используется коэффициент концентрации для трех или четырех крупнейших субъектов рынка (CR3 или CR4). Кроме того, Агентство использует индекс Герфиндаля–Гиршмана (HHI), который рассчитывается как сумма квадратов рыночных долей всех субъектов, действующих на соответствующем товарном рынке. Методика указывает, что эти показатели могут использоваться для предварительной оценки степени монополизации рынка. В документе установлены следующие пороговые значения для высококонцентрированных рынков: CR3 – от 70% до 100%, CR4 – от 80% до 100%, HHI – от 2000 до 10 000. В странах ОЭСР чаще используется именно HHI, при схожих пороговых значениях.[10]

Вторым показателем, который может применяться для установления доминирующего положения, является индекс Лернера (L). Он определяется как разница между ценой товара (P) и предельными издержками его производства (MC), отнесенная к цене: L=(P-MC)/P. Согласно Методике, рынки, на которых действует доминирующее предприятие, характеризуются индексом Лернера в диапазоне от 0,8 до 0,9, а монопольный рынок имеет значение индекса близкое к 1.[11] Однако на практике Агентство этот показатель не использует.

В целом аналитический подход к установлению доминирующего положения остаётся преимущественно теоретическим, поскольку Агентство, по-видимому, по-прежнему опирается главным образом на структурные признаки. Использование упомянутых индексов и других аналитических инструментов могло бы повысить качество принимаемых решений и должно поощряться.

4.4.2. Оценка доминирующего или монопольного положения

До 2017 года антимонопольный орган Казахстана вёл Государственный реестр субъектов рынка, занимающих доминирующее или монопольное положение (далее – «Реестр доминирующих субъектов»). Если по итогам анализа товарного рынка[12] антимонопольный орган устанавливал, что субъект рынка занимает доминирующее или монопольное положение, он включался в Реестр доминирующих субъектов. Сам факт внесения в Реестр служил достаточным доказательством доминирования при рассмотрении дел о предполагаемых нарушениях законодательства о конкуренции. Проведение нового анализа товарного рынка не требовалось, а доказательства, представленные субъектами рынка в подтверждение ошибок или изменения конъюнктуры рынка, признавались несущественными. Кроме того, внесение в Реестр влекло за собой дополнительные обязанности по отчётности и уведомлению о слияниях вне зависимости от установленных пороговых значений (OECD, 2016[2]).

Создание Реестра доминирующих субъектов вызывало значительные споры. Его жёсткий характер регулирования выражался в том, что антимонопольный орган не проводил отдельный анализ товарного рынка в каждом конкретном деле, что могло приводить к искажению экономической реальности. В связи с этим ОЭСР (2016[2]) рекомендовала отменить Реестр доминирующих субъектов. Казахстан выполнил эту рекомендацию, отменив Реестр с 1 января 2017 года.[13]

В настоящее время оценка доминирующего положения проводится по каждому делу индивидуально – в соответствии с *Методикой проведения анализа состояния конкуренции на товарных рынках*. Методика предусматривает восьмиэтапный анализ рынка (Раздел 7.2), включающий: (i) определение критериев взаимозаменяемости товаров, (ii) установление границ товарного рынка, (iii) выбор временного интервала исследования рынка, (iv) определение состава субъектов рынка, действующих на товарном рынке, (v) расчет объема товарного рынка и долей субъектов рынка, (vi) оценка состояния конкурентной среды на товарном рынке, (vii) выявление барьеров входа и иных препятствий для деятельности субъектов рынка, и (viii) формирование выводов по результатам анализа. В рамках такого анализа рассчитываются показатели и оцениваются экономические условия функционирования рынка. Вместе с тем, как показали обсуждения с Агентством и заинтересованными сторонами, на практике основным критерием установления доминирования остаются структурные признаки, основанные на оценке рыночной доли.

Ещё один важный аспект заключается в том, что суды могут не поддержать позицию Агентства, если его собственный восьмиэтапный анализ, закреплённый в Методике, не был проведен в полном соответствии с процедурой (Раздел 4.4.1). В Казахстане методики, утверждаемые и публикуемые Агентством, имеют обязательную силу для судов, что существенно затрудняет развитие новых аналитических подходов (которые могут не получить признания в судебной практике) и ограничивает возможность Агентства адаптировать методы анализа к особенностям конкретного дела. Использование руководств *(guidelines)* представляло бы собой более гибкий и целесообразный подход, позволяющий сочетать правовую определённость с возможностью развития аналитической практики.

4.4.3. Злоупотребление доминирующим или монопольным положением

Статья 174 ПК определяет злоупотребление доминирующим или монопольным положением как действия или бездействие субъектов рынка, которые *«привели или приводят к ограничению доступа на соответствующий товарный рынок, недопущению, ограничению и устранению конкуренцию и (или) ущемляют законные права субъекта рынка или неопределенного круга потребителей»*. Такое поведение прямо запрещено законодательством.

Данное определение злоупотребления представляется чрезмерно широким, поскольку охватывает не только действия или бездействие, ограничивающие конкуренцию, но и любые нарушения законных прав субъектов рынка или потребителей – даже при отсутствии последствий для конкурентной среды. Это противоречит ключевой цели законодательства о конкуренции, которая заключается в обеспечении экономической эффективности и защите конкуренции, а не защите индивидуальных прав. Нарушения таких прав, как правило, выходят за рамки антимонопольного регулирования и должны рассматриваться в рамках других отраслей права – например, гражданского, коммерческого или законодательства о защите прав потребителей.

Кодекс содержит неисчерпывающий перечень из двенадцати видов поведения, квалифицируемых как злоупотребление доминирующим или монопольным положением, включая:

- установление или поддержание монопольно высоких, монопольно низких цен или монопсонически низких цен;

- применение различных цен или условий к равнозначным соглашениям без объективных причин;
- ограничения перепродажи товаров;
- обусловливание заключения договора дополнительными обязательств, не связанные с его предметом;
- необоснованный отказ от заключения договора с отдельными покупателями при наличии возможности производства или реализации товара, либо непредоставление ответа на предложение о заключении такого договора в течение 30-дневного срока;
- обусловливание поставки принятием ограничения на приобретение продукции конкурента;
- необоснованное сокращение или прекращение производства и (или) поставок товаров, на которые имеются спрос и возможности производства товара;
- изъятие товара из обращения, если это приводит к росту цен;
- навязывание экономически или технологически необоснованных и не связанных условий договора;
- создание препятствий входа или выхода;
- экономически, технологически или иным образом необоснованное установление различных цен на один и тот же товар и создание дискриминационных условий;
- непредоставление равного доступа к ключевой мощности.

По данным Агентства, ежегодно проводится около 30 расследований по делам о злоупотреблении доминирующим или монопольным положением. Это чрезвычайно высокий показатель, учитывая, что в странах ОЭСР количество подобных дел как правило, значительно меньше. Одной из причин является способ получения информации Агентством – большинство дел инициируется на основании жалоб, часто связанных с односторонним повышением цен крупными компаниями. Также, большое количество дел может свидетельствовать о том, что законодательное определение злоупотребления сформулировано чрезмерно широко, либо о том, что на практике применяются пониженные стандарты доказывания, выполнение которых не представляет сложности для Агентства. В последующих разделах рассматриваются наиболее распространённые формы злоупотреблений — монопольно высокие, монопольно низкие и монопсонически низкие цены.

Монопольно высокие цены

Предпринимательский кодекс РК определяет «монопольно высокую цену» (*или чрезмерную цену*) как цену, устанавливаемую субъектом рынка, занимающим доминирующее или монопольное положение, если эта цена превышает как (i) сумму расходов и прибыли, необходимых для производства и реализации товара, так и (ii) цену, сформированную в условиях конкуренции на соответствующем товарном рынке или сопоставимом товарном рынке (Статья 175 ПК). Монопольно высокие цены включают как повышение цены (при неизменных затратах и рыночных условиях), так и неснижение цены (при снижении затрат и иных изменениях рыночной конъюнктуры, предполагающих снижение цены).

Концепция монопольно высоких цен представляет собой попытку охватить явление чрезмерных цен. Согласно ОЭСР (2012[5]) чрезмерные цены являются одним их наиболее спорных вопросов конкурентной политики. Некоторые юрисдикции вовсе не возлагают на компании ответственность за установление чрезмерных цен, тогда как другие подходят к подобным делам с большой осторожностью и сдержанностью. Основные причины нежелания антимонопольных органов вмешиваться заключаются, во-первых, в предполагаемой способности рынков саморегулироваться, а во-вторых — в сложности определения, что именно считать чрезмерной ценой. Поэтому большинство органов конкуренции фокусируются преимущественно на исключающих злоупотреблениях (например, вытеснении конкурентов), а не на ценовых.

В тех юрисдикциях, где чрезмерные цены всё же анализируются, применяются различные методологии, включая сравнение цен, анализ прибыльности или наценки «цена–затраты» (OECD, 2012[5]). Подход Казахстана определяется *Методикой выявления монопольно высоких (низких) цен*.[14] Антимонопольный орган обязан анализировать динамику цен и объёмов производства. Процедура начинается с сопоставления предполагаемой монопольной цены с другими ценами на том же рынке. Если это невозможно, проводится сравнение с аналогичными рынками в Казахстане или за рубежом. Если и это невозможно, орган должен оценить производственные издержки и «необходимую прибыль», хотя последнее крайне трудно поддаётся объективному измерению. Методика предусматривает, что при расчёте прибыли должны учитываться такие факторы, как инвестиции, уровень рисков, коллективные договоры и договорные обязательства с государственными органами. При этом, хотя документ описывает пошаговый процесс, Предпринимательский кодекс РК требует одновременного соблюдения всех критериев, что усложняет практическое применение нормы.

Кроме того, неясно, что именно квалифицируется как злоупотребляющее поведение. В *Методике* отсутствует определение контрольной (контрфактуальной) конкурентной цены. Более того, если издержки можно рассчитать с определённой точностью, то корректное определение «необходимого уровня прибыли» представляет собой крайне сложную аналитическую задачу. На это обращали внимание как Агентство, так и заинтересованные стороны. В результате складывается непредсказуемая правоприменительная среда в части привлечения к ответственности за монопольно высокие цены.

Как показывают примеры из практики Агентства (Вставка 4.6), правило о монопольно высоких ценах фактически используется как инструмент контроля цен, поскольку Агентство склонно рассматривать само по себе повышение цены как признак нарушения. С точки зрения международных стандартов, антимонопольному органу следовало бы сосредоточиться преимущественно на исключающих злоупотреблениях, применяя нормы о монопольно высоких ценах только в исключительных случаях — когда завышенные цены сопровождаются другими факторами, ограничивающими конкуренцию, например, высокими барьерами входа на рынок (OECD, 2012, p. 49[5]).

Вставка 4.6. Монопольно высокие цены на практике

Цены на энергетический уголь: ТОО «Богатырь Комир»

Показательным примером применения норм о монопольно высоких ценах стало расследование в отношении ТОО «Богатырь Комир». По итогам анализа рынка угля Агентство издало приказ о начале расследования по признакам установления монопольно высоких цен. Основанием послужило то, что компания, контролируя свыше 80% рынка, повышала цены на энергетический уголь в период с августа по декабрь 2022 года, причём темпы роста цен опережали конкурентов. Однако суд по административным делам признал постановление незаконным, указав, в частности, на отсутствие должного анализа ценообразования, включая расчёт затрат и учёт рыночных тенденций. Суд также отметил, что у ряда конкурентов цены в декабре 2022 года были выше, чем у ТОО «Богатырь Комир». Апелляционный (областной) суд подтвердил решение суда по административным делам.

Цены на бетон: АО «Стройконструкция»

В другом деле Агентство вменило АО «Стройконструкция» установление монопольно высоких цен в период с января по май 2021 года, поскольку цена компании на бетон была самой высокой среди субъектов рынка. Однако суд по административным делам отменил решение Агентства, и региональный суд поддержал это решение. Суды указали, что Агентство не завершило анализ товарного рынка до возбуждения расследования. Кроме того, было установлено, что отдельные конкуренты взимали более высокие цены, чем АО «Стройконструкция». Также суд отметил, что Агентство не представило доказательств, подтверждающих, что цена компании превышала как затраты на производство и реализацию, так и уровень цен, сложившийся в условиях конкуренции.

Источник: судебные решения, предоставленные Агентством.

Монопольно низкие цены

Аналогично монопольно высоким ценам, «монопольно низкие цены» (*или хищническое ценообразование*) также квалифицируются как злоупотребление и запрещаются казахстанским законодательством о конкуренции. Статья 175 ПК определяет «монопольно низкую цену» как цену, установленную субъектом рынка, занимающим доминирующее или монопольное положение, если она: (i) ниже цены, установленной на том же товарном рынке субъектом, не входящим в ту же группу лиц, что и субъект с доминирующим или монопольным положением, или (ii) ниже фактических расходов на производство и реализацию товара. Эти два критерия являются альтернативными. К монопольно низким ценам относятся как снижение цен (при неизменных затратах и рыночной конъюнктуре), так и неповышение цен (при росте затрат или изменениях рыночной конъюнктуры, предполагающих необходимость повышения цен).

В целом, в международной практике хищническое ценообразование традиционно рассматривается как одна из форм злоупотребления доминирующим положением. Однако казахстанская конструкция монопольно низких цен выходит за рамки классической концепции хищнического ценообразования и имеет значительно более широкий охват. Согласно Кодексу, цена, установленная доминирующим субъектом, может быть признана монопольно низкой уже на том основании, что она ниже цены любого конкурента (за исключением субъектов, входящих в ту же группу лиц). С точки зрения международной практики, такой подход является чрезмерно широким, поскольку охватывает случаи установления низких цен, объективно обусловленных эффектами экономии на издержках.

Например, если предприятие, обладающее доминирующим положением, благодаря экономии от масштаба предлагает более низкие цены, такие цены могут быть квалифицированы как монопольно низкие. В странах ОЭСР общепризнано, что цель конкурентного законодательства заключается в защите конкуренции как процесса, а не отдельных конкурентов (OECD, 2005[6]). Подход Казахстана, напротив, в значительной степени направлен именно на защиту конкурентов.

Определение монопольно низкой цены может базироваться на оценке издержек, что соответствует распространённой международной практике анализа хищнического ценообразования. В этом случае монопольно низкой считается цена, ниже фактических расходов на производство и реализацию товара. Как отмечает ОЭСР (2005, p. 20[6]) в разных юрисдикциях для анализа хищнических цен применяются различные тесты «цена–издержки». В качестве соответствующего порогового значения, ниже которого цена должна опуститься, в международной практике используются краткосрочные предельные издержки, средние переменные издержки, средние совокупные издержки или средние предотвратимые издержки.[15] В казахстанском законодательстве установлен порог «фактических расходов». *Методика выявления монопольно высоких (низких) цен* уточняет данное понятие. Фактические расходы учитывают расходы на оплату труда, амортизационные отчисления, расходы на выплату вознаграждений по заемным средствам и расходы, непосредственно относящиеся к производству и реализации товаров. Таким образом, термин «фактические расходы» по сути охватывает совокупные издержки.

Вставка 4.7. Монопольно низкие цены на практике

Дело оператора кабельного телевидения

В 2018 году Агентство провело расследование в отношении оператора кабельного телевидения АО «Алма Телекоммуникейшнс Казахстан». Агентство получило жалобу от конкурирующей компании – ТОО «RT», которая утверждала, что АО «Алма Телекоммуникейшнс Казахстан» предлагало потребителям расторгнуть договоры с другими кабельными операторами и заключить новые договоры с ним на условиях скидки 50%.

Агентство установило, что АО «Алма Телекоммуникейшнс Казахстан» занимает доминирующее положение на рынке услуг по распространению платных телепрограмм через кабельные сети в г. Кокшетау. По данным Агентства, расследование показало, что в период с 30 ноября 2016 года по 30 декабря 2017 года компания устанавливала монопольно низкие цены, предлагая потребителям пакет «Просто ТВ» по акционной цене 850 тенге, тогда как конкуренты взимали около 1 400 тенге.

Снижение цен привело к вытеснению конкурента – ТОО «Кокшетау Телеспутник» с рынка. Дополнительно было установлено, что производственная и полная себестоимость подключения новых абонентов по акции превышала цену аналогичного пакета до её запуска, то есть оснований для снижения цены не имелось. Анализ финансово-экономической деятельности показал, что АО «Алма Телекоммуникейшнс Казахстан», несмотря на убытки от реализации пакета «Просто ТВ», запустило акцию и снизило цену.

Выводы Агентства были подтверждены судом. Суд признал АО «Алма Телекоммуникейшнс Казахстан» виновным по Статье 159 ПК, части 3 КоАП. Компании был назначен административный штраф свыше 4 млн тенге, а также конфискован монопольный доход в размере более 3 млн тенге.

Источник: информация, предоставленная Агентством.

Монопсонически низкие цены

Статья 176 ПК определяет монопсонически низкую цену как цену, по которой товар приобретается субъектом рынка, занимающим монопсоническое положение, если: (i) цена позволяет покупателю получить дополнительный доход путем снижения затрат на производство или реализацию за счет продавца, либо (ii) цена оказывается ниже суммы расходов продавца на производство и реализацию плюс необходимой прибыли. Монопсоническое положение определяется как доля покупателя на рынке не менее 70%.

Такое определение вновь демонстрирует склонность Агентства опираться на структурные признаки, основанные преимущественно на порогах рыночной доли, а не на экономический анализ покупательной власти. В то время как в странах ОЭСР монопсоническая власть — способность снижать закупочные цены ниже конкурентного уровня — оценивается на основе экономических доказательств, по аналогии с анализом монопольной или доминирующей власти (OECD, 2009, p. 34[7]).[16]

Сфера действия нормы о монопсонически низких ценах представляется чрезмерно широкой. В этой связи, практически любое снижение цены, уменьшающее издержки покупателя «за счёт продавца», может быть квалифицировано как злоупотребление. Поскольку снижение закупочной цены в той или иной степени влияет на поставщиков, это фактически создаёт риск ограничения переговоров и может де-факто вынудить покупателей с монопсоническим статусом принимать любую цену, предлагаемую продавцами. Хотя реализация покупательной власти действительно связана со снижением цен ниже конкурентного уровня, не каждое такое снижение представляет собой злоупотребление. Более того, после проявления монопсонической власти рыночные цены уже отражают её наличие, что затрудняет определение надёжного конкурентного ориентира.

Как отмечает ОЭСР (2009, p. 10[7]) антимонопольные органы должны сосредоточивать внимание на поведении, которое создает, усиливает или поддерживает покупательную власть и ведет к антиконкурентным эффектам, таким как снижение эффективности или ущерб потребителям. Более широкое регулирование покупательской власти, особенно при отсутствии явного вреда, целесообразнее возложить на отраслевых регуляторов или органы по защите прав потребителей.

Полномочия по контролю цен

Положения казахстанского законодательства о конкуренции, касающиеся монопольно высоких, монопольно низких и монопсонически низких цен, имеют чрезмерно широкий охват, затрагивая формы ценового поведения, которые в международной практике обычно не регулируются антимонопольным правом. Это фактически наделяет антимонопольный орган значительными полномочиями по контролю цен.

Экспертный обзор ОЭСР (2016[2]) уже отмечал, что механизмы контроля цен устраняют лишь симптомы доминирования, такие как завышенные цены, но не затрагивают его первопричин, такие как вытеснение конкурентов, высокие барьеры входа. В связи с этим ОЭСР рекомендовала сместить акцент с ценового регулирования на пресечение исключающих практик. На сегодняшний день широкие формулировки о монопольно высоких, низких и монопсонически низких цен, по-прежнему предоставляют Агентству значительные полномочия для ценового контроля. Это подтверждают и представители бизнеса, отмечая, что Агентство в первую очередь сосредоточено на контроле цен, а рекомендация ОЭСР 2016 года остаётся не реализованной.

Равный доступ к ключевой мощности

С 2022 года непредоставление равного доступа к ключевым мощностям рассматривается в Казахстане как форма злоупотребления доминирующим или монопольным положением.[17] До этого антимонопольное законодательство страны прямо не содержало упоминания доктрины ключевой мощности.

Ключевой мощностью являются товар или объект инфраструктуры субъекта рынка, занимающего доминирующее или монопольное положение, без доступа к которым другие субъекты рынка не могут осуществлять производство или реализацию товаров на соответствующем или смежном рынке (Статья 176–1 ПК). Для признания товара или инфраструктуры ключевой мощностью должны выполняться следующие условия:

- дублирование товара, объекта инфраструктуры невозможно или экономически нецелесообразно в силу технологических особенностей;
- обладатель ключевой мощности вправе владеть, пользоваться и распоряжаться соответствующим товаром, объектом инфраструктуры;
- наличие возможности у обладателя ключевой мощности в предоставлении доступа к соответствующему товару, объекту инфраструктуры;
- необоснованный отказ обладателя ключевой мощности в доступе будет оказывать отрицательное влияние на конкуренцию;
- доступ к ключевой мощности не предоставляется посредством биржевых торгов.

Если в ходе анализа рынка Агентство идентифицирует ключевую мощность, оно публикует соответствующее решение и перечень всех её владельцев. Владельцы ключевых мощностей обязаны обеспечивать равный доступ к ним для других участников рынка.

В соответствии с *Правилами равного доступа к ключевой мощности,*[18] такой доступ предоставляется на основании заявления субъекта рынка. Владельцы ключевых мощностей обязаны ежегодно принимать заявления. Процедура их подачи, включая сроки и форму, строго регламентирована. Получив заявление, владелец ключевой мощности обязан рассмотреть его и принять одно из трёх решений: (i) заключить договор на условиях, указанных в заявлении; (ii) заключить договор на условиях, предложенных владельцем ключевой мощности; (iii) отказать в заключении договора.

Единственными законными основаниями для отказа являются отсутствие доступности ключевой мощности либо отсутствие инфраструктуры, необходимой для предоставления доступа. Несогласие с решением может быть обжаловано в Агентстве и в суде.

4.4.4. Статистика по делам о злоупотреблении доминирующим или монопольным положением

В среднем Агентство ежегодно выносит более 20 решений по делам о злоупотреблении доминирующим положением (исключение составил 2020 год), что составляет от 15% до 22% всех дел. Это резко контрастирует с практикой большинства юрисдикций ОЭСР, где ежегодно возбуждается лишь несколько подобных дел из-за высокой сложности и длительности расследования. Поскольку в Казахстане установлены жёсткие временные рамки для проведения анализа рынков и расследований, неудивительно, что число дел о злоупотреблении доминирующим или монопольным положением значительно превышает аналогичные показатели в других странах.

Рисунок 4.2. Количество ежегодных решений по делам о злоупотреблении доминирующим или монопольным положением, 2016–2023 гг.

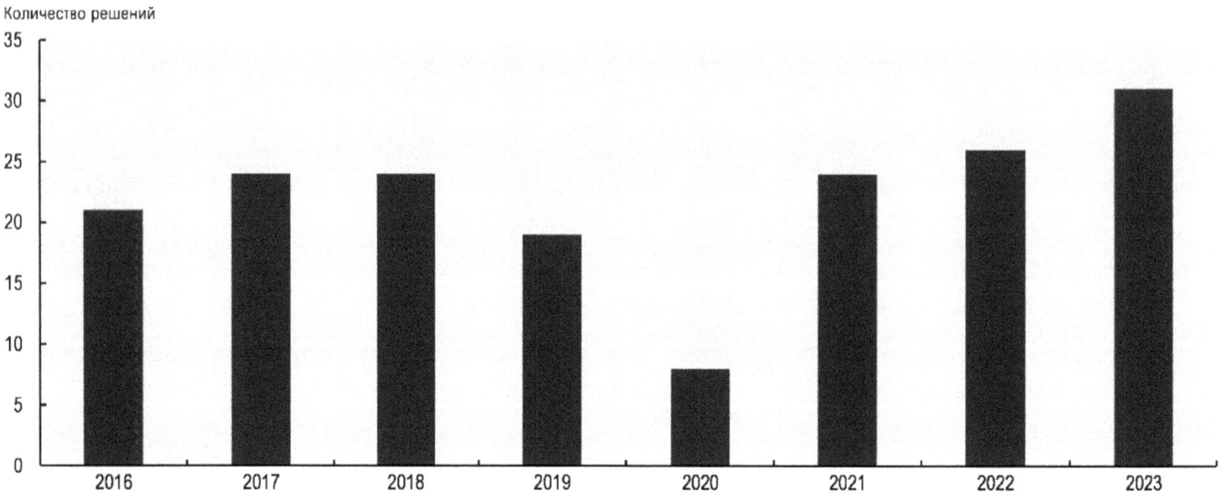

Источник: данные, предоставленные Агентством

4.4.5. Конгломераты

Агентство уполномочено анализировать и контролировать деятельность конгломератов. Понятие конгломерата в законодательстве Казахстана отличается от общепринятого понимания, подразумевающего компании, действующие на различных, в том числе несвязанных товарных рынках. Это новое определение было введено в конкурентное законодательство в 2024 году.[19] В соответствии со Статьёй 172–1 ПК, конгломерат определяется как субъект рынка или группа лиц, занимающих доминирующее или монопольное положение как на соответствующем, так и на смежном товарном рынке. При этом из сферы действия данного определения исключены отдельные категории субъектов, например банковские холдинги. ОЭСР (2020[8]) использует более широкое толкование понятия конгломерата, включая компании, продукция которых может быть взаимодополняющей, слабыми заменителями или вовсе несвязанной. Однако более широкое определение не предполагает, что конгломераты по своей природе чаще нарушают антимонопольное законодательство или требуют усиленного надзора.

Предпринимательский кодекс РК возлагает на Агентство обязанность вести государственный реестр конгломератов, публикуемый в открытом доступе. Признание субъекта конгломератом осуществляется на основании анализа его деятельности на соответствующих и смежных товарных рынках. В реестре указываются виды деятельности компании и её рыночные доли по каждому из них. Однако, учитывая динамику рыночных показателей, точность этих данных со временем снижается. Закон не устанавливает срок пребывания субъекта в реестре и не определяет условия исключения из него. Хотя Агентство утверждает, что включение в реестр может быть обжаловано в судебном порядке, прямого закрепления такого механизма в законодательстве нет.

Признание субъекта конгломератом предоставляет Агентству широкие полномочия по мониторингу, включая право изучать производство, ценообразование и прибыльность.[20] Агентство может собирать данные у государственных органов и напрямую запрашивать информацию у конгломератов. Эти данные могут использоваться для выявления монопольно высоких или низких цен, монопсонических низких цен и других форм злоупотребления доминирующим положением.[21]

Примечательно, что Казахстан учредил данный реестр всего через несколько лет после отмены Реестра доминирующих субъектов. В отличие от него, реестр конгломератов не устанавливает факт доминирования, а служит инструментом целевого надзора. При этом остаётся неясным, почему конгломераты должны рассматриваться иначе, чем другие крупные компании. На международном уровне конгломераты, как правило, не подлежат специальному антимонопольному надзору. Однако Агентство считает их особенно чувствительными с точки зрения концентрации рыночной власти, барьеров для входа и предполагаемого государственного фаворитизма. [22]

Введение регулирования конгломератов последовало за Посланием Президента Токаева 2022 года, в котором он призвал усилить контроль за их деятельностью, включая проверки на предмет нерыночного ценообразования, и предложил рассмотреть возможность регулирования в рамках специального антимонопольного закона. Впоследствии в Предпринимательский кодекс РК были внесены поправки, наделившие Агентство полномочиями по анализу и мониторингу деятельности конгломератов.[23] По данным Агентства, реестр служит инструментом, определяющим круг компаний, подпадающих под анализ и мониторинг. Агентство отмечает, что при отсутствии такого механизма были бы неясны границы его полномочий, а компании не имели бы достаточной определённости относительно своих обязанностей.

Хотя реестр повышает предсказуемость в части субъектного охвата применения законодательства, он вызывает вопросы относительно необходимости постоянного обновления и рисков судебных споров в случае несогласия компаний с включением в него. Именно по этой причине другие юрисдикции, как правило, не используют реестры для мониторинга конгломератов. При отсутствии убедительного обоснования необходимости поддержания такого реестра более рациональным решением было бы заменить его чётким набором принципов, позволяющих бизнесу самостоятельно оценивать, подпадают ли они под регулирование, а Агентству – проверять соблюдение этих принципов в каждом конкретном случае.

4.5. Регулирование экономической концентрации

4.5.1. Режим регулирования экономической концентрации

Регулирование экономической концентрации в Казахстане направлено на предотвращение возникновения монополий и ограничений конкуренции. В последние годы правовая база режима регулирования экономической концентрации оставалась относительно стабильной.

В Статье 201 ПК предусмотрено пять видов экономической концентрации, которые влекут обязанности в рамках режима регулирования:

1. корпоративная реорганизация путем слияния или присоединения;
2. приобретение более 50% голосующих акций субъекта рынка, если до сделки у приобретателя было 50% или менее таких акций;
3. приобретение основных средств производства и (или) нематериальных активов другого субъекта рынка, если их балансовая стоимость превышает 20% балансовой стоимости всех активов этого субъекта;
4. приобретение прав в отношении другого субъекта рынка, позволяющих давать обязательные указания и контролировать его деятельность, включая (с 2024 года[24]) негативный контроль, то есть возможность блокировать решения посредством права вето или аналогичного механизма;
5. участие одного и того же физического лица в органах управления (исполнительных органах, советах директоров, наблюдательных советах или иных органах) двух и более субъектов рынка, что позволяет ему контролировать принятие решений этих субъектов.

Регулирование концентраций включает две составляющих: предварительное регулирование (*ex-ante)*, которое требует направления в антимонопольный орган ходатайства о даче согласия на экономическую концентрацию и последующее регулирование (*ex-post)*, предусматривающее обязанность уведомить орган о сделке уже после её завершения, но не позднее чем через 45 календарных дней.

До 2024 года предварительное *(ex-ante)* регулирование применялось к экономическим концентрациям типов 1–3, тогда как последующее *(ex-post)* регулирование – к экономическим концентрациям типов 4–5.[25] Однако поправки 2024 года к Предпринимательскому кодексу РК [26] перевели экономическую концентрацию типа 3 (приобретение основных средств производства или нематериальных активов) в режим *ex-post* (Статья 201(8)ПК). Реализация реформы, однако, оказалась непоследовательной: Статья 200(1) ПК, относящая этот вид сделок к предварительному *ex ante* регулированию, осталась без изменений. В результате режим регулирования концентраций для сделок типа 3 в настоящее время неясен, поскольку Кодекс содержит противоречивые нормы, относящие их одновременно и к *ex ante*, и к *ex post* регулированию.

Отмена уже завершённой сделки, как правило, крайне затруднительна. Именно поэтому в большинстве юрисдикций ОЭСР *ex-post* режимы становятся всё более редкими. Казахстан же, напротив, расширил сферу их применения, отнеся к *ex-post* регулированию также приобретение производственных активов. Причины такого подхода остаются неясными, в частности, почему приобретение долей регулируется иначе, чем приобретение активов.

Обязанность по уведомлению в рамках регулирования экономических концентраций в Казахстане определяется на основе порогового значения, рассчитываемого по формуле: 10 миллионов тенге, умноженные на месячный расчётный показатель (МРП), установленный на дату подачи уведомления. МРП ежегодно утверждается Законом о республиканском бюджете РК и в 2024 году составлял 3 692 тенге (Таблица 4.3).[27] Пороговое значение применяется к балансовой стоимости активов реорганизуемого субъекта рынка, приобретателя или компании, чьи акции приобретаются, либо к совокупному объёму продаж за последний финансовый год – если этот показатель превышает порог.

Использование подобной формулы затрудняет компаниям самостоятельное определение необходимости подачи уведомления (ходатайства) об экономической концентрации. Требования к ходатайству должны быть прозрачными, объективными и понятными участникам рынка. Пороговые значения могут устанавливаться исходя из оборота или стоимости активов участников концентрации, их совокупной доле на рынке либо из стоимости сделки (в случаях, когда рыночные доли невелики).

Предпринимательский кодекс РК также предусматривает ряд изъятий из режима регулирования концентраций:[28]

- приобретение акций финансовыми организациями, если оно осуществляется с целью их последующей перепродажи и при условии, что финансовая организация не получает права голоса;
- назначение конкурсного управляющего по делу о банкротстве;
- сделки внутри одной группы лиц;
- сделки, предусмотренные Законами Республики Казахстан, Указами Президента Республики Казахстан и Постановлениями Правительства Республики Казахстан.

Таблица 4.3. Пороговые значения регулирования экономической концентрации, 2016–2024 гг.

Год		Порог, млн тг.	Порог, млн евро
2024		36 920	67.93
2023		34 500	68.94
2022	1.4. – 31.12.	31 800	64.05
	1.1. – 31.3.	30 630	58.65
2021		29 170	58.94
2020	1.4. – 31.12.	27 780	53.70
	1.1. – 31.3.	26 510	53.51
2019		25 250	59.15
2018		24 050	54.61
2017		22 690	56.81
2016		21 210	60.43

Примечание: порог в евро рассчитан по курсу на 31 декабря соответствующего года (для периодов январь–март 2020 и 2022 — по курсу на 31 марта). Курсы взяты chttps://www.xe.com/currencytables/
Источник: данные по МРП https://uchet.kz/stavki/MRP.

Если первые три категории не считаются экономическими концентрациями, то последнее изъятие охватывает слияния, которые в ином случае подлежали бы регулированию. Норма, введённая в 2015 году, была направлена на снижение административной нагрузки, устранение дублирования процедур и обеспечение правовой определённости при реализации решений высших органов государственной власти. Однако такой преференциальный режим в части регулирования концентраций не соответствует принципу конкурентной нейтральности, продвигаемому ОЭСР (2024[9]). Он также открывает возможность для органов власти обходить нормы конкурентного законодательства. По данным властей, норма была введена для упрощения сделок субъектов рынка с государственным участием (ALRUD Law Firm, 2019[10]).

4.5.2. Уведомление и процедура рассмотрения

Уведомление о концентрации [29] подается соответствующим субъектом рынка. Если в сделке участвует несколько сторон, уведомление может быть подано одной из них от имени всех участников.[30] Пошлина за подачу уведомления не взимается (Aequitas Law Firm, 2022[11]). Все уведомления подаются в цифровом формате. Следует отметить, что в Казахстане отсутствуют ускоренные или упрощённые процедуры для сделок, не представляющих рисков для конкуренции, хотя такие механизмы предусмотрены в ряде других юрисдикций, включая ЕС и Великобританию.

Законом установлен перечень документов, которые необходимо представить вместе с уведомлением (ходатайством).[31] В него обычно входят сведения о сделке (стороны, ключевые условия, цена или стоимость), наименование и адреса участников, объёмы производства и продаж, данные об экспорте и импорте, а также специфическая информация, связанная с конкретной сделкой (например, проект устава объединённого субъекта рынка). Ранее перечень документов был значительно шире, что создавало существенную административную нагрузку на заявителей и нередко приводило к отказам антимонопольного органа из-за неполного предоставления информации. В связи с этим ОЭСР (OECD, 2016[2]) рекомендовала сократить требования к документам на начальном этапе рассмотрения. Поправки в Предпринимательский кодекс РК, принятые в 2020 и 2024 годах, действительно исключили ряд позиций, например списки членов советов директоров и прогнозы производства и продаж.

Процедура рассмотрения зависит от того, проводится ли регулирование в предварительном *ex-ante* или последующем *ex-post* формате. В среднем ежегодно подаётся около 90 уведомлений в рамках предварительного *(ex-ante)* регулирования (Рисунок 4.3) и порядка 25 – в рамках последующего *(ex-post)* контроля.

Предварительное регулирование концентрации (ex-ante)

После получения ходатайства о даче согласия на экономическую концентрацию антимонопольный орган проверяет полноту представленных документов и соблюдение формальных требований и в течение пяти рабочих дней (до 2024 года – десяти календарных дней) уведомляет заявителя о принятии или об отказе в принятии ходатайства.[32] С даты принятия ходатайства у антимонопольного органа есть 15 рабочих дней (до 2024 года – 30 календарных дней) для рассмотрения экономической концентрации по существу. Эта стадия соответствует *Фазе I*, в рамках которой Агентство (Департамент экономической концентрации и контроля государственных предприятий) оценивает, действуют ли стороны сделки на рынках взаимозаменяемых товаров или на смежных рынках. Если взаимозаменяемость/смежность не выявлена, Агентство выдает согласие без проведения углубленного рыночного анализа. Если же взаимозаменяемость и/или смежность присутствуют, рыночный анализ проводит профильный отраслевой департамент – это соответствует *Фазе II*. Срок в 15 рабочих дней приостанавливается на период проведения анализа. Совокупная длительность Фазы I и Фазы II не может превышать 12 месяцев.[33] До 2024 года закон не устанавливал максимального срока рассмотрения; на практике длительность Фазы II, как правило, не превышала трёх месяцев.

В последние годы, особенно после поправок 2024 года,[34] наблюдается тенденция к сокращению сроков рассмотрения концентраций. Это может серьёзно ограничивать возможности Агентства полноценно оценивать экономические последствия сделок. Необычно короткий срок Фазы I (15 дней) объясняется общими требованиями административного законодательства о сроках рассмотрения обращений в государственные органы (как правило, в течение 20 дней) и соответственно упрощёнными критериями для решения о наличии или отсутствии рисков для конкуренции. Однако этот факт лишь подчёркивает необходимость выделить режим конкурентного права в самостоятельный порядок, учитывающий специфику дел о концентрациях, в отличие от стандартных административных процедур (например, оформление документов или рассмотрение дел о парковке).

С точки зрения распределения ресурсов, Фаза I проводится одним специалистом Департамента экономической концентрации и контроля государственных предприятий. Хотя Агентство утверждает, что текущая нагрузка управляемая, поскольку этот специалист не проводит рыночный анализ, такой подход нетипичен и вызывает обоснованные сомнения. Учитывая ежегодный объём предварительных (*ex-ante)* ходатайств, времени на рассмотрение каждого дела крайне мало. Это может объяснять упрощённость решений о передаче дела на углублённый анализ либо об его одобрении без такового.

По завершении анализа Фазы II антимонопольный орган принимает решение: (i) выдать безусловное согласие на экономическую концентрацию; (ii) одобрить её при условии выполнения определённых обязательств или мер, направленных на устранение/смягчение негативного воздействия концентрации; либо (iii) запретить концентрацию, представив мотивированное заключение.[35] Решение направляется заявителю в течение трёх рабочих дней со дня его принятия и действует один год. Если в течение года сделка не реализована, требуется новое ходатайство.

Антимонопольный орган вправе пересмотреть своё решение об одобрении или запрете экономической концентрации в трёх случаях: (i) если в течение трёх лет после принятия решения стали известны обстоятельства, исключающие возможность согласования сделки; (ii) при предоставлении заявителем недостоверной информации; (iii) при невыполнении заявителем условий и обязательств, являвшихся основанием для согласования концентрации. По результатам пересмотра орган может оставить решение без изменений, изменить или отменить его либо принять новое решение.

Рисунок 4.3. Количество ежегодных ходатайств, 2016–2023 гг.

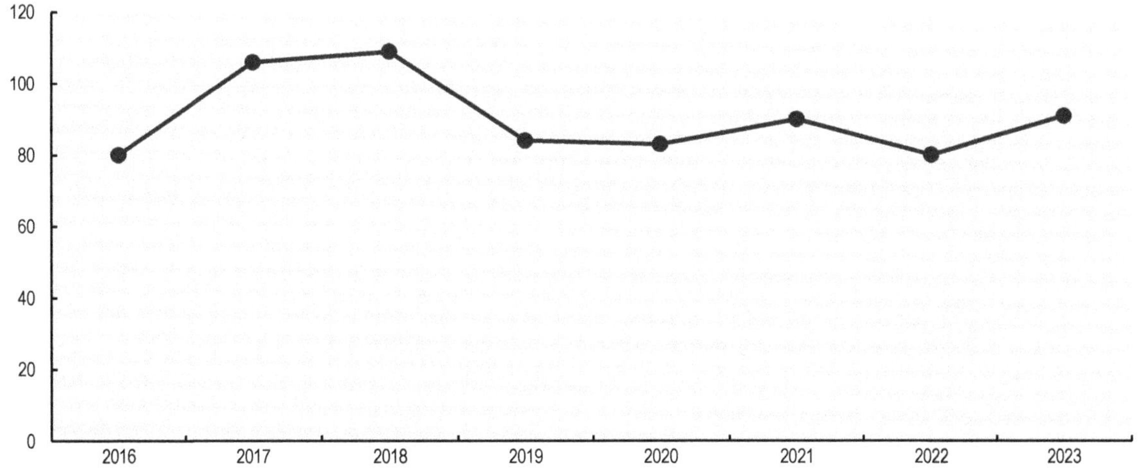

Источник: данные, предоставленные Агентством.

Количество ходатайств в режиме предварительного (*ex-ante)* регулирования концентраций остаётся относительно стабильным и в среднем составляет около 90 ходатайств в год (Рисунок 4.3). Большинство сделок одобряются безусловно, в то время как согласования с условиями и запреты встречаются крайне редко. 2020 год выглядит аномалией как по числу согласований с условиями, так и по числу отказов. В последние годы обычной практикой было от нуля до одного случая запрета концентрации в год.

Рисунок 4.4. Итоги рассмотрения уведомлений о концентрациях

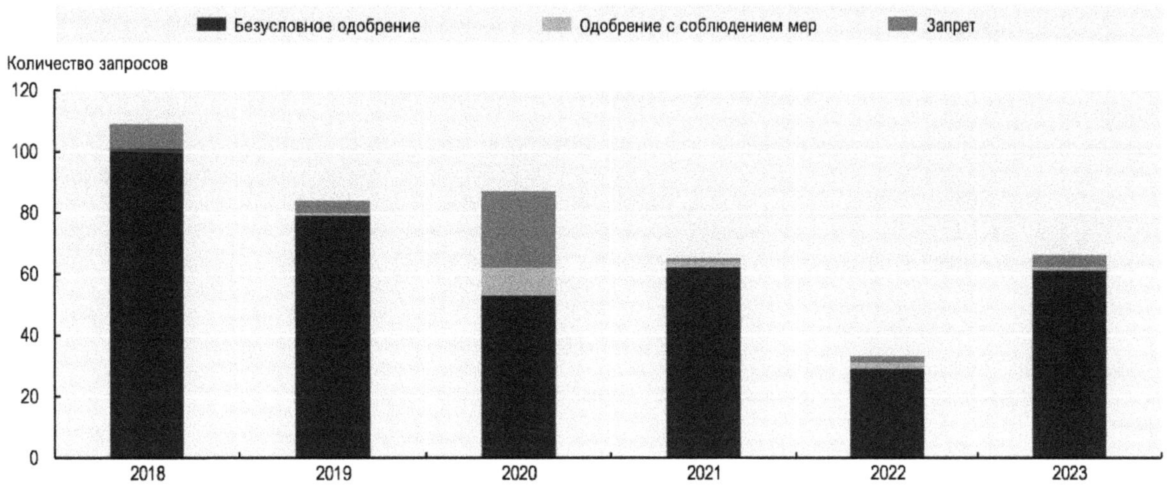

Источник: данные, предоставленные Агентством

Регулирование концентрации Ex-post

Процесс последующего *ex-post* регулирования отличается по своей сути. После получения уведомления антимонопольный орган оценивает, ограничивает ли сделка конкуренцию или может привести к её ограничению. Если такое воздействие выявлено, орган выносит предписание об отмене сделки (например, возврат приобретённых активов или сложение полномочий в органах управления).

Предписание должно быть исполнено в течение 30 календарных дней; в противном случае антимонопольный орган вправе обратиться в суд. Если же антиконкурентных последствий не установлено, дополнительных действий не предпринимается, и по истечении 30 календарных дней с момента получения уведомления экономическая концентрация считается действующей *ipso iure* (автоматически, в силу закона).

По данным Агентства, к аннулированию сделки в порядке *ex post* прибегали лишь однажды. В 2018 году было вынесено предписание об отмене сделки с участием ТОО «КазМунайГаз Өнімдері» (далее – Товарищество). Согласно уведомлению, в октябре 2018 года Товарищество заключило агентский договор с ИП «Али», уполномочив его действовать от имени и за счёт Товарищества в операциях на автозаправочной станции.

По итогам анализа Агентство признало Товарищество занимающим доминирующее положение на рынках реализации бензина АИ-95 и дизельного топлива. В соответствии с положениями Предпринимательского кодекса РК сделка была аннулирована.

Вставка 4.8. Методология анализа экономических концентраций

Предварительное *(ex-ante)* рассмотрение концентраций в Казахстане включает четыре этапа:

Проверка документов. После получения ходатайства Агентство проверяет полноту и корректность представленных документов. Неполные или некорректные ходатайства отклоняются и не рассматриваются по существу.

Таблица 4.4. Показатели ограничения конкуренции и структурные признаки

Индикатор	Пороговое значение, свидетельствующее об ограничении конкуренции
Совокупная доля участников экономической концентрации	Совокупная доля превышает 35%
Изменение индекса Герфиндаля–Гиршмана (HHI)	Изменение HHI более чем на 250 для умеренно концентрированных рынков (HHI от 1 000 до 2 000) и более чем на 100 для высококонцентрированных рынков (HHI от 2 000 до 10 000).
Появление возможных барьеров входа или выхода после экономической концентрации	Наличие экономических барьеров (например, ограниченный доступ к ресурсам), административных (например, лицензионные условия), технологических (технологическое преимущество действующих компаний), иных ограничений (например, монопольно низкие цены или недобросовестная конкуренция).
Возникновение или усиление рыночной власти у одного из участников после экономической концентрации	Индекс Лернера равен или превышает 0,5.

Источник: Методика оценки экономической концентрации на товарных рынках.

Рыночный анализ. Агентство оценивает конкурентные условия на соответствующих товарных рынках в соответствии с официальной Методикой.[1] Это включает: определение взаимозаменяемости товаров, установление границ товарного рынка и временных рамок, составление карты участников, расчёт объёма рынка и долей, формирование выводов. Если совокупная доля сторон концентрации составляет 35% или менее, сделка одобряется безусловно. Если порог превышен, рассмотрение переходит на следующий этап.

Оценка воздействия на конкуренцию. Агентство рассчитывает четыре индикатора потенциального вреда – совокупную долю рынка, индекс Герфиндаля–Гиршмана (HHI), барьеры входа и индекс Лернера. Если хотя бы один показатель превышает установленный порог, это указывает на структурные признаки ограничения конкуренции. Методика не уточняет, достаточно ли превышения одного показателя или некоторые из них имеют больший вес.

Итоговое решение: По результатам анализа Агентство принимает одно из решений: одобрить сделку (безусловно или с условиями) либо запретить её.

Последующее регулирование *(ex-post)*

Процедура анализа для последующего регулирования отличается. После проверки документов Агентство изучает договоры и сопутствующие материалы уже совершённой сделки на предмет её потенциального влияния на конкуренцию. Затем принимается решение об одобрении или отклонении концентрации. На сегодняшний день ни одна концентрация в порядке *ex post* не была отклонена.

Примечание: см. анализ в разделах 4.4.1. и 4.4.2.
Источник: Приказ Министра национальной экономики Республики Казахстан от 14 декабря 2017 года № 416.

4.5.3. Корректирующие меры

Антимонопольный орган может одобрить экономическую концентрацию при условии применения корректирующих мер, направленных на устранение или смягчение её негативных последствий. Закон предусматривает как структурные, так и поведенческие корректирующие меры и в неисчерпывающем перечне указывает следующие:[36]

- разделение субъекта рынка или выделение из него юридического лица;
- продажа или передача имущества и иных прав третьим лицам;
- установление ограничений в отношении корректирующих мер;
- разделение функций управления субъектов рынка, входящих в одну группу лиц;
- требования к производству и реализации товаров, направлениям инвестиций и иные поведенческие условия;
- производство и реализация товаров, направление инвестиций и иные поведенческие меры;
- предоставление недискриминационного доступа к товарам субъекта рынка.

В прошлом антимонопольный орган Казахстана не проявлял высокой активности в части использования корректирующих мер. Почти во всех случаях, когда бывший КРЕМЗК условно одобрял экономическую концентрацию, применялась одна и та же мера – обязательство воздерживаться от антиконкурентных практик на соответствующем товарном рынке (ALRUD Law Firm, 2019[10]).

В более недавних делах, в частности в телекоммуникационном секторе, применялись более адресные меры. В последние годы Агентство демонстрирует готовность к диверсификации корректирующих мер, включая: ценовые обязательства (например, запрет на повышение цен), обязательства продать актив конкурентам, ограничения на продажу актива конкурентам, запрет на открытие новых торговых точек продаж, а также требование представления актов антимонопольного комплаенса для утверждения в Агентстве. Лицензионные ограничения на практике пока не применялись.

Пятый антимонопольный пакет (2022)[37] предоставил субъектам рынка возможность привлекать доверенное лицо для оценки соблюдения наложенных корректирующих мер. Доверенное лицо – это независимый эксперт, обладающий научными или практическими знаниями, уполномоченный проводить экспертную оценку исполнения обязательств. Антимонопольный орган ведет реестр доверительных лиц.[38] При необходимости компания заключает договор с доверенным лицом и несёт все расходы, связанные с его работой. Типовая форма договора утверждена Агентством в 2022 году.[39] По итогам проверки исполнения корректирующих мер доверенное лицо обязано представить антимонопольному органу экспертное заключение. На практике пока ни одна корректирующая мера не находилась под надзором доверенного лица, и миссии ОЭСР не удалось встретиться с назначенным специалистом.

Вставка 4.9. Применение корректирующих мер в делах по регулированию экономической концентрации в Казахстане

Приобретение Kcell компанией «Казахтелеком» (2018)

В 2018 году АО «Казахтелеком», крупная телекоммуникационная компания с государственным участием, приобрела АО «Kcell» – крупнейшего на тот момент мобильного оператора Казахстана. Помимо доминирования на рынке фиксированной телефонной связи, АО «Казахтелеком» владел 49% долей в ТОО Mobile Telecom-Service, третьем по величине мобильном операторе страны. Сделка была тщательно проанализирована КРЕМЗК, поскольку её последствия могли существенно повлиять на конкуренцию в телекоммуникационном секторе. КРЕМЗК одобрил сделку, но поставил ряд условий в виде корректирующих мер. В частности, компания была обязана создать новые сервисные линии, расширить зоны покрытия 4G и внедрить услуги 5G. Примечательно, что в 2023 году Агентство изменило условия и добавило дополнительную корректирующую меру – отчуждение дочерней компании АО «Kcell», ТОО «KazNet Media».

Приобретение компании ТОО «КАЗФОСФАТ» компанией CAF Holding (2023)

В 2023 году Агентство одобрило приобретение 100% акций компании ТОО «КАЗФОСФАТ», работающей в сфере добычи и переработки фосфоритов. Одобрение было обусловлено рядом корректирующих мер: (i) принятие внешнего акта антимонопольного комплаенса, утверждённого Агентством, (ii) заключение Соглашения о стратегическом партнёрстве с Министерством индустрии и инфраструктурного развития, (iii) соблюдение меморандума, подписанного с Министерством сельского хозяйства, и (iv) представление в Агентство полугодовых отчётов о соблюдении корректирующих мер.

Источник: Юридическая фирма ALRUD (2019), Контроль за экономической концентрацией в СНГ и соседних странах: обзор развития и тенденций https://alrud.com/upload/alrud-brochures/Merger_control_in_the_CIS_and_neighboring_countries_overview_of_the_developments_and_trends.pdf; Reuters (2018), *«Казахтелеком» приобретает 75% акций Kcell у Telia и Turkcell*, https://www.reuters.com/article/markets/kazakhtelecom-buys-75-pct-stake-in-kcell-from-telia-turkcell-idUSL8N1YH16S/.

4.5.4. Специальный режим регулирования экономической концентрации для финансовых организаций

В целом режим регулирования экономической концентрации в Казахстане распространяется одинаково на все сектора экономики. Однако для финансовых организаций установлены специальные положения. Таким образом, финансовые организации подпадают под действие общего режима регулирования лишь в той мере, в какой отсутствуют специальные нормы.

Одним из таких специальных положений являются пороговые значения, при превышении которых возникает обязанность подать уведомление об экономической концентрации. Финансовые организации обязаны подать уведомление, если стоимость их активов или размер собственного капитала превышают пороговые значения, установленные совместно антимонопольным органом и Агентством по регулированию и развитию финансового рынка (АРРФР) — уполномоченным органом в сфере регулирования и надзора за финансовыми рынками и организациями.[40] Таблица 4.5 приводит специальные пороговые значения для финансовых организаций.

Таблица 4.5. Пороговые значения для уведомления для финансовых организаций

Финансовый рынок	Финансовая организация	Порог по стоимости активов (% от совокупных активов)	Порог по размеру собственного капитала (% от совокупного капитала)
Банковский рынок	Банк	2	2
Страховой рынок	Страховая компания	3	3
	Страховой брокер	15	15
Рынок ценных бумаг	Брокер	5	5
	Регистратор	10	10
	Управляющий инвестиционным портфелем	5	5
	Управляющий пенсионными активами	15	15
	Трансфер-агент	70	70
Рынок пенсионных фондов	Накопительный пенсионный фонд	20	20

Источник: Совместный приказ и постановление об утверждении размеров стоимости активов и величины собственного капитала финансовых организаций, при превышении которых осуществляется согласие на экономическую концентрацию с участием финансовых организаций (от 15 мая 2009 года, № 138-ОД).

Хотя существует отдельная Методика оценки экономической концентрации на финансовых рынках,[41] она в целом аналогична общей системе регулирования. Антимонопольный орган проводит рыночный анализ, рассчитывает показатели ограничения конкуренции и принимает решение об одобрении или запрете сделки. Вместе с тем некоторые индикаторы отличаются. Например, если совокупная доля участников концентрации составляет 50% и более, это считается свидетельством возможного ограничения конкуренции.

Принятое решение антимонопольный орган обязан направить не только заявителю, но и Агентству по регулированию и развитию финансового рынка.[42] Оба органа взаимодействуют посредством обмена информацией и совместного анализа, однако окончательное решение по сделке принимает исключительно антимонопольный орган.

4.6. Недобросовестная конкуренция

Положения о недобросовестной конкуренции уже давно являются частью казахстанского законодательства. После того, как нормы Закона 1998 года «О недобросовестной конкуренции»[43] были интегрированы в Закон «О конкуренции» в 2008 году, изменения в данной сфере вносились редко. Примечательно, что Пятый антимонопольный пакет (2022 год) привёл определение недобросовестной конкуренции в соответствие с Модельным законом ЕАЭС о конкуренции.

Статья 177 ПК закрепляет общую норму о недобросовестной конкуренции. Под ней понимаются любые действия одного или нескольких субъектов рынка, направленные на получение преимуществ в предпринимательской деятельности, которые (i) противоречат законодательству Республики Казахстан, обычаям делового оборота, принципам добросовестности, разумности и справедливости, и (ii) причинили или могут причинить ущерб другим субъектам рынка (конкурентам) либо их деловой репутации. В международном сравнении подобная общая норма является достаточно распространённой.

Закон также перечисляет действия, которые признаются примерами недобросовестной конкуренции и, следовательно, не требуют отдельной оценки по общим положениям.

В Предпринимательском кодексе РК предусмотрено пятнадцать таких примеров, в том числе:

- дискредитация субъекта рынка;
- незаконное использование товарного знака, бренда, фирменного наименования или иных средств индивидуализации товаров, работ или услуг;
- копирование внешнего вида изделия;
- неправомерное использование товаров другого субъекта рынка;
- заведомо ложная, недобросовестная и недостоверная реклама;
- некорректное сравнение собственных товаров с товарами конкурентов;
- подкуп работника продавца или покупателя;
- неправомерное использование коммерческой тайны;
- создание барьеров для смены поставщика;
- призыв к разрыву договора с конкурентом.

В соответствии с общей нормой, для признания действия недобросовестной конкуренцией недостаточно того, что оно направлено на получение неправомерных преимуществ; необходимо, чтобы оно фактически причинило либо могло причинить ущерб другим субъектам рынка. При отсутствии такого последствия действие не квалифицируется как недобросовестная конкуренция, однако может рассматриваться в рамках законодательства о защите прав потребителей.

Рисунок 4.5. Количество ежегодных решений по делам о недобросовестной конкуренции, 2020–2024 гг.

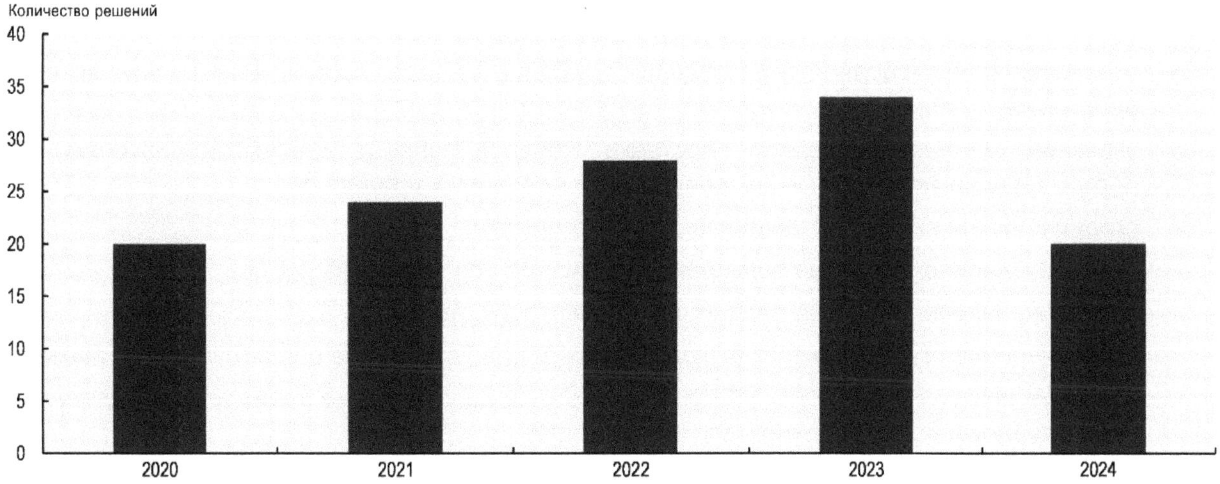

Источник: данные, предоставленные Агентством.

Ежегодно Агентство выносит от 20 до 25 решений по делам о недобросовестной конкуренции (Рисунок 4.5). В последние годы недобросовестная конкуренция не являлась приоритетной для антимонопольного органа, что выражается в небольшом объёме правоприменительной практики по сравнению с другими нарушениями законодательства о конкуренции. Во время миссии по сбору информации, проведенной в Казахстане в январе 2025 года, Агентство проинформировало ОЭСР о своем намерении вывести дела о недобросовестной конкуренции из своей компетенции, оставив их исключительно в сфере частного правоприменения. Практика в странах ОЭСР различается: в ряде государств применение положений о недобросовестной конкуренции действительно полностью отнесено к гражданско-правовым спорам (например, в Германии и Словении).

4.7. Специальные положения антимонопольного законодательства в отношении государственного сектора

В международной практике положения конкурентного законодательства, касающиеся антиконкурентных соглашений, злоупотребления доминирующим положением, регулирования экономической концентрации и недобросовестной конкуренции, применяются ко всем субъектам рынка, включая государственные предприятия. Однако они не распространяются на антиконкурентные практики (соглашения или действия) государственных органов. Во многих постсоциалистических странах, где сохраняется сильный и всеобъемлющий контроль со стороны государства, антимонопольные органы наделяются полномочиями расследовать потенциальные антиконкурентные действия государственных органов (OECD, 2016[2]; Petr, 2022[12]). Казахстан относится к числу таких юрисдикций.

4.7.1. Антиконкурентные соглашения и действия государственных органов

Статья 194 ПК запрещает антиконкурентные действия государственных органов при реализации ими функций, которые привели или могут привести к ограничению либо устранению конкуренции. К таким действиям относятся акты государственных и местных исполнительных органов, а также организаций, выполняющих государственные функции по регулированию рыночной деятельности.

Они могут выражаться в различных формах – действиях, бездействиях, актах или решениях. Кодекс прямо указывает ряд примеров антиконкурентных действий государственных органов, в том числе:

- ограничения на создание субъектов рынка;
- необоснованное препятствование деятельности субъекта рынка;
- ограничения на свободное перемещение товаров и на право субъекта рынка осуществлять реализацию товаров;
- указания о первоочередной поставке товаров определенным покупателям или первоочередном приобретении товаров у определенных продавцов;
- ограничения на выбор поставщиков субъектом рынка;
- действия, направленные на повышение, снижение или поддержание цен;
- действия, направленные на раздел или сегментацию рынка;
- ограничение доступа на рынок, выхода из рынка или устранение с него субъектов рынка;
- создание дискриминационных условий, включая предоставление преимуществ отдельному субъекту рынка по отношению к его конкурентам;
- прямое или косвенное принуждение субъектов рынка к приоритетному заключению договоров, первоочередной поставке товаров определенным покупателям или первоочередному приобретению товаров у определенных продавцов;
- непредоставление субъектам рынка равного доступа к мерам государственной поддержки предпринимательства,[44] например ограничение доступа новых субъектов рынка к мерам поддержки, взимание сборов, не предусмотренных законодательством, либо координацию деятельности получателей государственной поддержки.

Статья 194 ПК также запрещает соглашения между государственными органами, а также между государственными органами и субъектами рынка, если они привели или могут привести к ограничению либо устранению конкуренции. Однако установлены исключения: антиконкурентные соглашения допускаются в целях «защиты конституционного строя, охраны общественного порядка, прав и свобод человека, здоровья и нравственности населения». Кроме того, они разрешены, если предусмотрены поручением Президента Республики Казахстан, например для поддержки экономики и стимулирования деловой активности и занятости. В таких случаях ограничения на принятие антиконкурентных мер не применяются.

Вставка 4.10. Антиконкурентные соглашения и действия государственных органов на практике

В 2024 году Агентство провело расследование в отношении Министерства индустрии и строительства Республики Казахстан (далее – Министерство) по факту возможного предоставления преференций конкретному субъекту рынка на основании жалобы от конкурирующей компании. Жалоба касалась нарушения Статьи 194 ПК, связанного с антиконкурентными действиями (бездействием) Министерства, выразившимися в том, что оно не включило определенные участки в Восточно-Казахстанской области в Программу управления государственным фондом недр (ПУГФН), что привело к ограничению конкуренции.

Министерство не включило в ПУГФН участки, рекомендованные компетентным органом, что ограничило доступ к разведке твёрдых полезных ископаемых и исключило возможность освоения этих участков на конкурентной основе. Более того, впоследствии Министерство выдало лицензию на разведку твердых полезных ископаемых на части территории, запрошенной

Товариществом для включения в ПУГФН, другой компании – в качестве субъекта индустриально-инновационной деятельности – без включения этих участков в ПУГФН.

По итогам расследования Министерству было выдано предписание разработать и принять необходимые нормативные правовые акты, регулирующие порядок включения участков недр в ПУГФН, до конца 2024 года.

Источник: Информация, предоставленная Агентством.

Полномочия Агентства в отношении государственных органов аналогичны его полномочиям по делам о нарушениях со стороны субъектов рынка. Агентство вправе проводить расследование, выдавать предписание о прекращении антиконкурентного поведения, а также возбуждать дела об административных правонарушениях и налагать штрафы на должностных лиц (см. Главу 5 о правоприменении).

Дела об антиконкурентных соглашениях и действиях государственных органов составляют одну из наиболее многочисленных категорий правоприменительной практики в Казахстане — ежегодно рассматривается более 40 таких дел (Рисунок 4.6).

Рисунок 4.6. Количество ежегодных решений по делам об антиконкурентных соглашениях и действиях государственных органов, 2020–2024 гг.

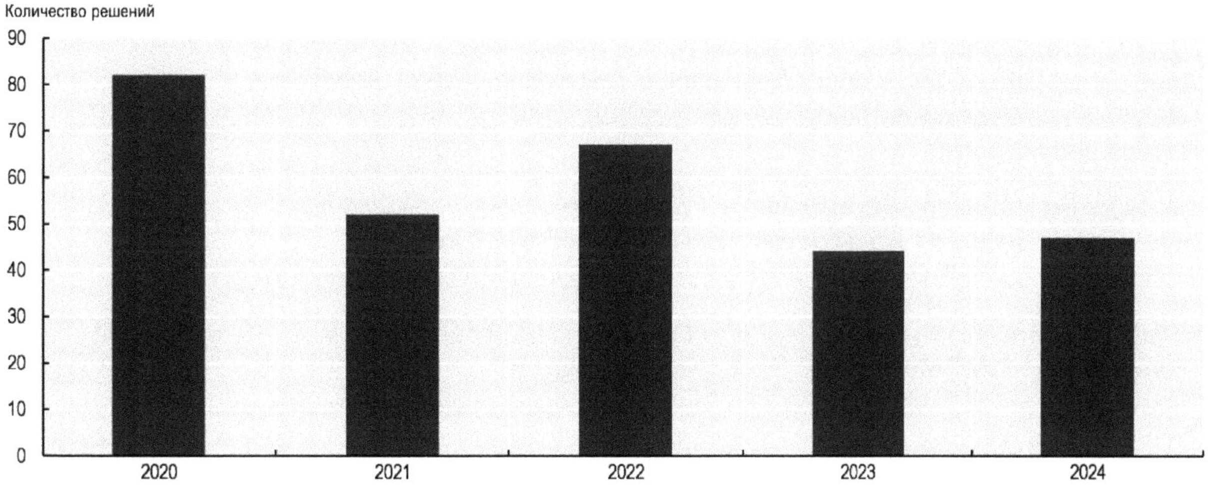

Источник: данные, предоставленные Агентством.

4.7.2. Процедуры государственных закупок

В рамках Третьего антимонопольного пакета[45] в Предпринимательский кодекс РК было введено специальное положение, касающееся антиконкурентных действий в сфере государственных закупок. Хотя сговор на торгах уже запрещён как горизонтальное соглашение и прямо квалифицируется Кодексом как картель, новая Статья 169–1 ПК вводит дополнительный запрет. Она запрещает действия организаторов государственных закупок, операторов закупок и операторов торгов, направленные на координацию деятельности поставщиков и участников торгов в рамках процедур государственных закупок, если такие действия приводят или могут привести к ограничению либо устранению конкуренции.

Это положение уже по охвату, чем Статья 194 ПК, поскольку она применяется исключительно к сфере государственных закупок, но в то же время шире по субъектному составу, так как распространяется не только на государственные органы, но и на другие организации государственного сектора, а также на отдельных частных лиц. К категории организаторов государственных закупок относятся:

- государственные органы и учреждения (за исключением Национального банка Республики Казахстан);
- государственные предприятия и юридические лица, в уставном капитале которых 50% и более голосующих акций принадлежат государству;
- национальные холдинги и юридические лица, в уставном капитале которых 50% и более голосующих акций принадлежат национальным холдингам (за исключением юридических лиц, входящих в структуру Национального банка Республики Казахстан);
- недропользователи, осуществляющие добычу на крупных месторождениях полезных ископаемых;
- субъекты естественных монополий, для которых тариф утвержден с применением затратного метода (за исключением субъектов естественных монополий малой мощности).

Операторы закупок и торгов обеспечивают организационное и техническое сопровождение процедур государственных закупок. Это включает использование торговых и информационных систем, товарных бирж или иных специализированных площадок.

Источники

Aequitas Law Firm (2022), *Antitrust Regulation in Kazakhstan: Basics About*, https://aequitas.kz/upload/files/brochures/2022/AE_Antitrust_Regulation_in_Kazakhstan_2022_new.pdf. [11]

Agency for Protection and Development of Competition (2024), *Anti-competitive agreement between KTZH-Cargo Transportation and Hill Corporation Too Ltd.*, https://www.gov.kz/memleket/entities/zk/press/news/details/695805?lang=ru. [3]

ALRUD Law Firm (2019), *Merger Control in the CIS and neighboring countries: overview of the developments and trends*, https://alrud.com/upload/alrud-brochures/Merger_control_in_the_CIS_and_neighboring_countries_overview_of_the_developments_and_trends.pdf. [10]

OECD (2024), *Competitive Neutrality Toolkit: Promoting a Level Playing Field*, OECD Publishing, Paris, https://doi.org/10.1787/3247ba44-en. [9]

OECD (2020), "Conglomerate Effects of Mergers", *OECD Roundtables on Competition Policy Papers*, No. 250, OECD Publishing, Paris, https://doi.org/10.1787/5d906463-en. [8]

OECD (2016), *Competition Law and Policy in Kazakhstan: A Peer Review*, Competition Law and Policy Reviews, OECD Publishing, Paris, https://doi.org/10.1787/08f78cd0-en. [2]

OECD (2016), "Independence of Competition Authorities - From Design to Practice", *OECD Roundtables on Competition Policy Papers*, No. 195, OECD Publishing, Paris, https://doi.org/10.1787/ea9749e1-en. [1]

OECD (2012), "Excessive Prices: Key findings, summary and notes", *OECD Roundtables on Competition Policy Papers*, No. 121, OECD Publishing, Paris, https://doi.org/10.1787/8e1fd82e-en. [5]

OECD (2009), “Monopsony and Buyer Power : Key findings, summary and notes”, *OECD Roundtables on Competition Policy Papers*, No. 98, OECD Publishing, Paris, https://doi.org/10.1787/36a2b824-en. [7]

OECD (2005), “Predatory Foreclosure: Key findings, summary and notes”, *OECD Roundtables on Competition Policy Papers*, No. 51, OECD Publishing, Paris, https://doi.org/10.1787/0c62774b-en. [6]

Petr, M. (2022), “To what extent might (and should) competition law apply to public authorities?”, *Institutiones Administrationis – Journal of Administrative Sciences*, Vol. 2/1, pp. 67-84, https://doi.org/10.54201/iajas.v2i1.38. [12]

Van Cleynenbreugel, P. (2011), “Single Entity Tests in US Antitrust and EU Competition Law”, https://doi.org/10.2139/ssrn.1889232. [4]

Примечания

[1] Закон Республики Казахстан от 6 марта 2013 года № 81-V.

[2] Под конкурентом понимается *«субъект рынка, находящийся в состоянии конкуренции с другими субъектами соответствующего рынка в силу того, что он производит и (или) реализует товары на соответствующем товарном рынке, аналогичные или взаимозаменяемые с товарами субъектов рынка»*.

[3] Под потенциальным конкурентом понимается *«субъект рынка, имеющий возможность (владеющий оборудованием, технологией) производить и (или) реализовывать товары, аналогичные или взаимозаменяемые с товарами конкурента, но не производящий и не реализующий их на соответствующем товарном рынке»*.

[4] Закон Республики Казахстан от 28 декабря 2016 года № 34-VI ЗРК.

[5] См. Статью 165 Предпринимательского кодекса РК.

[6] См. Уведомление о соглашениях незначительной важности *de minimis*, которые не оказывают существенного влияния на конкуренцию, в соответствии со Статьей 101(1) Договора о функционировании Европейского Союза (De Minimis Notice) (2014/C 291/01).

[7] Приказ Председателя Агентства Республики Казахстан по защите и развитию конкуренции от 3 мая 2022 года № 13.

[8] Там же.

[9] Правила изменяются в случае финансовых организаций. Две и менее финансовые организации признаются доминирующими, если их совокупная доля составляет 50% и более. Три и менее финансовые организации признаются доминирующими, если их совокупная доля составляет 70% и более.

[10] Индекс Герфиндаля–Гиршмана (HHI) наиболее часто используется при анализе экономической концентрации. Например, Руководство США по слияниям предполагает, что рынки являются высококонцентрированными при HHI в 1 800, в то время как Руководство ЕС по горизонтальным слияниям использует HHI в 2 000, аналогичный подход используется и в Казахстане.

[11] Пункт 65 Методики по проведению анализа состояния конкуренции на товарных рынках.

[12] Правила включения и исключения субъектов рынка из Государственного реестра субъектов рынка, занимающих доминирующее или монопольное положение на регулируемых рынках. Приказ Министра национальной экономики Республики Казахстан от 30 ноября 2015 года № 740.

[13] Статья 324(2) Предпринимательского кодекса РК.

[14] Приказ Министра национальной экономики Республики Казахстан от 4 мая 2018 года № 173.

[15] Средние издержки, которых можно избежать – это сумма всех издержек, которых предприятие может избежать, не производя определенное количество продукции (т.е. переменные издержки и специфические для продукта фиксированные издержки, но не невозвратные издержки), делённая на количество произведённых единиц продукции

[16] Монопсоническая власть может измеряться Индексом покупательской способности (BPI): $BPI = \frac{VMP-w}{w}$, где *VMP* – стоимость предельного продукта, а *w* – цена фактора.

[17] Закон Республики Казахстан от 3 января 2022 года № 101-VII ЗРК.

[18] Приказ Председателя Агентства Республики Казахстан по защите и развитию конкуренции от 13 июня 2022 года № 15.

[19] Закон Республики Казахстан от 6 апреля 2024 года № 71-VIII ЗРК.

[20] Приказ Председателя Агентства Республики Казахстан по защите и развитию конкуренции от 24 июня 2024 года № 4.

[21] См. https://www.gov.kz/memleket/entities/zk/press/news/details/549549?lang=ru.

[22] *Там же*.

[23] Послание Главы государства Касым-Жомарта Токаева народу Казахстана от 1 сентября 2022 года.

[24] Закон Республики Казахстан от 6 апреля 2024 года № 71-VIII ЗРК.

[25] См. Статью 200(1) и Статью 201(8) Предпринимательского кодекса РК, до внесения поправок 2024 года.

[26] Закон Республики Казахстан от 6 апреля 2024 года № 71-VIII ЗРК.

[27] Закон Республики Казахстан от 5 декабря 2023 года № 43-VIII ЗРК.

[28] Статья 201(2) и (4) Предпринимательского кодекса РК.

[29] Конкурентное законодательство Казахстана различает два термина: «ходатайство о согласии на экономическую концентрацию» применяется к предварительному регулированию концентрации *(ex ante)*, а «уведомление» — к последующему контролю концентрации *(ex post)*. В соответствии с принятой терминологией в настоящем обзоре используется термин «уведомление» для обоих типов, при этом, где необходимо, специально уточняется, какой именно вид контроля имеется в виду.

[30] Статья 202 Предпринимательского кодекса РК.

[31] См. Статьи 204 и 207 Предпринимательского кодекса РК.

[32] Статья 205 Предпринимательского кодекса РК.

[33] *Там же*.

[34] Закон Республики Казахстан от 6 апреля 2024 года № 71-VIII ЗРК.

[35] Статья 208 Предпринимательского кодекса РК.

[36] Статьи 208 и 210-1 Предпринимательского кодекса РК.

[37] Закон Республики Казахстан от 3 января 2022 года № 101-VII ЗРК.

[38] Приказ Председателя Агентства Республики Казахстан по защите и развитию конкуренции от 29 марта 2022 года № 5.

[39] Приказ Председателя Агентства Республики Казахстан по защите и развитию конкуренции от 4 апреля 2022 года № 6.

[40] Статья 201(5) Предпринимательского кодекса РК.

[41] Приказ Министра национальной экономики Республики Казахстан от 29 декабря 2017 года № 442.

[42] Статья 208 Предпринимательского кодекса РК.

[43] Закон Республики Казахстан от 9 июня 1998 года № 232.

[44] Меры государственной поддержки частного предпринимательства представляют собой систему государственных мер по стимулированию частного предпринимательства посредством финансовой, имущественной, инфраструктурной, институциональной и нефинансовой поддержки (Статья 93 Предпринимательского кодекса РК).

[45] Закон Республики Казахстан от 24 мая 2018 года № 156-VI ЗРК.

5 Обеспечение соблюдения конкурентного законодательства

Настоящая глава посвящена правоприменительной практике антимонопольного законодательства в Казахстане, преимущественно в публично-правовой сфере, поскольку на данный момент ни одного уголовного дела возбуждено не было. Особое внимание уделяется двухэтапному процессу – проведению расследований и административных процедур. Также рассматриваются вопросы использования уведомлений о потенциальном антиконкурентном поведении, порядок административных процедур и наложения штрафов, применение структурных корректирующих мер, судебный надзор, программа смягчения ответственности, а также положения об уголовной ответственности.

5.1. Публичное правоприменение законодательства о конкуренции

Публичное правоприменение законодательства о конкуренции в Казахстане включает две основные стадии. Первая — это процедура расследования, проводимая Агентством. Если в ходе расследования выявляется нарушение антимонопольного законодательства, Агентство может инициировать вторую стадию — производство по делу об административном правонарушении. Эта процедура осуществляется либо самим Агентством, либо судом, в зависимости от характера дела. Решения, принятые в ходе или по итогам обеих стадий, могут быть обжалованы в судебном порядке. Компетенция по пересмотру решений распределяется между различными судебными инстанциями в зависимости от их содержания.

5.1.1. Уведомления о наличии признаков нарушения конкурентного законодательства

В ряде случаев Агентство может воздержаться от проведения формального расследования и вместо этого вынести уведомление при выявлении признаков возможного нарушения антимонопольного законодательства. Этот инструмент раннего предупреждения позволяет хозяйствующим субъектам добровольно прекратить антиконкурентное поведение без применения санкций. Основанием для вынесения уведомления могут служить жалобы, обращения, сообщения в средствах массовой информации или собственный анализ рынка, проведённый Агентством (Вставка 5.1). Такой подход отражает переход от строгого антимонопольного правоприменения, основанного на расследованиях и санкциях, к превентивным и «мягким» мерам — таким как уведомления, предупреждения и комплаенс. Этот сдвиг во многом обусловлен ограниченными ресурсами Агентства: значительная их часть направляется на выполнение несвойственных функций — регулирование цен, мониторинг товарных рынков и надзор за приватизацией, — что сокращает возможности для проведения полноценных расследований. Несмотря на прагматичность данного подхода, существует риск ослабления способности Агентства эффективно пресекать нарушения антимонопольного законодательства.

Количество вынесенных уведомлений достигло пика в 2020 году, после чего сократилось (Рисунок 5.1). По данным Агентства, это связано с усилением контроля за практикой вынесения уведомлений территориальными департаментами. В период с 2017 по 2022 год наибольшая доля уведомлений касалась согласованных действий (38%), за которыми следовали злоупотребления доминирующим или монопольным положением (23%) и антиконкурентные соглашения, а также действия государственных органов (23%). Рисунок 5.2 показывает структуру уведомлений по видам нарушений.

Вставка 5.1. Сфера применения и пределы режима уведомлений

Сфера применения

Уведомления не применяются в случаях, связанных с картелями, другими горизонтальными соглашениями или злоупотреблением доминирующим положением посредством установления монопольно высоких или низких цен. Такие нарушения требуют немедленного начала расследования. Для иных нарушений — таких как вертикальные соглашения, согласованные действия, недобросовестная конкуренция и злоупотребления доминирующим положением (за исключением ценовых злоупотреблений) — вынесение уведомлений является обязательным до начала расследования в соответствии с Приказом Министра национальной экономики.

Если компания не прекращает нарушение в течение 30 календарных дней, Агентство вправе инициировать расследование. Продление срока возможно ещё на 30 дней при наличии обоснованных причин, при этом субъекты обязаны отчитаться об исполнении уведомления. В случае неисполнения Агентство должно в течение десяти рабочих дней принять решение о начале расследования. Повторные нарушения в течение одного года после исполнения уведомления автоматически влекут за собой возбуждение расследования без вынесения нового уведомления. Уведомления могут быть обжалованы, однако начиная с 2024 года подача жалобы больше не приостанавливает 30-дневный срок, предоставленный для их исполнения.

Пределы применения

Уточнение доказательного порога для направления уведомления по сравнению с возбуждением расследования может повысить правовую определённость. Пересмотр приоритетов антимонопольного правоприменения, в частности за счёт сокращения несвойственных Агентству функций, позволил бы обеспечить более эффективное использование формальных инструментов правоприменения.

Оценка эффективности режима уведомлений на практике — с точки зрения уровня исполнения, повторяемости и сдерживающего эффекта — помогла бы определить, обеспечивает ли данный инструмент достаточный превентивный результат.

Примечание: см. Раздел 7.3. о других упреждающих мерах, таких как предупреждения, антимонопольный комплаенс и предварительное рассмотрение соглашений.

Источник: Статья 199 ПК. Приказ Министра национальной экономики Республики Казахстан от 30 ноября 2015 года № 745. Анализ ОЭСР.

Рисунок 5.1. Количество уведомлений, 2017–2023 годы

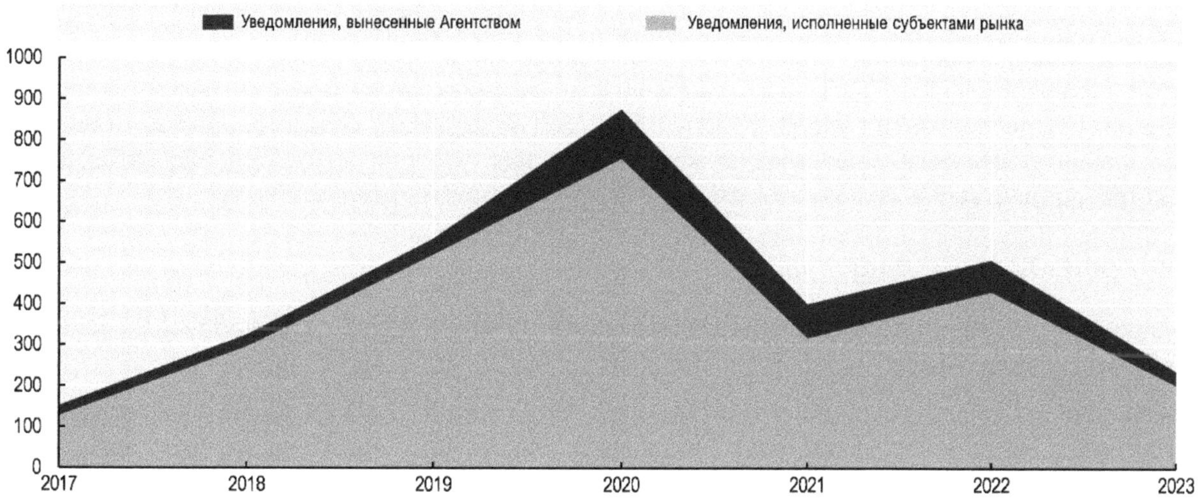

Источник: Ежегодный доклад о развитии конкурентной политики в Казахстане: 2022, (2023[1]), DAF/COMP/AR(2023)47; Ежегодный доклад о развитии конкурентной политики в Казахстане: 2023 (2024[2]), DAF/COMP/AR(2024)47.

Рисунок 5.2. Количество вынесенных уведомлений по видам нарушений законодательства о конкуренции

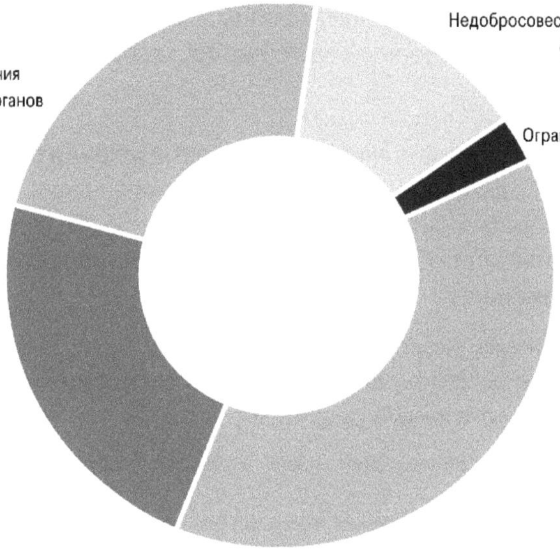

Источник: Ежегодные отчёты Агентства.

Хотя внедрение системы уведомлений способствовало добровольному прекращению хозяйствующими субъектами нарушений законодательства о конкуренции после их получения, по оценке ОЭСР, такая практика также ослабила общий уровень соблюдения антимонопольных норм. Значительная часть ресурсов Агентства расходуется на подготовку уведомлений, что снижает возможности для проведения полноценных расследований. Кроме того, снижается сдерживающий эффект правоприменения, поскольку компании, как правило, могут прекратить противоправное поведение после получения уведомления и тем самым избежать ответственности. Более того, уведомления фактически информируют компании о том, что они находятся под наблюдением Агентства, предоставляя им возможность скрыть или уничтожить доказательства.

5.1.2. Процедура расследования

Предпринимательский кодекс РК уполномочивает Агентство проводить расследования и принимать решения по их результатам.[1]

Применение законодательства о конкуренции охватывает антиконкурентные соглашения, злоупотребление доминирующим или монопольным положением, недобросовестную конкуренцию и антиконкурентные действия государственных органов. Регулирование экономической концентрации осуществляется в рамках отдельной процедуры.[2]

Расследования проводятся Департаментом расследований как на центральном, так и на региональном уровнях; сложные дела, как правило, рассматриваются в центральном аппарате. Отраслевые департаменты проводят предварительный анализ рынка, который рассматривается Методологическим советом.[3] После его одобрения принимается решение о возбуждении расследования. Отраслевые департаменты собирают данные и проводят основную аналитическую работу, в то время как Департамент расследований координирует процесс и обобщает выводы. Учитывая широкий круг обязанностей, ограниченные кадровые ресурсы и зависимость от других подразделений при подготовке анализа, Департамент расследований представляется перегруженным, что может свидетельствовать о дублировании функций внутри Агентства.

Возбуждение расследования

Агентство может возбудить расследование на основании:

- информации, представленной государственными органами, указывающей на возможное нарушение антимонопольного законодательства;
- жалоб физических лиц или субъектов рынка;
- выявления признаков нарушения самим антимонопольным органом в ходе его деятельности (*ex officio*);
- публикаций в средствах массовой информации;
- непредоставления субъектом рынка, государственным органом, местным органом либо организацией, наделённой функциями регулирования деятельности субъектов рынка, уведомления антимонопольного органа о признаках нарушения антимонопольного законодательства в установленный срок.

Решение о возбуждении расследования в центральном аппарате Агентства принимает Председатель, который издаёт соответствующий приказ. В территориальных департаментах решение принимается их руководителем. При отсутствии Председателя его функции исполняет заместитель. Тем же приказом назначаются должностные лица, уполномоченные на проведение расследования.[4] Кроме того, Председатель или его заместители вправе поручить территориальным департаментам проведение расследования при наличии достаточных оснований для выявления признаков нарушения законодательства.

Расследование может быть начато только после проведения анализа состояния конкуренции на соответствующем товарном рынке и направления уведомления, на которое субъект не отреагировал. Единственным исключением являются «жёсткие» горизонтальные и вертикальные соглашения, по которым расследование может быть начато незамедлительно при подозрениях нарушений. По всем другим видам антиконкурентных соглашений, согласованных действий и злоупотреблений доминирующим положением предварительный анализ рынка обязателен. Лишь после этого — и при отсутствии реакции на уведомление — Департамент расследований может приступить к делу. На практике Агентство в значительной степени опирается на внешние жалобы, а не на инициативные действия (*ex officio*).

Расследование возбуждается на основании приказа,[5] в котором указываются: (i) предмет расследования, (ii) основания для его начала, (iii) признаки возможного нарушения, (iv) сроки проведения, (v) должностные лица, назначенные ответственными за расследование и (vi) права участников процесса.[6] Копия приказа направляется субъекту в течение трёх рабочих дней. В делах о картелях (например, ценовые соглашения, сговоры на торгах, раздел рынка, ограничение производства или согласованные бойкоты) приказ вручается непосредственно в момент проведения процессуальных действий для предотвращения уничтожения доказательств.[7]

Субъект расследования вправе обжаловать приказ, однако начиная с 2024 года такие жалобы не приостанавливают его исполнение.[8,9]

Участники расследования

В расследованиях потенциальных нарушений законодательства о конкуренции могут участвовать различные лица и организации. Основными участниками являются:

- ведущий расследование (уполномоченное должностное лицо Агентства), и
- субъект расследования (физическое или юридическое лицо, в отношении которого проводится расследование).

Дополнительно в расследовании могут участвовать:

- заявители (лица, подавшие первоначальную жалобу);
- заинтересованные лица (физические или юридические лица, чьи права или законные интересы которых могут быть затронуты), и
- свидетели и эксперты – по мере необходимости.

Все участники расследования обладают процессуальными правами на протяжении всего процесса.[10] Они могут знакомиться с материалами дела (за исключением конфиденциальной информации и коммерческой тайны), делать копии, представлять и исследовать доказательства, задавать вопросы, заявлять ходатайства и давать объяснения. Участники также вправе знакомиться с ходатайствами, поданными другими лицами, и представлять возражения.

Сбор информации и доказательств

После начала расследования уполномоченные должностные лица Агентства собирают и оценивают доказательства. К ним относятся объяснения субъекта, заявителя, заинтересованных лиц и свидетелей, экспертные заключения, вещественные доказательства и иные документы. Допускаются все формы доказательств, включая фото-, аудио- и видеозаписи.[11]

В ходе расследования уполномоченные должностные лица действуют самостоятельно при выборе способов получения информации, сборе и фиксации доказательств, принятии решений о назначении и проведении экспертиз, принятии решения о приостановлении расследования, а также при инициировании административного производства в случаях непредоставления информации либо предоставления неполной, недостоверной или ложной информации. В то же время решение о продлении срока расследования принимает Председатель Агентства, а при его отсутствии – исполняющий обязанности заместитель Председателя.

Сотрудники Агентства обладают широкими полномочиями по сбору доказательств.[12] Они могут запрашивать письменную информацию у государственных и местных органов, получать доступ в помещения, привлекать специалистов из других органов и назначать экспертов. Они также могут обращаться напрямую к субъектам, как посредством стандартных запросов, так и посредством более инвазивных мер, таких как внезапные проверки (рейды на рассвете) (Вставка 5.2).

Вставка 5.2. Процедуры проведения внезапной проверки в соответствии с законодательством о конкуренции РК

1. Вручение приказа о проведении расследования, разъяснение прав субъекта и полномочий должностных лиц антимонопольного органа.
2. Запрос штатного расписания.
3. Опросы сотрудников с фиксацией показаний в протоколе.
4. Осмотр рабочих компьютеров сотрудников с составлением протокола с указанием количества и объёма полученных электронных файлов либо наименований документов.
5. Изучение бумажных документов и снятие копий, составление протокола осмотра помещений.
6. По завершении указанных действий, при необходимости, направление дополнительного письменного запроса о предоставлении информации.

Количество сотрудников, участвующих в проверке, зависит от размера компании и числа проверяемых субъектов.
Источник: информация, предоставленная Агентством.

Запросы о предоставлении информации, документов или пояснений — в устной или письменной форме — являются обязательными для государственных органов, предприятий, юридических и физических лиц. Эти запросы могут включать сведения, составляющие коммерческую или служебную тайну; исключение составляют только банковская, страховая и биржевая тайна. В соответствии со Статьёй 162 Кодекса об административных правонарушениях РК, непредоставление информации либо предоставление её в неполном, недостоверном или ложном виде влечёт административную ответственность в виде штрафа. До 2015 года должностные лица Агентства имели право доступа в помещения предприятий, но не обладали полномочиями принудительного исполнения (OECD, 2016[3]). Поправки в законодательство расширили эти полномочия, предоставив право проверять документы, снимать копии и фиксировать доказательства (фотографии, аудио- и видеозаписи). Воспрепятствование доступу также наказывается в соответствии со Статьёй 162. Помимо проверок помещений и бумажных документов, сотрудники Агентства вправе получать доступ к информационным системам и иным электронным носителям, осматривать их и копировать данные из баз данных.

Внезапные проверки (рейды на рассвете) допускаются только по делам о картелях, при этом приказ может быть вручен непосредственно в момент проведения проверки. Во всех других случаях требуется предварительное уведомление, что снижает эффективность таких действий из-за риска уничтожения доказательств. С 2015 года использование внезапных проверок в делах о картелях увеличилось (Рисунок 5.3). Однако высокие показатели их количества могут указывать на то, что понятие «внезапная проверка» в Казахстане трактуется шире, чем в большинстве других юрисдикций.

Рисунок 5.3. Количество внезапных проверок по делам о картелях в год, 2016–2023 гг.

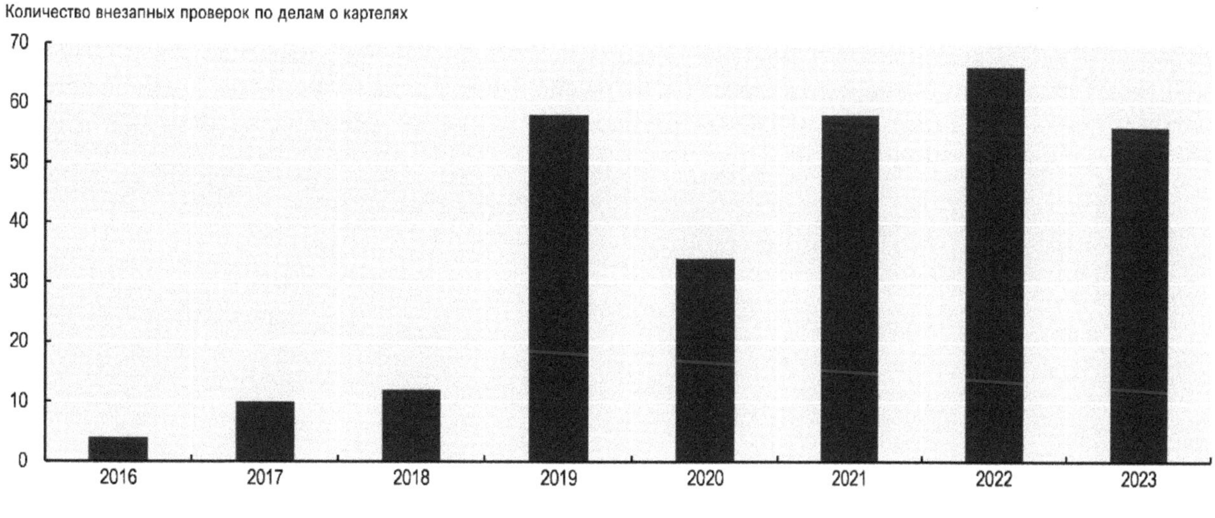

Источник: данные, предоставленные Агентством.

Если в ходе расследования сотрудники Агентства получают информацию, составляющую коммерческую, служебную или иную охраняемую законом тайну, они обязаны не разглашать её, за исключением случаев, прямо предусмотренных законодательством.[13] Если в процессе расследования выявляются признаки нарушения антимонопольного законодательства другим субъектом рынка, Агентство вправе возбудить отдельное расследование.[14] Следует отметить, что Агентство не наделено правом применять промежуточные меры, что может снижать результативность расследований.

Короткие сроки проведения расследований

Срок проведения расследования строго определён законом. В 2016 году[15] он был увеличен с двух до трёх месяцев, что остаётся сравнительно коротким периодом. Агентство вправе продлить расследование еще на два месяца.[16] Таким образом, максимально возможная продолжительность расследования в Казахстане составляет пять месяцев. Средняя продолжительность расследования составляет около четырёх месяцев, что сопоставимо с практикой в ЕАЭС, однако вряд ли обеспечивает всестороннее исследование обстоятельств дела. Короткие сроки, вероятно, ограничивают глубину экономического анализа и снижают качество выводов. Для сравнения, в большинстве юрисдикций ОЭСР расследования по сложным делам длятся годами, что резко контрастирует с жёсткими сроками, установленными в Казахстане.

Расследования могут проводиться только в рабочие дни — с 9:00 до 18:00. Лишь в исключительных случаях сотрудники Агентства могут работать за пределами этого времени, и то при наличии предварительного согласования, например, для завершения расследования в вечерние часы или в выходные дни.

Агентство также вправе временно приостановить расследование в случаях, предусмотренных законом.[17;18] При устранении оснований для приостановления расследование должно быть возобновлено в течение трёх рабочих дней.

Проект заключения и Согласительная комиссия

По завершении расследования Агентство подготавливает проект заключения, который направляется субъекту расследования не позднее чем за 30 календарных дней до окончания установленного срока расследования.[19]

Субъект расследования вправе в течение 20 календарных дней направить проект заключения на рассмотрение Согласительной комиссии. Институт Согласительной комиссии был введён с принятием Предпринимательского кодекса РК (первый антимонопольный пакет) и задумывался как консультативно-совещательный механизм (Вставка 5.1). Однако Комиссия не обладает какими-либо полномочиями урегулирования.

Вставка 5.3. Согласительная комиссия

Состав

Согласительная комиссия при Агентстве состоит не более чем из девяти членов, включая Председателя Агентства, его заместителя, руководителя отраслевого департамента (в зависимости от рассматриваемого товарного рынка) и независимого эксперта, предложенного субъектом расследования.

Если расследование связано с Национальным банком Республики Казахстан, предусмотрен особый состав Комиссии. В этом случае она включает восемь членов — по четыре представителя от Агентства и Национального банка. Для её функционирования утверждены отдельные правила.[20] На момент подготовки отчёта такой состав ещё не собирался.

Функционирование Согласительной комиссии

Основная функция Согласительной комиссии заключается в рассмотрении проекта заключения по результатам расследования нарушений законодательства о конкуренции и формулировании замечаний и рекомендаций. Комиссия оценивает полноту и качество доказательной базы, однако не вправе предлагать условия урегулирования.

В Согласительной комиссии решения принимаются простым большинством голосов, каждый член имеет один голос. В случае равенства голосов решающим является голос Председателя Агентства.

Источник: Положение о Согласительной комиссии, Приказ Председателя Агентства по защите и развитию конкуренции Республики Казахстан от 1 июня 2023 года № 137/НҚ.

5.1.3. Завершение расследования

Расследование завершается в момент, когда уполномоченное должностное лицо (ведущее расследование) подписывает заключение по его результатам. Копия заключения направляется субъекту расследования не позднее трёх рабочих дней со дня его подписания.

По итогам расследования Правление Агентства может принять одно из следующих решений: (i) прекращение расследования; (ii) вынесение предписания об устранении нарушений законодательства о конкуренции; (iii) возбуждение дела об административном правонарушении; (iv) принудительное отчуждении, и (v) передача материалов в правоохранительные органы.

Агентство не обладает полномочиями заключать мировые соглашения со сторонами. Между тем возможность урегулирования дел до их передачи в суд рассматривается в международной практике как эффективный инструмент экономии ресурсов антимонопольных органов и повышения оперативности правоприменения. Вопрос о целесообразности внедрения таких механизмов неоднократно обсуждался на круглых столах ОЭСР по вопросам конкурентной политики (Вставка 5.4).

Вставка 5.4. Урегулирование как альтернатива судебному разбирательству

Урегулирование представляет собой прагматичную альтернативу полноценному судебному разбирательству, позволяя антимонопольным органам быстрее завершать дела без ущерба для эффективности правоприменения. Когда фактические обстоятельства установлены, а стороны готовы к сотрудничеству, урегулирование обеспечивает своевременное применение корректирующих мер, снижает административную нагрузку и повышает эффективность использования ресурсов.

Для антимонопольных органов преимущества урегулирования заключаются в возможности сосредоточить усилия на более сложных и приоритетных делах, тогда как для бизнеса оно обеспечивает правовую определённость и позволяет избежать затяжных процедур. Вместе с тем успешное применение урегулирования требует чётко выстроенной правовой архитектуры, гарантирующей прозрачность, последовательность и сдерживающий эффект. Ясные процессуальные правила, публичное раскрытие решений и действенные механизмы надзора играют ключевую роль в обеспечении подотчётности и поддержании общественного доверия.

Подходы различных юрисдикций различаются: в одних странах урегулирование интегрировано с программами смягчения ответственности или институтом обязательств, тогда как в других применяется в неформальном порядке. ОЭСР рекомендует разрабатывать руководства по урегулированию и развивать международный диалог для сближения подходов и обмена передовыми практиками.

Источник: ОЭСР (2021[4]), «Применение законодательства о конкуренции и альтернативные меры регулирования», Доклады круглых столов ОЭСР по вопросам конкурентной политики, № 258, Издательство ОЭСР, Париж, https://doi.org/10.1787/d9a9c703-en

В административных делах Агентство, представленное Председателем или заместителями Председателя (как в центральном аппарате, так и в территориальных департаментах), уполномочено принимать решения по следующим категориям дел (Статья 713 КоАП РК):

- возбуждение дела об административном правонарушении;
- прекращение расследования (например, при отсутствии признаков нарушения);
- вынесение предписания об устранении нарушений законодательства о конкуренции;
- наложение принудительных мер структурного характера, или
- передача материалов в правоохранительные органы (например, для последующего уголовного преследования).

Прекращение расследования

Во-первых, Агентство может прекратить расследование. Прекращение допускается по следующим основаниям:[21]

- отсутствие нарушений законодательства о конкуренции в действиях субъекта расследования;
- ликвидация юридического лица, являющегося единственным субъектом расследования;
- снятие с учёта филиала юридического лица, являющегося единственным субъектом расследования;
- смерть физического лица, являющегося единственным субъектом расследования;

- истечение срока давности привлечения к административной ответственности;
- вступление в законную силу судебного акта, содержащего вывод о наличии либо отсутствии нарушения законодательства о конкуренции в действиях субъекта расследования.

Вынесение предписания

Во-вторых, Агентство может вынести в адрес субъекта рынка обязательное для исполнения предписание, требующее: (i) прекращения нарушений законодательства о конкуренции и устранения их последствий, (ii) восстановления исходного состояния (*restitutio ad integrum*), или (iii) расторжения либо изменения договоров, нарушающих антимонопольное законодательство.[22] Предписание должно содержать сведения о субъекте рынка, описание выявленного нарушения, конкретные действия, подлежащие исполнению, а также сроки выполнения и представления отчёта о выполнении. Такие предписания подписываются Председателем Агентства — если они вынесены центральным аппаратом, — либо руководителем территориального департамента — если вынесены на региональном уровне. Агентство осуществляет контроль за их исполнением.[23]

Неисполнение или неполное исполнение предписания влечёт административную ответственность в виде штрафа в соответствии со Статьёй 162 Кодекса об административных правонарушениях РК. Кроме того, на основании Статьи 226 Предпринимательского кодекса РК Агентство вправе обратиться в суд для принудительного исполнения предписания.

Агентство может пересмотреть ранее вынесенное предписание по заявлению стороны или по собственной инициативе в следующих случаях: (i) выявление фактов, неизвестных и не могущих быть известными на момент вынесения, которые повлекли незаконность или необоснованность предписания; (ii) использование недостоверной информации при принятии решения; (iii) нарушение законодательства Республики Казахстан; (iv) необходимость внесения грамматических или арифметических правок. По результатам пересмотра Агентство может оставить предписание без изменения, изменить, отменить или вынести новое. При этом положение заявителя не может быть ухудшено в результате пересмотра.[24]

Производство по делам об административных правонарушениях

В-третьих, Агентство может возбудить производство по делу об административном правонарушении, которое может повлечь назначение административного взыскания. Закон определяет составы административных правонарушений, виды санкций и порядок их применения. Такие дела рассматриваются Председателем Агентства или курирующим заместителем в центральном аппарате, а также руководителями или заместителями руководителей территориальных департаментов на региональном уровне (см. Раздел 5.1.5).

Структурные меры правовой защиты

В-четвёртых, в случаях повторного установления фактов злоупотребления доминирующим или монопольным положением могут быть применены структурные меры правовой защиты, направленные на развитие конкурентной среды. Они могут включать разделение субъекта рынка или выделение одного либо нескольких структурных подразделений в самостоятельные юридические лица. После 2016 года применение структурных мер было ограничено исключительно случаями злоупотребления доминирующим или монопольным положением,[25] что, по-видимому, ослабляет сдерживающий эффект санкций, предусмотренных конкурентным законодательством.

Принудительное разделение может быть применено, если субъект рынка дважды в течение календарного года привлекался к административной ответственности за злоупотребление доминирующим или монопольным положением и продолжает совершать действия, ограничивающие конкуренцию (Статья 231 ПК). Таким образом, для применения этой меры недостаточно самого факта двух нарушений — требуется также доказательство продолжения антиконкурентного поведения.

Агентство не вправе наложить принудительное разделение самостоятельно и обязано обращаться в суд. Для применения этой меры должны одновременно выполняться два условия: (i) отсутствие технологических взаимосвязей между структурными подразделениями; (ii) наличие у нового субъекта, создаваемого в результате разделения, возможности самостоятельной деятельности на соответствующем товарном рынке. Судебное решение о принудительном разделении подлежит исполнению собственником (собственниками) компании.

Агентство также вправе передавать материалы, собранные в ходе расследования, в правоохранительные органы для проведения досудебного расследования, если результаты свидетельствуют о наличии признаков уголовного правонарушения. Вопросы уголовной ответственности подробно рассматриваются в Разделе 5.3.

С 2016 по 2023 год среднее число инициированных и проведённых расследований сократилось (Рисунок 5.4). Такая тенденция, вероятно, связана с активным использованием режима уведомлений, которые при своевременном исполнении устраняют необходимость возбуждения расследования. Действительно, резкое снижение числа расследований в 2016–2019 годах коррелирует с ростом числа вынесенных уведомлений за тот же период. В то же время Агентство, по-видимому, всё больше времени и ресурсов направляет на деятельность, не связанную напрямую с антимонопольным правоприменением, включая регулирование и контроль цен, что ограничивает ресурсы, доступные для проведения расследований.

Рисунок 5.4 Количество завершённых расследований и расследований, закончившихся установлением нарушения законодательства о конкуренции

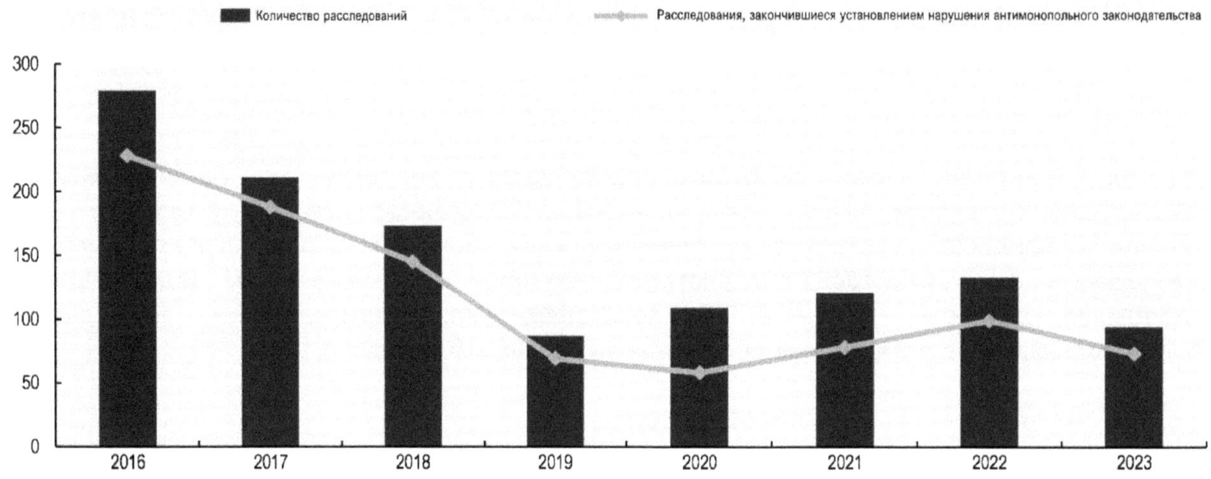

Примечание: если в ежегодных отчётах не приводятся данные о числе расследований, завершившихся установлением нарушения законодательства о конкуренции, показатель рассчитывается как разница между общим числом проведённых расследований и числом расследований, прекращённых без установления нарушений.
Источник: ежегодные отчёты Агентства.

Большинство расследований в период 2018–2023 годов приходилось на антиконкурентные соглашения (30%), за которыми следовали злоупотребления доминирующим или монопольным положением (25%) и антиконкурентные соглашения и действия государственных органов (25%) (Рисунок 5.5). Хотя согласованные действия составляют значительную часть всех вынесенных уведомлений, их доля в расследованиях остаётся относительно небольшой (12%), поскольку они, как правило, связаны с нарушениями в форме сговоров на торгах. Недобросовестная конкуренция не является приоритетным направлением правоприменительной деятельности Агентства: в среднем ежегодно расследуется менее десяти таких дел. Согласно обсуждаемым поправкам, положения о недобросовестной конкуренции могут быть исключены из компетенции антимонопольного органа после принятия следующего антимонопольного пакета.

Рисунок 5.5. Количество расследований по видам нарушений законодательства о конкуренции

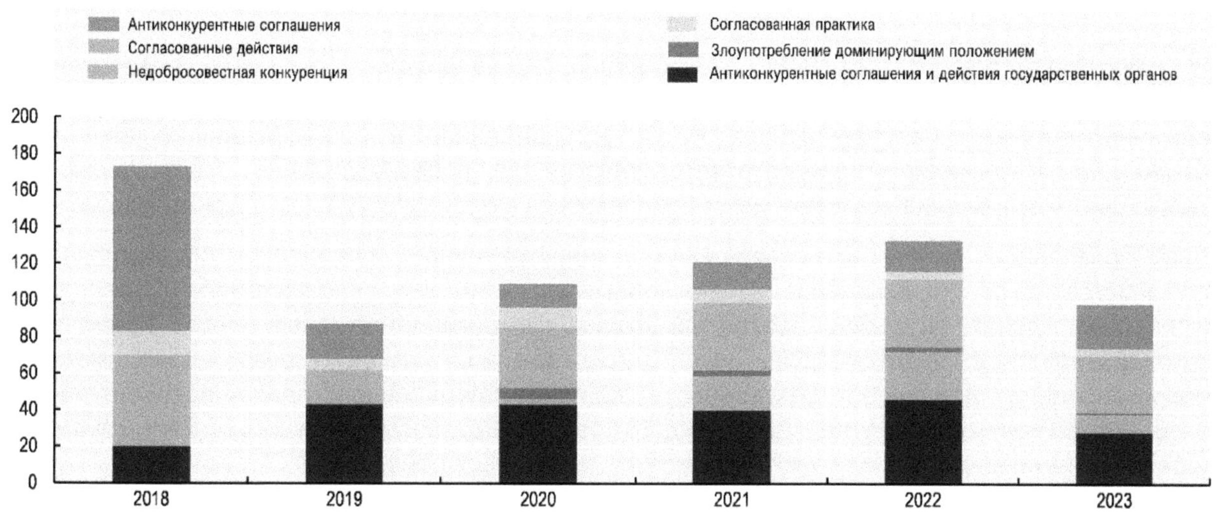

Источник: ежегодные отчёты Агентства.

Рисунок 5.6. Количество расследований по видам принятых решений

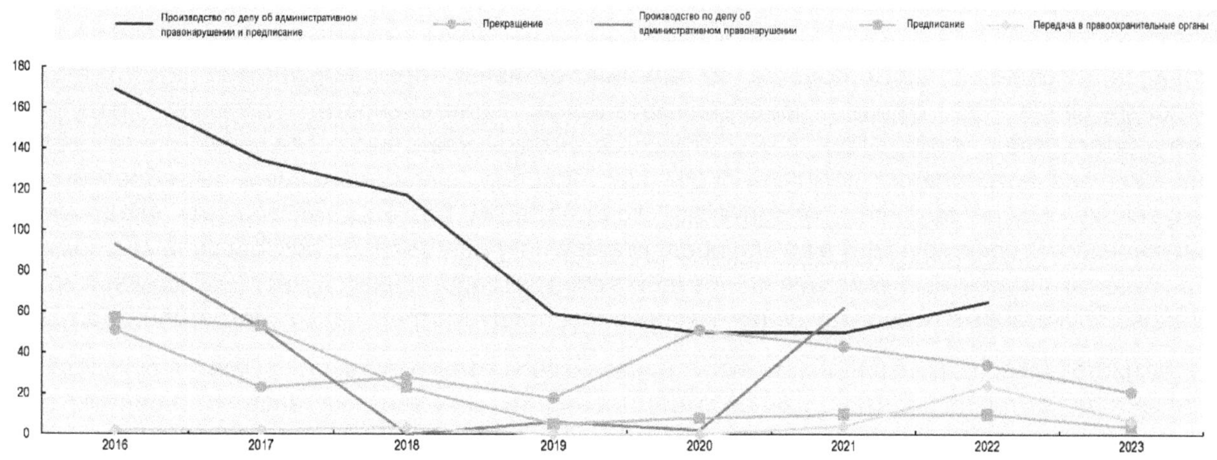

Примечание: из-за отсутствия некоторых данных некоторые последние тенденции не отражены.
Источник: ежегодные отчёты Агентства.

Тенденции в решениях, принимаемых по результатам расследований (Рисунок 5.6), показывают, что число вынесенных предписаний и возбуждённых дел об административных правонарушениях снижается пропорционально сокращению общего количества расследований. По оценке ОЭСР, около 93% снижения числа предписаний и дел об административных правонарушениях объясняется именно сокращением общего объёма расследований.

5.1.4. Производство по делам об административных правонарушениях

После установления факта нарушения законодательства о конкуренции Агентство может инициировать производство по делу об административном правонарушении. Понятие административного правонарушения, конкретные административные правонарушения, а также уполномоченный орган и порядок рассмотрения таких дел определяются Кодексом об административных правонарушениях РК.[26]

Вставка 5.5. Административная ответственность в Казахстане

В Казахстане административная ответственность налагается на лицо, совершившее административное правонарушение, предусмотренное Особенной частью Кодекса об административных правонарушениях РК и установленное в соответствии с принципом законности. К административной ответственности за правонарушения, совершённые на территории Республики Казахстан, могут привлекаться как физические, так и юридические лица.

Лицу, признанному виновным в совершении административного правонарушения, назначается административное взыскание. Основными видами взысканий являются: (i) предупреждение, (ii) административный штраф, (iii) административный арест. Кроме того, законодательством предусмотрены иные меры административного воздействия, включая приостановление или запрет деятельности, лишение специального права, принудительный снос, конфискацию и другие. Для каждого состава административного правонарушения установлены пределы, в рамках которых может назначаться взыскание.

Уголовная ответственность имеет приоритет над административной ответственностью. Если совершение административного правонарушения содержит признаки уголовного преступления, применяется исключительно уголовная ответственность.

Источник: Статьи 41 и 42 Кодекса об административных правонарушениях РК.

Глава 14 Особенной части Кодекса об административных правонарушениях РК охватывает правонарушения в сфере предпринимательской деятельности, включая нарушения законодательства о конкуренции. К ним относятся антиконкурентные соглашения, согласованные действия, злоупотребление доминирующим или монопольным положением, недобросовестная конкуренция, осуществление экономической концентрации без ходатайства или уведомления, неисполнение корректирующих мер или предписаний, непредставление достоверной информации, а также антиконкурентные действия или бездействие государственных и местных исполнительных органов. За указанные правонарушения, как правило, предусмотрены административные штрафы.

К административной ответственности могут привлекаться только субъекты рынка — руководители и директора компаний не несут личной ответственности. Для всех составов установлены сроки давности: если для большинства административных правонарушений срок давности составляет два месяца, то для нарушений в сфере конкуренции установлены более длительные сроки — один год для физических лиц и пять лет для юридических.[27]

Дела об административных правонарушениях в Казахстане рассматриваются судами либо уполномоченными государственными органами. Кодекс об административных правонарушениях РК определяет компетенцию соответствующего органа по каждому составу административного правонарушения.[28]

Административные правонарушения, связанные с конкуренцией, распределены между уполномоченными органами или судами неоднородно. Большинство дел рассматривается самим Агентством, однако ряд наиболее серьёзных составов отнесён к компетенции судов.

Суды рассматривают дела об антиконкурентных соглашениях, согласованных действиях, злоупотреблении доминирующим или монопольным положением, а также о несоблюдении ограничений для субъектов государственных монополий.[29] Эти дела подсудны специализированным районным судам и равнозначным им судам по делам об административных правонарушениях.[30]

Все остальные категории дел — включая недобросовестную конкуренцию, осуществление экономической концентрации без уведомления, неисполнение предписаний Агентства и непредставление достоверной информации — рассматриваются самим Агентством. (Вставка 5.5). Решения принимаются Председателем, его заместителями, а также руководителями территориальных департаментов и их заместителями.[31] К сожалению, по информации Агентства, отдельная статистика по административным делам, рассматриваемым им и его территориальными органами, в настоящее время не ведётся.

Вставка 5.6. Производство по делам об административных правонарушениях в Казахстане

Производство по делам об административных правонарушениях

Производство по делам об административных правонарушениях включает четыре стадии: (1) возбуждение дела, (2) рассмотрение, (3) обжалование и пересмотр, (4) исполнение постановления.

1. **Возбуждение дела об административном правонарушении.** Основаниями для возбуждения производства являются непосредственное выявление фактов уполномоченным должностным лицом, материалы правоохранительных или иных государственных органов, обращения граждан и организаций, публикации в СМИ, а также данные, полученные с использованием автоматизированных систем. Уполномоченное лицо проверяет наличие признаков правонарушения и составляет протокол, содержащий сведения о нарушителе и характере правонарушения. Прокурор также вправе вынести постановление о возбуждении дела об административном правонарушении.
2. **Рассмотрение дела.** Протокол или постановление прокурора направляется в суд либо в уполномоченный государственный орган — в зависимости от категории административного правонарушения. Независимо от того, рассматривается ли дело должностным лицом уполномоченного органа или судьёй, процедура в целом одинакова. Дело подлежит рассмотрению в течение 15 дней с момента получения протокола. Должностное лицо или судья ведёт процесс, включая оглашение протокола и заслушивание доводов лица, в отношении которого ведётся производство. В присутствии должностного лица, составившего протокол, оно также может дать объяснения по существу правонарушения. По результатам рассмотрения должностное лицо или судья выносит постановление о назначении административного взыскания либо о прекращении производства.
3. **Обжалование и пересмотр дела.** Постановления уполномоченного органа или суда по делам об административных правонарушениях могут быть обжалованы в вышестоящий орган. Если постановление вынесено уполномоченным государственным органом, жалоба рассматривается вышестоящим органом, решение которого может быть оспорено в суде. Если постановление вынесено судом, жалоба подаётся в суд

вышестоящей инстанции (апелляционный суд). Жалоба может быть подана лицом, в отношении которого ведётся производство, потерпевшим, а также прокурором. Подача жалобы приостанавливает исполнение постановления о назначении административного взыскания. В итоге дело может быть рассмотрено Верховным Судом Республики Казахстан.

4. **Исполнение постановления.** Постановление о назначении административного взыскания, как правило, вступает в законную силу по истечении срока обжалования либо, в случае подачи жалобы, после вынесения решения апелляционной инстанцией. После вступления в силу постановление подлежит исполнению. Законодательство Казахстана различает добровольное и принудительное исполнение. Исполнение считается добровольным, если административный штраф уплачен не позднее 30 дней с даты вступления постановления в законную силу. Принудительное исполнение применяется в случае неуплаты штрафа в установленный срок — посредством удержания из доходов (для физических лиц) или списания средств со счёта в банке (для юридических лиц).

Источник: Кодекс об административных правонарушениях РК; Тукиев, А. (ред.) (2020[5]), *Научно-практический комментарий к Кодексу Республики Казахстан об административных правонарушениях РК (постатейный)*; Министерство юстиции Республики Казахстан, https://zakon.uchet.kz/rus/docs/T2000000005

Производство по делам об административных правонарушениях, связанных с нарушением законодательства о конкуренции, осуществляется по общей процедуре. Возбуждение производства по делу об административном правонарушении происходит после завершения расследования. Протокол составляется незамедлительно после принятия решения по результатам расследования.[32] Ответственность за его составление несёт должностное лицо, проводившее расследование. Это правило применяется как к делам, рассматриваемым Агентством, так и к делам, переданным в суд.[33] По результатам рассмотрения дела (Агентством либо судом по делам об административных правонарушениях) выносится постановление. В случае установления административной ответственности на субъект рынка налагается административное взыскание в виде штрафа. При отсутствии обжалования постановление исполняется в добровольном либо принудительном порядке. В случае подачи жалобы исполнение постановления приостанавливается до вынесения решения апелляционной инстанцией.

5.1.5. Административные взыскания

Административные штрафы

Административные взыскания за все правонарушения, связанные с нарушением законодательства о конкуренции, представляют собой денежные санкции, большинство из которых принимает форму административных штрафов. Закон определяет размер штрафа, подлежащего уплате за конкретное нарушение. Суд по делам об административных правонарушениях не обладает свободой усмотрения при определении размера штрафа — он обязан применять формулу, прямо установленную в Кодексе об административных правонарушениях РК.

Размеры административных штрафов не унифицированы для всех категорий правонарушений, связанных с конкуренцией. В большинстве случаев штраф выражается в кратных величинах месячного расчётного показателя (МРП), например 1 600 МРП. МРП ежегодно устанавливается Законом о республиканском бюджете РК и составлял 3 692 тенге в 2024 году.[34] Такая система не считается надлежащей практикой, поскольку делает штрафы труднопредсказуемыми *ex ante* (заранее) и, следовательно, снижает их сдерживающий эффект.

В отличие от этого, штрафы за монополистическую деятельность — включая антиконкурентные соглашения, согласованные действия и злоупотребление доминирующим или монопольным положением — устанавливаются как процент от дохода, полученного субъектом рынка «в результате осуществления монополистической деятельности». Однако закон не уточняет, что именно следует понимать под таким доходом, что создаёт правовую неопределённость.

Кодекс об административных правонарушениях РК дифференцирует размеры штрафов в зависимости от категории нарушителя — физических лиц, некоммерческих организаций, а также малых, средних и крупных предприятий. Например, неисполнение предписания Агентства влечёт штраф в размере 50 МРП для физических лиц, 100 МРП для малых предприятий и некоммерческих организаций, 360 МРП для средних предприятий и 1 600 МРП для крупных предприятий. При назначении штрафа также учитываются смягчающие и отягчающие обстоятельства.[35] К последним, в частности, относится совершение правонарушения (например, установление монопольно высоких цен) в период стихийных бедствий или иных чрезвычайных ситуаций. Особенностью казахстанского законодательства является то, что совершение административного правонарушения группой лиц всегда признаётся отягчающим обстоятельством.[36]

Использование МРП и дифференциация штрафов по размеру предприятия не соответствуют международной надлежащей практике. Это снижает прозрачность для бизнеса и создаёт неопределённость для участников рынка. Штрафы должны рассчитываться исходя из оборота нарушителя и быть независимыми от его размера, организационно-правовой формы и иных характеристик. Указанные выше критерии могут использоваться в качестве смягчающих или отягчающих обстоятельств, отражающихся в дополнительном проценте штрафа. Кроме того, штрафы должны быть установлены на уровне, обеспечивающем эффективный сдерживающий эффект, чего, по всей видимости, в настоящее время не наблюдается (Таблица 5.1).

Таблица 5.1. Административные правонарушения, связанные с конкуренцией, и соответствующие административные взыскания

Административное правонарушение		Нарушитель	Административный штраф	Иное административное взыскание
Антиконкурентное соглашение и согласованные действия		малые и средние предприятия, некоммерческие организации	3% дохода, полученного в результате осуществления монополистической деятельности (при повторном нарушении в течение года – 5%)	конфискация монопольного дохода
		крупные предприятия	5% дохода, полученного в результате осуществления монополистической деятельности (при повторном нарушении в течение года – 10%)	
Злоупотребление доминирующим или монопольным положением		малые и средние предприятия, некоммерческие организации	3% дохода, полученного в результате осуществления монополистической деятельности (при повторном нарушении в течение года – 5%)	конфискация монопольного дохода (только в случаях монопольно высоких цен, монопольно низких цен и монопсонически низких цен)
		крупные предприятия	5% дохода, полученного в результате осуществления монополистической деятельности (при повторном нарушении в течение года – 10%)	
Экономическая концентрация	осуществление экономической концентрации без предварительного согласования с Агентством	физические лица	80 МРП *(в 2025: 314 560 тг.)*	/

Административное правонарушение		Нарушитель	Административный штраф	Иное административное взыскание
	невыполнение корректирующих мер непредоставление уведомления или несвоевременное уведомление об экономической концентрации	малые и средние предприятия, некоммерческие организации	200 МРП (в *2025: 786 400 тг.*)	
		средние предприятия	320 МРП (в *2025: 1 258 240 тг.*)	
		крупные предприятия	1600 МРП (в *2025: 6 291 200 тг.*)	
Недобросовестная конкуренция		малые предприятия	200 МРП (в *2025: 786 400 тг.*)	/
			при повторном нарушении в течение года: 300 МРП (в *2025: 1 179 600 тг.*)	
		средние предприятия	300 МРП (в *2025: 1 179 600 тг.*)	
			при повторном нарушении в течение года: 400 МРП (в *2025: 1 572 800 тг.*)	
		крупные предприятия	1500 МРП (в *2025: 5 898 000 тг.*)	
			при повторном нарушении в течение года: 2000 МРП (в *2025: 7 864 000 тг.*)	
Антиконкурентные действия (бездействие) государственных и местных органов		должностные лица	300 МРП (*в 2025: 1 179 600 тг.*)	/
Координация закупочной деятельности организаторами закупок		должностные лица	100 МРП (*в 2025: 393 200 тг.*)	/
			при повторном нарушении: 150 МРП (*в 2025: 589 800 тг.*)	
Государственные монополии	Несоблюдение ограничений для государственных монополий	все лица	300 МРП (в *2025: 1 179 600 тг.*)	/
	Осуществление деятельности государственной монополии неуполномоченными лицами	физические лица	50 МРП (в *2025: 196 600 тг.*)	конфискация инструментов, использованных для совершения административного правонарушения
		малые предприятия	100 МРП (в *2025: 393 200 тг.*)	
		средние предприятия	150 МРП (в *2025: 589 800 тг.*)	
		крупные предприятия	250 МРП (в *2025: 983 000 тг.*)	
Правонарушения против Агентства	Невыполнение или неполное выполнение предписания Агентства Непредоставление информации Агентству и предоставление неполной, недостоверной или ложной информации Воспрепятствование доступу должностных лиц Агентства в помещения субъекта рынка в ходе расследования	физические лица	50 МРП (в *2025: 196 600 тг.*)	/
		малые предприятия, некоммерческие организации, должностные лица	100 МРП (в *2025: 393 200 тг.*)	
		средние предприятия	360 МРП (в *2025: 1 415 520 тг.*)	
		крупные предприятия	1600 МРП (в *2025: 6 291 200 тг.*)	

Примечание: Административные штрафы рассчитаны исходя из месячного расчётного показателя (МРП) 2024 года.
Источник: Кодекс об административных правонарушениях РК.

Статистика по наложенным штрафам

Совокупный объём ежегодно назначаемых административных штрафов снижался до 2020 года, после чего тенденция изменилась (Таблица 5.2). Нисходящая динамика могла быть связана с сокращением общего числа расследований вследствие более активного использования уведомлений в качестве превентивного инструмента. Недавний рост совокупного объёма штрафов, вероятно, не отражает усиления правоприменения, поскольку Казахстан в возрастающей степени полагается на инструменты мягкого регулирования. Повышение общей суммы наложенных штрафов, по всей видимости, объясняется таргетированием крупных предприятий.

Таблица 5.2. Штрафы по видам нарушений

В тенге и долларах США в текущих ценах, 2023 и 2024 годы[1]

Вид нарушения	Штрафы 2023 (тг.)	Штрафы 2023 (USD)	Монопольный доход 2023 (тг.)	Монопольный доход 2023 (USD)	Штрафы 2024 (тг.)	Штрафы 2024 (USD)	Монопольный доход 2024 (тг.)	Монопольный доход 2024 (USD)
Картели	106 267 034.20	236 928.20	1 215 438 640.60	2 709 887.28	169 391 132.47	375 041.25	770 573 429.83	1 706 091.82
Антиконкурентные соглашения (за исключением картелей)	3 450 000.00	7 691.96	0.00	0.00	3 692 000.00	8 174.29	0.00	0.00
Злоупотребление доминирующим положением	119 272 867.95	265 925.42	31 259 181.00	69 694.06	92 471 237.75	204 736.39	91 501 835.60	202 590.08
Антиконкурентные согласованные действия	61 010 275.51	136 025.76	16 604 066.90	37 019.68	0.00	0.00	0.00	0.00
Антиконкурентные действия государственных органов	5 765 100.00	12 853.61	0.00	0.00	11 297 520.00	25 013.33	0.00	0.00
Недобросовестная конкуренция	345 000.00	769.20	0.00	0.00	1 107 600.00	2 452.29	0.00	0.00

Примечание: 1. Таблица показывает штрафы в номинальных значениях. Штрафы рассчитываются как кратные МРП, который ежегодно корректируется с учётом инфляции. Штрафы в евро (EUR) и долларах США (USD) рассчитаны по курсу на 31 декабря каждого года. Исторические курсы доступны на: www.currency-converter.org.uk/currency-rates/historical/table/USD-KZT.html. 2. «Монопольный доход» означает доход или прибыль, незаконно полученные в результате участия в монополистической или антиконкурентной деятельности, включая запрещённые соглашения, согласованные действия или злоупотребление доминирующим положением на рынке. В соответствии со Статьями 42–45 и 159 КоАП РК штрафы являются основной административной санкцией, а конфискация монопольного дохода — дополнительной. Конфискация предполагает принудительную безвозмездную передачу незаконно полученного дохода государству на срок не более одного года.
Источник: Информация, предоставленная Агентством. Статистика показывает, что уровень взыскания штрафов относительно высок. В 2022 и 2023 годах было взыскано соответственно 90% и 93% административных штрафов.

Конфискация монопольного дохода

В случаях антиконкурентных соглашений, согласованных действий и злоупотребления доминирующим или монопольным положением законодательством предусмотрено дополнительное административное взыскание — конфискация монопольного дохода. Она никогда не выступает основной мерой ответственности и применяется в дополнение к административному штрафу.[37]

Предпринимательский кодекс РК определяет *монопольный доход* как доход, полученный субъектом рынка в результате осуществления монополистической деятельности — то есть антиконкурентных соглашений, согласованных действий или злоупотребления доминирующим (монопольным) положением. Конфискации подлежит монопольный доход за период до одного года,[38] после чего изъятые средства или активы переходят в государственную собственность.[39] Конфискация монопольного дохода может быть назначена только судом.

Экспертный обзор ОЭСР 2016 года отмечал, что казахстанское законодательство использует две близкие по смыслу категории — *монопольный доход* (для целей конфискации) и *доход, полученный в результате осуществления монополистической деятельности* (для расчёта административного штрафа). Хотя цели их применения различаются,[40] разграничение между ними остаётся неочевидным.

На практике применение понятия *монопольного дохода* вызывает значительные сложности. Трудно отделить доход, полученный вследствие антиконкурентных соглашений или согласованных действий, от прочих поступлений субъекта рынка за тот же период. Кроме того, расчёт конкурентных цен, необходимых для определения монопольно высоких или монопсонически низких цен, основывается на ряде допущений, включая оценку уровня «необходимой» прибыли. Таким образом, попытка законодательно определить «конкурентную цену» носит искусственный характер, тогда как в экономической науке отсутствует единое понимание того, каким образом такие цены могут быть объективно установлены.

Возврат активов в государственную собственность

В то время как административные взыскания — такие как штрафы и конфискация монопольного дохода — прямо предусмотрены законодательством как последствия административного правонарушения, в последние годы в Казахстане получила распространение иная форма санкции. В ряде дел о злоупотреблении доминирующим положением, особенно связанных с установлением монопольно высоких цен, Агентство применяло меру в виде возврата активов в государственную собственность (Вставка 5.6). В результате акции отдельных компаний, признанных злоупотребившими доминирующим положением, либо принадлежащее им недвижимое имущество были полностью или частично переданы государству. С 2022 года в рамках этой практики в государственную собственность было возвращено активов на сумму около 65 млрд тенге (125 млн евро).

Такая практика фактически превращает национализацию в форму санкции за злоупотребление доминирующим положением частными компаниями. Это вызывает серьёзные опасения с точки зрения защиты права собственности, соответствия международной практике и согласованности с курсом на приватизацию, который Казахстан активно продвигает в целях сокращения государственного участия в экономике. Кроме того, ОЭСР не удалось выявить чёткую правовую основу для применения подобных инвазивных мер. В международной практике компании, признанные злоупотребившими доминирующим положением, подвергаются денежным санкциям, соизмеримым с предусмотренными в Казахстане, однако национализация активов не применяется как мера ответственности за нарушение законодательства о конкуренции.

Вставка 5.7. Примеры санкций в виде «возврата активов»

В 2022 году Агентство расследовало монополизацию рынка парковок в Алматы и установило, что две компании — ТОО «Алматы Спецтехпаркинг Сервис» (30% акций принадлежало городу Алматы) и ТОО «Alan Parking» (частная компания) — злоупотребили своим совместным доминирующим положением. Обе компании были оштрафованы, а их имущество передано в собственность города Алматы.

В 2021 году по результатам расследования Агентство установило, что транспортная компания ТОО «Евротранзит Нур Жолы» занимала доминирующее положение и злоупотребила им, устанавливая монопольно высокие цены (стоимость транспортных услуг выросла с 1,2 млн до 1,4 млн тенге за рейс туда и обратно). В качестве санкции было предписано передать в государственную собственность земельный участок площадью 3,6 га, включая транспортно-логистический комплекс стоимостью 5,7 млрд тенге (около 11,5 млн евро по курсу 2021 года).

В 2023 году Агентство оштрафовало компанию ТЭК Казахстан за злоупотребление доминирующим положением путём установления монопольно высоких цен на хранение и отпуск дизельного топлива. В дополнение к штрафу топливные базы компании стоимостью около 39 млрд тенге (77 млн евро) были переданы в государственную собственность.

Источники: Гуржий, Т. (2023[6]), ТД «ТЭК Казахстан» обвиняют в монопольно высоких ценах на услуги, https://kz.kursiv.media/2023-02-13/ttgr-monopolist/.; Агентство по защите и развитию конкуренции Республики Казахстан (2024[7]), АЗРК ВОЗВРАЩАЕТ АКТИВЫ НА МИЛЛИАРДЫ ТЕНГЕ И УКРЕПЛЯЕТ КОНТРОЛЬ ЗА МОНОПОЛИЯМИ, https://bit.ly/4kQDHcW; PostFactum.kz (2022[8]), Стали собственностью города, https://postfactum.kz/en/obshchestvo/219-became-the-property-of-the-city#:~:text=damage%2C%20the%20Akimat%20of%20Almaty,the%20ownership%20of%20the%20city; Шынгысов, А. и А. Корнилова (2025[9]), В 2024 году Казахстан значительно активизировал меры антимонопольного регулирования, https://www.morganlewis.com/pubs/2025/01/kazakhstan-intensified-antimonopoly-regulation-efforts-throughout-2024.

5.1.6. Судебное рассмотрение

Процедура пресечения нарушений антимонопольного законодательства в Казахстане включает две отдельные стадии: расследование и производство по делу об административном правонарушении. Эта дуальность находит отражение и в системе судебного рассмотрения.

Судебный пересмотр решений, принятых в ходе расследования

Приказы и иные акты Агентства, принятые в ходе расследования, могут быть обжалованы в специализированных межрайонных административных судах. К числу таких актов относятся постановления о возбуждении расследования и итоговые заключения по его результатам. Большинство дел, рассматриваемых судами, связано с горизонтальными соглашениями и злоупотреблениями доминирующим или монопольным положением. Дел, касающихся вертикальных соглашений, значительно меньше.

Статья 230 Предпринимательского кодекса РК устанавливает основания для обжалования решений Агентства: (i) неполное выяснение обстоятельств, имеющих значение для дела; (ii) недоказанность обстоятельств, признанных установленными; (iii) несоответствие выводов, изложенных в решении, фактическим обстоятельствам дела; (iv) нарушение либо неправильное применение норм законодательства Республики Казахстан.

Суды отменяют решения Агентства по различным причинам. В прошлом большинство решений отменялось по процедурным основаниям. Несмотря на усилия Агентства по совершенствованию процедур, процессуальные нарушения продолжают составлять значительную долю судебных дел. Наиболее распространённые процессуальные ошибки включают:

- **Несоблюдение сроков,** установленных законодательством для проведения анализа рынка и расследований (три месяца с возможным однократным продлением на два месяца). Учитывая сложность дел, такие сжатые сроки нередко приводят к формальным нарушениям. Например, в деле против ТОО «BASF Центральная Азия» суд отменил решение Агентства исключительно из-за превышения установленного срока расследования. Для предотвращения подобных случаев целесообразно пересмотреть или устранить жёстко установленные законом сроки, предоставив Агентству возможность устанавливать внутренние ориентировочные рамки.
- **Возбуждение расследования без завершения анализа рынка,** что противоречит законодательству. В таких случаях приказ о расследовании признаётся незаконным, а все последующие процессуальные действия — недействительными.
- **Нарушения при проведении анализа рынка.** Суды придают большое значение методологической строгости действий Агентства, и любое отклонение от утверждённой методологии может сделать результаты анализа недопустимыми. В деле АО «Стройконструкция» суд указал, что каждый методологический этап должен выполняться последовательно и без пропусков.
- **Недостатки доказательной базы.** Суды часто указывают на ошибки в определении границ рынка и проведении экономического анализа, что также ведёт к отмене решений. В 2021 году более 60% дел было решено в пользу истцов. Такая практика стимулировала Агентство к повышению качества аналитической работы и снижению числа процедурных нарушений.

Таблица 5.3. Причины (формального) прекращения дела судами, 2022–23

Основания для прекращения	Доля в общем числе отменённых решений
Несоблюдение истцом досудебного порядка урегулирования спора	4.8%
Подписание заявления в суд неуполномоченным лицом	3.2%
Наличие спора между теми же сторонами в том же или другом суде (*litispendentia*)	0.8%
Отказ истца от иска	16.8%
Дело не подлежит рассмотрению в административном судопроизводстве	59.2%
Отказ суда восстановить пропущенный срок	8.8%
Дело неподведомственно суду	1.6%

Примечание: сумма показателей в таблице не равна 100%.
Источник: информация, предоставленная Агентством.

Агентство признаёт, что судебные решения способствуют совершенствованию правоприменительной практики, что подтверждается созданием специализированного подразделения по анализу судебных дел. Вместе с тем Агентство отмечает чрезмерную «жёсткость» некоторых судебных подходов. По информации Агентства, суды нередко отклоняют экономические анализы, основанные на современных методиках, если они прямо не закреплены в законодательстве. Поскольку разные рынки требуют различных аналитических подходов, суды должны оценивать экономический анализ с точки зрения его доказательной силы. Проведение целевых программ обучения судей по вопросам экономики и конкуренции могло бы способствовать преодолению этого разрыва.

Законодательство Казахстана не устанавливает стандарт доказывания по делам о нарушении законодательства о конкуренции, и судебная практика пока не выработала единообразного подхода. Судьи самостоятельно определяют достаточность представленных доказательств. При этом они признают, что более глубокий экономический анализ повышает качество доказательной базы, и подчёркивают необходимость всесторонней оценки представленных данных для установления наличия антиконкурентных эффектов.

С периода пандемии заседания административных судов, включая дела по вопросам конкуренции, проводятся в онлайн-формате в рамках цифровизации судебной системы Казахстана. Это позволяет экономить ресурсы, однако онлайн-заседания могут ограничивать возможности оценки доказательств, особенно достоверности свидетельских показаний, где очное участие остаётся предпочтительным. Около 50% антимонопольных дел, рассматриваемых специализированными межрайонными административными судами, впоследствии обжалуются в *областные* суды.

Сроки судебного рассмотрения в целом можно считать разумными: дела в судах первой инстанции обычно рассматриваются в течение трёх месяцев, апелляционные — в течение двух месяцев, а дела в Верховном суде — в течение шести месяцев. Более длительные сроки возможны, но встречаются редко.

Интересы Агентства в судах представляют Департамент расследований центрального аппарата и следственные управления территориальных департаментов.

Судебный пересмотр решений по делам об административных правонарушениях

Решения Агентства, вынесенные по итогам расследования, обжалуются в специализированных межрайонных административных судах, тогда как административные взыскания, как правило, выносятся судами по делам об административных правонарушениях. Такие решения могут быть обжалованы в порядке, установленном Кодексом об административных правонарушениях РК. Жалобы подаются в апелляционные суды, которыми в Казахстане являются областные суды.

5.1.7. Программа смягчения ответственности (leniency program)

В Казахстане формально действует программа смягчения ответственности, однако на момент подготовки настоящего отчёта она ни разу не применялась, и ни одно дело не было возбуждено на основании заявления о смягчении. Первая версия программы распространялась только на конфискацию монопольного дохода и не охватывала административные штрафы.[41] В 2015 году[42] действие программы было расширено на все виды административных взысканий, включая штрафы (OECD, 2016[3]). С тех пор содержание программы смягчения ответственности не менялось.

Статья 159 КоАП РК предусматривает освобождение от административной ответственности для субъекта рынка, участвовавшего в антиконкурентном соглашении или согласованных действиях, при *одновременном* соблюдении четырёх условий:

1. на момент подачи заявления у Агентства отсутствуют сведения об этом соглашении или согласованных действиях, и оно не было уведомлено о них из иных источников;
2. субъект рынка предпринимает меры по прекращению своего участия в антиконкурентном соглашении или согласованных действиях;
3. заявитель на протяжении всего расследования предоставляет полную информацию об антиконкурентном соглашении или согласованных действиях;
4. заявитель добровольно возмещает ущерб, причинённый потребителям.

Программа смягчения ответственности в Казахстане распространяется на все антиконкурентные соглашения и согласованные действия. Тогда как в международной практике программы смягчения ответственности преимущественно адресованы «жёстким» картелям, а на вертикальные соглашения распространяются редко и, как правило, лишь в части наиболее серьёзных нарушений

(Ysewyn, 2024[10]). Казахстанская программа также не дифференцирует роль участников: одинаково применяется к инициаторам нарушения и приглашенным сторонам.

Программа предусматривает полный иммунитет от административной ответственности для первого заявителя, представившего Агентству соответствующую информацию: освобождение распространяется и на штраф, и на конфискацию монопольного дохода. В этом аспекте режим Казахстана благоприятнее, чем в ряде юрисдикций, где предусмотрено лишь снижение штрафа. Вместе с тем смягчение доступно только первому заявителю и не распространяется на последующих участников.

Поскольку дела по антиконкурентным соглашениям и согласованным действиям рассматриваются судами, вопрос об удовлетворении заявления о смягчении ответственности решается судом. Ранее суды обладали дискреционными полномочиями при принятии решения.[43] В 2015 году положение было изменено,[44] при соблюдении всех четырёх условий суд обязан освободить заявителя от административной ответственности. Это должно повысить предсказуемость применения программы.

Казахстан до настоящего времени не получил ни одного заявления о смягчении ответственности, что свидетельствует о неэффективности программы. Одной из причин этого, может быть, строгое требование одновременного соблюдения всех четырёх условий. В отличие от большинства юрисдикций, законодательство Казахстана предусматривает, что смягчение ответственности недоступно, если у Агентства уже имелась информация о нарушении, даже при отсутствии формального начала расследования. В Европейском союзе и Соединённых Штатах это правило не применяется (Вставка 5.8). Такая неопределённость может отталкивать компании от подачи заявлений, поскольку они рискуют самообвинением без достаточных гарантий защиты. Кроме того, требование добровольного возмещения ущерба потребителям представляется нереалистичным: законодательство не содержит указаний по расчёту убытков или определению пострадавших потребителей, что на практике является сложной задачей и зависит от специфики товарного рынка.

Вставка 5.8. Заявления о смягчении ответственности при уже начатом расследовании

Программы смягчения ответственности — ключевой инструмент выявления картелей: компании добровольно раскрывают участие в обмен на иммунитет или снижение санкций. В отличие от казахстанской практики, большинству антимонопольных органов не требуется полное отсутствие информации о картеле для принятия заявления. В Европейском союзе и США компании могут подавать заявления даже при наличии сведений у органа или уже начатом расследовании.

Решающее значение имеет добавленная доказательственная ценность материалов заявителя. В частности, для получения полного иммунитета заявитель, как правило, должен первым представить информацию, позволяющую антимонопольному органу провести целевую проверку (например, внезапное изъятие документов) или доказать нарушение, которое в противном случае не было бы установлено. Если орган уже начал расследование или провёл внезапное изъятие документов, заявитель всё еще может рассчитывать на снижение штрафа при представлении предоставлении существенно укрепляющих доказательств.

Этот подход закреплён в Уведомлении Европейской комиссии о смягчении ответственности 2006 года, предусматривающем иммунитет для первого заявителя, чьи доказательства позволяют провести целевую проверку или установить нарушение Статьи 101 ДФЕС (Европейская комиссия 2006[66]). Аналогичные принципы содержатся Политике смягчения ответственности корпораций Министерства юстиции США (Министерство юстиции США, 2024[67]).

Судебная практика подтверждает эту интерпретацию. В деле *BASF и другие против Комиссии* (соединённые дела Т-101/05 и Т-111/05) Генеральный суд Европейского союза рассмотрел ситуацию, когда по одному и тому же картелю было подано несколько заявлений о смягчении ответственности. Суд ЕС указал, что ценность доказательств каждого заявителя оценивается с учётом уже имеющихся у органа сведений, и только первый заявитель, предоставивший решающие материалы, дающие возможность предпринять меры правоприменения, может претендовать на иммунитет (ECLI:EU:T:2007:380). Этот принцип стимулирует компании к скорейшему раскрытию информации и представлению качественных доказательств, даже на поздних стадиях расследования.

Несмотря на то, что раннее признание остаётся наилучшей стратегией для получения иммунитета участникам картеля, режимы смягчения ответственности в ведущих юрисдикциях остаются доступными и после начала расследования — при наличии существенных доказательств.

Источник: Европейская комиссия (2006), *Уведомление об освобождении от штрафов и снижении штрафов в делах о картелях* (OJ C298/17), https://eur-lex.europa.eu/legal-content/EN/TXT/?uri=CELEX%3A52006XC1208%2804%29; Министерство юстиции США (DOJ) (2024), *Антимонопольная программа смягчения наказания и процедуры*, https://www.justice.gov/atr/leniency-policy; Генеральный суд Европейского союза (2007), BASF AG и другие против Комиссии, объединённые дела T-101/05 и T-111/05, ECLI:EU:T:2007:380.

Политика смягчения ответственности наиболее эффективна, когда нарушители законодательства о конкуренции сталкиваются с реальной угрозой выявления и значительными санкциями, а сам процесс добровольного раскрытия информации является прозрачным, предсказуемым и сопровождается ощутимыми преимуществами, включая иммунитет от уголовного преследования. Несмотря на то что программа смягчения ответственности возлагает на заявителей существенные обязательства по сотрудничеству, её преимущества должны быть достаточными для того, чтобы субъекты рынка или лица, участвующие в нарушениях, были мотивированы обращаться за смягчением наказания (U.S. Department of Justice, 2023[11]).

В Казахстане программа смягчения ответственности распространяется исключительно на административные правонарушения и не предоставляет защиты от уголовного преследования. Более того, заявитель может быть привлечён к ответственности по другим основаниям, например за нарушения в сфере государственных закупок. Эти факторы, вероятно, объясняют отсутствие заявлений о смягчении ответственности, даже несмотря на снижение их числа на 65% в период с 2015 по 2021 годы в глобальном масштабе (OECD, 2023[12]).[45]

Предсказуемость имеет ключевое значение для эффективного функционирования программы смягчения ответственности. Компании вряд ли будут подавать заявления, не имея возможности заранее оценить вероятный исход. Хотя правовая база Казахстана формально исключает дискрецию при освобождении от административной ответственности, отсутствие практики её применения создаёт правовую неопределённость. Недостаток прецедентов препятствует подаче заявлений, что, в свою очередь, воспроизводит замкнутый круг бездействия. Поэтому крайне важно проводить целенаправленную информационно-просветительскую работу, чтобы повысить осведомлённость бизнеса не только о существовании программы, но и о её предсказуемом и прозрачном применении. Исключение требования о добровольном возмещении ущерба потребителям могло бы повысить ясность и стимулировать подачу заявлений.

Кроме того, Агентство отмечает, что субъекты рынка зачастую не осознают факт нарушения законодательства о конкуренции ещё до начала расследования, в результате чего возможность подать заявление о смягчении ответственности уже утрачена. Это указывает на необходимость усиления превентивных мер и информационной работы, направленной на повышение осведомлённости бизнеса о нормах законодательства о конкуренции и связанных с ними рисках. В качестве альтернативы Агентству целесообразно рассмотреть исключение критерия о полной неосведомлённости антимонопольного органа, который не является характерным для большинства юрисдикций (Вставка 5.8).

Наконец, как отмечает ОЭСР, «социально-экономические, личные, демографические и культурные факторы, не зависящие от органов по защите конкуренции, играют существенную роль в принятии решения о подаче заявления о смягчении» (OECD, 2023, p. 28[12]). Нельзя исключать, что именно эти факторы в значительной степени объясняют отсутствие заявлений о смягчении ответственности в Казахстане.

5.2. Уголовное преследование за нарушения антимонопольного законодательства

5.2.1. Уголовная ответственность за нарушения законодательства о конкуренции

Хотя нарушения законодательства о конкуренции в Казахстане, как правило, влекут административную ответственность, законодатель относит наиболее серьёзные из них к уголовным правонарушениям. В таких случаях уголовная ответственность имеет приоритет над административной, и к субъекту рынка применяются уголовные санкции вместо административных взысканий.[46]

Согласно Статьи 221 Уголовного кодекса РК,[47] к уголовной ответственности могут быть привлечены субъекты рынка, совершившие следующие нарушения законодательства о конкуренции:

- ценовой сговор;
- установление или поддержание монопольно высоких цен или монопольно низких цен;
- установление субъектом рынка, занимающим доминирующее или монопольное положение, ограничений на перепродажу товаров по территориальному признаку, кругу покупателей, условиям покупки, количеству или цене;
- раздел товарных рынков по территориальному признаку, ассортименту товаров, объёму их реализации или приобретения, по кругу продавцов или покупателей;
- иные деяния, направленные на ограничение конкуренции, если они причинили крупный ущерб гражданину, организации или государству либо сопряжены с извлечением субъектом рынка дохода в крупном размере.

Первые четыре категории представляют собой явные формы антиконкурентного поведения, тогда как последняя носит общий характер и отражает подход Казахстана к определению «серьёзных нарушений» законодательства о конкуренции. Они определяются двумя способами. Во-первых, это нарушения, которые причинили *крупный ущерб* гражданину, организации или государству. Под крупным ущербом понимается сумма, превышающая 2 000 МРП — для гражданина, и 10 000 МРП — для организации или государства.[48] В 2024 году это соответственно 7 394 000 тенге (≈ 15 751 долл. США) и 36 920 000 тенге (≈ 78 647 долл. США).

Во-вторых, Нарушение считается серьёзным, если субъект рынка получил *доход в крупном размере* — то есть сумму, превышающую 20 000 МРП (в 2024 году — 73 840 000 тенге или ≈ 157 294 долл. США).[49] В 2024 году нижний порог для дохода в крупном размере составил 73 840 000 тенге (157 294 долл. США). При этом норма не уточняет, какой именно доход имеется в виду — совокупный, монопольный или иной.

Уголовный кодекс Казахстана относит данные нарушения законодательства о конкуренции к числу наиболее тяжких уголовных преступлений, и, соответственно, определяет их как «преступления»,[50] что имеет значение для диапазона возможных уголовных санкций. Наиболее важно то, что лишение свободы возможно только за «преступления», но не за иные уголовные проступки. К числу уголовных санкций, применимых за нарушения законодательства о конкуренции, относятся:

- штрафы — денежные взыскания, рассчитываемые как кратность годового МРП;[51]
- исправительные работы — удержание части заработка осуждённого;[52]
- общественные работы — общественно полезный труд, не требующий квалификации, организуемый местными исполнительными органами;
- ограничение свободы — пробационный контроль по месту жительства осуждённого, часто в сочетании с обязательными работами;[53]
- лишение свободы — изоляция в местах лишения свободы.

Уголовный кодекс Казахстана предусматривает альтернативность и диапазон наказаний (например, по сумме штрафа или сроку лишения свободы), что обеспечивает гибкость при их назначении с учётом тяжести и обстоятельств конкретного дела.

Разные отягчающие обстоятельства влекут различные санкции: (i) стандартное правонарушение; (ii) повторное правонарушение или использование служебного положения; (iii) совершение деяния в составе преступной группы либо с применением насилия, угрозой его применения или уничтожением имущества. Таблица 5.4 суммирует уголовные санкции для каждого из этих случаев.

Таблица 5.4. Уголовные санкции за различные формы нарушений законодательства о конкуренции

	Стандартное уголовное правонарушение	Повторное совершение / с использованием служебного положения	В составе преступной группы / с применением насилия, уничтожением имущества или угрозой таких действий
Штраф	до 1 000 МРП (в 2025 г.: 3 932 000 тг.)	до 3 000 МРП (в 2025 г.: 11 796 000 тг.)	/
Исправительные работы	до 1 000 МРП (в 2025 г.: 3 932 000 тг.)	до 3 000 МРП (в 2025 г.: 11 796 000 тг.)	/
Общественные работы	до 400 часов	до 800 часов	/
Ограничение свободы	до 1 года	до 3 лет	до 6 лет
Лишение свободы	до 1 года	до 3 лет	до 6 лет
Дополнительные санкции	/	конфискация имущества, лишение права занимать определённые должности или заниматься определённой деятельностью на срок до 3 лет	конфискация имущества

Источник: Уголовный кодекс РК

До 2017 года освобождение от уголовной ответственности не предусматривалось. Поправки, внесённые в 2017 году,[54] установили возможность освобождения лица, впервые совершившего преступление, при условии добровольного возмещения причинённого ущерба. Эта норма имеет более широкий характер, чем программа смягчения ответственности, и распространяется на все нарушения законодательства о конкуренции, а не только на антиконкурентные соглашения и согласованные действия. Более того, она не требует сотрудничества с Агентством или предоставления ему информации. В результате данная норма не создаёт стимулов для самораскрытия нарушений: субъекты рынка, впервые совершившие преступление, могут рассчитывать на освобождение при условии возмещения ущерба.

Иные основания освобождения от уголовной ответственности носят общий характер — активное раскаяние, исполнение условий процессуального соглашения, истечение срока давности и др.

5.2.2. *Практика уголовного правоприменения*

Агентство не обладает полномочиями в сфере уголовного преследования. Если в ходе расследования Агентство выявляет признаки возможного уголовного правонарушения, материалы дела передаются в правоохранительные органы для проведения досудебного расследования.[55] Если органы находят достаточные доказательства, они продолжают уголовное преследование; при их отсутствии материалы возвращаются в Агентство для возбуждения административного производства.

Компетентным органом по расследованию дел, предусмотренных Статьёй 221 Уголовного кодекса РК, является Агентство по финансовому мониторингу РК.

По информации антимонопольного органа, имели место случаи привлечения субъектов рынка к уголовной ответственности, однако конкретные примеры Команде ОЭСР представлены не были. Ни один руководитель компании не привлекался к уголовной ответственности за нарушение законодательства о конкуренции.

Источники

Agency for Protection and Development of Competition (2024), *Anti-competitive agreement between KTZH-Cargo Transportation and Hill Corporation Too Ltd.*, https://www.gov.kz/memleket/entities/zk/press/news/details/695805?lang=ru. [7]

Gurzhiy, T. (2023), *ТД «ТЭК Казахстан» обвиняют в монопольно высоких ценах на услуги*, https://kz.kursiv.media/2023-02-13/ttgr-monopolist/. [6]

Kazakhstan (2024), *Annual Report on Competition Policy Developments in Kazakhstan: 2023*, https://one.oecd.org/document/DAF/COMP/AR(2024)47/en/pdf. [2]

Kazakhstan (2023), *Annual Report on Competition Policy Developments in Kazakhstan: 2022*, https://one.oecd.org/document/DAF/COMP/AR(2023)47/en/pdf. [1]

OECD (2023), “The Future of Effective Leniency Programmes: Advancing Detection and Deterrence of Cartels”, *OECD Roundtables on Competition Policy Papers*, No. 299, OECD Publishing, Paris, https://doi.org/10.1787/9bc9dd57-en. [12]

OECD (2021), “Competition Enforcement and Regulatory Alternatives”, *OECD Roundtables on Competition Policy Papers*, No. 258, OECD Publishing, Paris, https://doi.org/10.1787/d9a9c703-en. [4]

OECD (2016), *Competition Law and Policy in Kazakhstan: A Peer Review*, Competition Law and Policy Reviews, OECD Publishing, Paris, https://doi.org/10.1787/08f78cd0-en. [3]

PostFactum.kz (2022), *Became the property of the city*, https://postfactum.kz/en/obshchestvo/219-became-the-property-of-the-city#:~:text=damage%2C%20the%20Akimat%20of%20Almaty,the%20ownership%20of%20the%20city. [8]

Shyngyssov, A. and A. Kornilova (2025), *Kazakhstan intensified antimonopoly regulation efforts throughout 2024*, https://www.morganlewis.com/pubs/2025/01/kazakhstan-intensified-antimonopoly-regulation-efforts-throughout-2024. [9]

Starosolsky, G. (1950), "Basic Principles of Soviet Criminal Law", *North Carolina Law Review*, Vol. 28/4, pp. 359-374, https://scholarship.law.unc.edu/cgi/viewcontent.cgi?params=/context/nclr/article/1793/&path_info=27_28NCLRev359_1949_1950_.pdf. [13]

Tukiev, A. (ed.) (2020), *Scientific and practical commentary on the Code of the Republic of Kazakhstan on Administrative Offenses (article-by-article)*, Ministry of Justice of the Republic of Kazakhstan, https://zakon.uchet.kz/rus/docs/T2000000005. [5]

U.S. Department of Justice (2023), *Frequently Asked Questions About the Antitrust Division's Leniency Program*, https://www.justice.gov/atr/leniency-policy. [11]

Ysewyn, J. (2024), "Leniency", *The Competition Law Dictionary*, https://www.concurrences.com/en/dictionary/Leniency-programme (accessed on 13 December 2024). [10]

Примечания

[1] Статья 216(1) Предпринимательского кодекса РК.

[2] См. подробнее Раздел 4.5.

[3] Методологический совет состоит из главного экономиста, представителей Департамента расследований АЗРК и представителей Аналитического центра развития конкуренции.

[4] Следует отметить, что в Казахстане термины «следователь» или «главный следователь» не применяются. Корректное использование — «уполномоченное должностное лицо Агентства».

[5] Статья 216(3) Предпринимательского кодекса РК.

[6] Статья 218(3) Предпринимательского кодекса РК.

[7] Статья 216(4) Предпринимательского кодекса. Это исключение отсутствовало в законодательстве о конкуренции Казахстана на ранних этапах и было введено только Законом Республики Казахстан от 5 мая 2015 года № 312-V ЗРК.

[8] Статья 216(5) Предпринимательского кодекса. Эта специальная норма имеет приоритет над общей нормой Административного процедурно-процессуального кодекса, согласно которой обжалование приостанавливает исполнение.

[9] Закон Республики Казахстан от 6 апреля 2024 года № 71-VIII ЗРК.

[10] Статья 220 Предпринимательского кодекса РК.

[11] Статья 219 Предпринимательского кодекса РК.

[12] Статьи 90-7 и 221 Предпринимательского кодекса РК.

[13] Статья 90-8 Предпринимательского кодекса РК.

[14] Статья 217(3) Предпринимательского кодекса РК.

[15] Закон Республики Казахстан от 28 декабря 2016 года № 34-VI ЗРК.

[16] Статья 218(4) Предпринимательского кодекса РК.

[17] Статья 222 Предпринимательского кодекса РК: основаниями являются: (i) рассмотрение другого дела Агентством, судом или органом уголовного преследования, имеющего значение для расследования, (ii) проведение Агентством другого расследования в отношении того же субъекта рынка, (iii) необходимость проведения экспертизы, или (iv) необходимость проведения анализа рынка.

[18] При этом первые три случая были предусмотрены еще Законом о конкуренции РК 2008 года, а четвертый случай появился только со 2-м антимонопольным пакетом 2016 года.

[19] Статья 224 Предпринимательского кодекса РК.

[20] Приказ Министра национальной экономики Республики Казахстан от 27 февраля 2017 года № 86.

[21] Статья 223 Предпринимательского кодекса РК.

[22] Статья 226 Предпринимательского кодекса РК.

[23] Статья 227 Предпринимательского кодекса РК.

[24] Статья 228 Предпринимательского кодекса РК.

[25] Закон Республики Казахстан от 28 декабря 2016 года № 34-VI ЗРК.

[26] Кодекс Республики Казахстан от 5 июля 2014 года № 235-V ЗРК.

[27] Статья 62 Кодекса об административных правонарушениях РК.

[28] Статья 682 Кодекса об административных правонарушениях РК.

[29] Статья 684 Кодекса об административных правонарушениях РК.

[30] Следует отметить, что суды по административным правонарушениям не совпадают с административными судами. Первые рассматривают иски государства к физическим и юридическим лицам (административные правонарушения), тогда как вторые рассматривают иски физических или юридических лиц к государству (судебный пересмотр административных решений).

[31] Статья 713 Кодекса об административных правонарушениях РК.

[32] Статья 806(3) Кодекса об административных правонарушениях РК.

[33] Статья 804(1)(51) Кодекса об административных правонарушениях РК.

[34] Закон Республики Казахстан от 5 декабря 2023 года № 43-VIII ЗРК.

[35] Статья 55 Кодекса об административных правонарушениях РК.

[36] Статья 57 Кодекса об административных правонарушениях РК.

[37] Статья 42 Кодекса об административных правонарушениях РК.

[38] Статья 159 Кодекса об административных правонарушениях РК.

[39] Статья 45 Кодекса об административных правонарушениях РК.

[40] Конфискация монопольного дохода направлена на то, чтобы нарушитель не получил выгоды от противоправных действий, тогда как административный штраф направлен на наказание нарушителя.

[41] Статья 76 Закона о конкуренции (Закон Республики Казахстан от 25 декабря 2008 года № 112-IV).

[42] Закон Республики Казахстан от 5 мая 2015 года № 312-V ЗРК.

[43] См., например, первоначальную редакцию Кодекса об административных правонарушениях: Кодекс Республики Казахстан от 5 июля 2014 года № 235-V ЗРК.

[44] Закон Республики Казахстан от 5 мая 2015 года № 312-V ЗРК.

[45] Например, чрезмерная ориентация на программы смягчения ответственности при игнорировании других инструментов выявления нарушений в казахстанских условиях неэффективна. В стране отсутствуют случаи подачи заявлений о смягчении ответственности, на которые можно было бы опираться как на надёжный механизм обнаружения картелей. Кроме того, урегулирования и частное правоприменение, которые в международной практике могут влиять на стимулы предприятий обращаться за смягчением, в Казахстане отсутствуют.

[46] Фактически, положения обо всех административных правонарушениях, связанных с монополистической деятельностью, содержат фразу «если эти действия не содержат признаков уголовного правонарушения». Следует, что уголовная ответственность имеет приоритет над административной.

[47] Кодекс Республики Казахстан от 3 июля 2014 года № 226-V ЗРК.

[48] Статья 3(1)(38) Уголовного кодекса РК.

[49] Там же.

[50] «Преступление» — это виновно общественно опасное деяние, за которое могут быть назначены наиболее строгие уголовные наказания (статья 10 Уголовного кодекса). Это определение в значительной степени основано на советском уголовном праве, где уголовная ответственность базировалась на «общественной опасности» совершенного деяния (Starosolsky, 1950[13]).

[51] Статья 41 Уголовного кодекса РК.

[52] Статья 42 Уголовного кодекса РК.

[53] Статья 44 Уголовного кодекса РК.

[54] Закон Республики Казахстан от 3 июля 2017 года № 84-VI.

[55] Статья 224 Предпринимательского кодекса РК.

6 Участие государства в экономике

В данной главе анализируется роль государства в экономике Казахстана, с особым вниманием к государственным предприятиям, государственным и естественным монополиям, «специальному праву», регулированию цен, товарным биржам и мерам государственной поддержки. Кроме того, рассматриваются вопросы институциональной фрагментации регуляторных функций и двойной роли антимонопольного органа, который одновременно осуществляет правоприменительные функции и функции рыночного регулятора.

6.1. Государственные предприятия

В Казахстане государственные предприятия (ГП) могут существовать в форме обычных юридических лиц — акционерных обществ или товариществ с ограниченной ответственностью — либо в форме специализированных государственных компаний.

Перечень видов деятельности, осуществляемых государственными предприятиями, юридическими лицами с долей государства более 50% акций и их аффилированными организациями, утвержден Постановлением Правительства РК[1] и регулярно обновляется. По состоянию на 1 февраля 2025 года он включает 419 видов деятельности, выполняемых как минимум одним (а в отдельных случаях — более чем тридцатью) предприятиями с участием государства.

В перечень входят как инфраструктурные сектора экономики — энергетика, телекоммуникации, транспорт, почтовые услуги и управление отходами, — так и многие сферы, которые обычно являются конкурентными и в которых доминирует частный бизнес: промышленное производство, сельское хозяйство, ресторанные и гостиничные услуги, печатные СМИ, телевещание, ИТ-услуги (включая установку и обслуживание оборудования и программного обеспечения, ИТ-консалтинг), операции с недвижимостью, финансовые услуги, аренду автомобилей и грузовиков, упаковку и другие виды деятельности.

Реестр всего государственного имущества, включая государственные предприятия, ведёт Комитет государственного имущества и приватизации Министерства финансов Республики Казахстан.

6.1.1. Ограничение присутствия государства в экономике

Учитывая значительное присутствие государства в экономике, в Казахстане действуют правила, направленные на ограничение создания новых компаний с государственным участием (так называемый *принцип «желтых страниц»*). Статья 192 Предпринимательского статьса РК устанавливает основания для участия государства в экономике, а именно:

1. отсутствие иной возможности обеспечения национальной безопасности, обороноспособности или защиты интересов общества;
2. использование и содержание стратегических объектов, находящихся в государственной собственности;
3. осуществление деятельности государственных монополий;
4. отсутствие либо низкий уровень конкуренции на товарном рынке;
5. осуществление деятельности ранее созданными государственными предприятиями.

При создании нового государственного предприятия государство может опираться только на одно из предусмотренных законом оснований. Во всех случаях государству запрещено создавать государственные предприятия, относящиеся к категории малых предприятий.

Агентство по защите и развитию конкуренции (Агентство) осуществляет надзор за созданием государственных предприятий. Любое новое предприятие, а также расширение или изменение видов деятельности действующих предприятий требуют согласования с Агентством. Государственный или местный исполнительный орган подаёт заявление, после чего Агентство проводит анализ товарного рынка и в течение 60 дней принимает решение. В согласии может быть отказано, если создание предприятия приведёт к ограничению конкуренции или если на рынке уже действуют частные субъекты, оказывающие аналогичные услуги. Эта процедура известна как принцип «жёлтых страниц» (Вставка 6.1). Если предприятие создано без одобрения, Агентство вправе выдать предписание об устранении нарушения; такое предписание может быть обжаловано в судебном порядке.

Вставка 6.1. Применение принципа «желтых страниц» в Казахстане

Меры по ограничению участия государства в коммерческой деятельности

Казахстан применяет принцип «жёлтых страниц» для ограничения участия государства в коммерческой деятельности, уже осуществляемой частными предприятиями. Этот принцип закреплён в Предпринимательском кодексе РК и реализуется АЗРК, которое играет ключевую роль в мониторинге, предотвращении и сокращении необоснованного вмешательства государства в конкурентные рынки.

Агентство рассматривает все предложения о создании или расширении государственных предприятий либо организаций с долей государства более 50 %. Согласие не предоставляется, если в соответствующей сфере уже действуют частные компании, за исключением ограниченных случаев — например, обеспечения национальной безопасности или недостаточной конкуренции. Кроме того, участие государства в малом бизнесе запрещено.

Для реализации этого подхода АЗРК предприняло ряд шагов:

- **Ограничение видов деятельности.** В 2022 году Агентство инициировало внесение изменений в постановление правительства о перечне видов деятельности, осуществляемых государственными предприятиями, сократив их число с 410 до 365. Реформа 2024 года уточнила перечень, установив привязку к пятизначным кодам ОКЭД, а также определив географический охват и сроки действия. Такой целевой подход обеспечивает сохранение только стратегически необходимых государственных участников в сферах, где конкуренция отсутствует.
- **Приватизация.** В рамках более широкой программы экономической либерализации свыше 540 квазигосударственных организаций подлежат передаче в частный сектор. За процесс отвечает созданный в структуре Агентства Национальный офис по приватизации.
- **Контроль соблюдения требований.** Агентство регулярно проверяет соответствие деятельности государственных организаций утверждённым мандатам. В 2024 году по результатам проверок 793 организаций Агентство вынесло 331 предписание и привело в соответствие с законодательством о конкуренции 12 видов деятельности одного национального государственного предприятия.
- **Ограничение государственных заданий.** Поправки в Бюджетный кодекс РК сузили критерии отнесения услуг к «государственным заданиям», что уменьшило возможности для неконкурентных закупок.

Эти меры направлены на укрепление роли Агентства как системного регулятора, предотвращающего необоснованное расширение государственного сектора на конкурентные рынки, и на поддержку развития более динамичной экономики, основанной на развитии частного бизнеса.

Источник: информация, предоставленная Агентством.

Вставка 6.2. Телекоммуникационный сектор Казахстана: доминирование государства и усилия по приватизации

Телекоммуникационный рынок Казахстана характеризуется значительным присутствием государства. Доминирующим игроком на рынке является национальная компания АО «Казахтелеком», контрольный пакет акций которой принадлежит национальному холдингу «Самрук-Казына». АО «Казахтелеком» работает в нескольких сегментах, включая фиксированную телефонию, мобильную связь, доступ в интернет, ИТ-услуги и др.

Ряд сделок по слияниям и поглощениям привел к формированию высококонцентрированного рынка мобильной связи, который до недавнего времени контролировался АО «Казахтелеком». В 2016 году АО «Казахтелеком» и Tele2 Group создали совместное предприятие, объединив дочерние компании Altel и ТОО «Mobile Telecom Service». Долю в ТОО «Mobile Telecom Service» АО «Казахтелеком» продал Tele2 Group в 2010 году. В 2018 году АО «Казахтелеком» приобрел 75% акций АО «Kcell» – крупнейшего на тот момент оператора мобильной связи в Казахстане. В 2021 году АО «Казахтелеком» продал 24 %, сохранив контрольный пакет 51 %. После выхода Tele2 Group с рынка Казахстана в 2019 году АО «Казахтелеком» получил полный контроль над совместным предприятием Altel/Mobile Telecom Service.

Рынок мобильной связи Казахстана фактически стал трёхоператорным: АО «Казахтелеком» контролирует двух операторов – АО «Kcell» и Altel/Mobile Telecom Service – суммарно с долей 63% по данным годового отчета Агентства за 2023 год. Третьим оператором является Beeline с долей 37%.

Для сокращения присутствия государства в секторе телекоммуникаций Казахстан предпринял шаги к приватизации: в 2020 году принял новый Комплексный план приватизации на 2021–2025 годы, в который включили ТОО «Mobile Telecom Service» в список предприятий, подлежащих приватизации. Предполагалось завершить сделку посредством прямой продажи в 2024 году. Процесс был завершён в начале 2025 года, когда было объявлено, что «Казахтелеком» продал свою дочернюю компанию Mobile Telecom Service катарскому холдингу Power International Holding.

Источники: Казахтелеком (2023[1]), *Обзор рынка телекоммуникаций за 2023 год*, https://ar2023.telecom.kz/ru/overview-of-the-telecommunications-market-in-2023.html; Дичева (2025[2]), *Новости: Казахтелеком завершил продажу Tele2/ALTEL компании Power International Holding (PIH)*, https://www.towerxchange.com/article/2ebcafxcgqm6kbv17d0qo/news-kazakhtelecom-completes-tele2-altel-sale-to-power-international-holding-pih; Tele2 Group (2015[3]), *Tele2 и Казахтелеком объединяют мобильные операции в Казахстане*, https://www.tele2.com/media/news/2015/tele2-and-kazakhtelecom-to-combine-mobile-operations-in-kazakhstan/; Reuters (Reuters, 2018[4]), *Казахтелеком покупает 75% акций Kcell у Telia и Turkcell*, https://www.reuters.com/article/markets/kazakhtelecom-buys-75-pct-stake-in-kcell-from-telia-turkcell-idUSL8N1YH16S/; The Astana Times (2019[5]) *Tele2 AB выходит с рынка Казахстана*, https://astanatimes.com/2019/01/tele2-ab-telecom-operator-to-leave-kazakh-market/; Fitch Ratings (2021[6]), *Продажа доли в Kcell нейтральна для рейтингов Казахтелекома и Kcell*, https://www.fitchratings.com/research/corporate-finance/kcell-stake-sale-neutral-for-kazakhtelecom-s-kcell-ratings-05-10-2021; Mobile World Live (2009[7]), *Tele2 покупает контрольный пакет акций казахстанского оператора NEO*, https://www.mobileworldlive.com/europe/tele2-buys-majority-stake-in-kazakhstans-neo/; Power International Holding (2025[8]), *Power International Holding (PIH) завершил приобретение ТОО «Mobile Telecom Service (MTS)» у АО «Казахтелеком»*, https://powerholding-intl.com/2025/01/14/power-international-holding-pih-completes-the-acquisition-of-mobile-telecom-service-llp-mts-from-kazakhtelecom-jsc/; *Годовой отчет о развитии конкурентной политики в Казахстане: 2023 год* (2024[9]), DAF/COMP/AR(2024)47.

Вместе с тем, данная система имеет ограничения. Она применяется только к двум последним основаниям участия государства в экономике, не затрагивая первые три, что оставляет государственным органам широкие возможности для создания предприятий. Кроме того, поскольку закон с обратной силой легализовал государственные предприятия, созданные до 2020 года,

Агентство может контролировать лишь расширение или изменение деятельности существующих предприятий.

В последние годы предприняты шаги по дальнейшему ограничению сферы деятельности государственных предприятий. В 2024 году пересмотрен механизм определения видов экономической деятельности квазигосударственных организаций. Новый формат перечня разрешённых видов деятельности предусматривает установление индивидуальных перечней для каждой государственной компании, определение географических границ (регионов Республики Казахстан) и сроков присутствия предприятия (периода деятельности). [2] Кроме того, правительство ввело мораторий на создание новых ГП до 31 декабря 2026 года.[3]

6.1.2. Конкурентная нейтральность

Законодательство о конкуренции Казахстана в целом закрепляет равное отношение к частным и государственным предприятиям. Вместе с тем отдельные нормы нарушают принцип конкурентной нейтральности. Так, Статья 41 Бюджетного кодекса РК[4] предоставляет Правительству право возлагать на государственные предприятия выполнение отдельных государственных услуг или реализацию бюджетных инвестиционных проектов. К таким услугам и проектам, в частности, относятся аэрокосмическая деятельность, охрана окружающей среды, образование, наука, здравоохранение, культура и туризм, геологические исследования, строительство и содержание автомобильных дорог общего пользования (перечень не является исчерпывающим).

Процедура предоставления государственного задания является неконкурентной и не подпадает под действие законодательства о государственных закупках. Хотя закон требует от АЗРК подготовки заключения по каждому конкретному государственному заданию, сама концепция данного механизма несёт в себе антиконкурентные риски.

Кроме того, по информации Агентства, государственные предприятия нередко имеют доступ к бюджетным средствам и иным формам государственной поддержки, включая субсидии и налоговые льготы. Представители делового сообщества сообщили ОЭСР, что такие предприятия часто пользуются налоговыми освобождениями и получают кредиты по существенно более низким ставкам, чем частные компании, что затрудняет конкуренцию на равных условиях.

С другой стороны, существуют и практики, действующие в противоположном направлении. В ряде тендеров, где участвуют две частные компании и одно государственное предприятие, последнее автоматически исключается из участия. По информации Агентства, целью такой практики является сокращение роли государства в экономике. Однако она также ограничивает конкуренцию, поскольку исключает одного из потенциальных участников и может усиливать стимулы частных компаний к сговору.

Практическая реализация принципа конкурентной нейтральности в Казахстане остаётся недостаточно развитой. Интервью с заинтересованными сторонами показали, что большинство участников, включая сотрудников Агентства, не знакомы с определением «конкурентной нейтральности» и соответствующими материалами ОЭСР.

6.2. Государственные монополии и специальное право

6.2.1. Определение государственной монополии и специального права

В сферах, где реализация товаров на конкурентном рынке «может оказать негативное воздействие» на конституционный строй, национальную безопасность, общественный порядок, права и свободы человека и здоровье населения, государство имеет право ограничивать конкуренцию. Это может осуществляться двумя способами:[5]

- посредством установления исключительного права государства на производство, реализацию и/или закупку определённого товара *(государственная монополия),* или
- посредством предоставления исключительного права на производство, реализацию и/или закупку определённого товара конкретному субъекту рынка *(специальное право).* Субъекты, получившие такие права, именуются *едиными или национальными операторами или уполномоченными организациями.*

Субъектами государственной монополии могут быть только государственные предприятия, учреждённые Правительством Республики Казахстан. Субъектами специального права (едиными операторами) могут выступать государственные предприятия, акционерные общества или товарищества с ограниченной ответственностью, в которых государство прямо или косвенно владеет 100 % долей участия.

Изначально Предпринимательский кодекс РК регулировал исключительно государственные монополии. Однако, по данным Агентства, государственные органы стали предоставлять отдельным субъектам рынка исключительные права на реализацию определённых товаров, чтобы обойти процедуры государственных закупок. Такие единые операторы фактически функционировали как государственные монополии, но не подпадали под те же регуляторные требования. В 2021 году Агентство провело анализ и выявило более 50 субъектов, получивших исключительные права. В рамках пятого антимонопольного пакета в Предпринимательский кодекс РК были внесены поправки, закрепившие понятие «специальное право» и распространившие на единых операторов режим регулирования, применяемый к государственным монополиям. Вставка 6.2 иллюстрирует примеры таких субъектов.

Вставка 6.3. Примеры единых операторов в Казахстане

АО «Центр электронных финансов»

Компания предоставляет ИТ-решения для государственных органов и организаций в сфере управления государственными финансами. В 2021 году она была назначена Министерством здравоохранения единым оператором в области закупок лекарственных средств и медицинских изделий. Согласно Статье 249 Закона РК «О здоровье народа и системе здравоохранения» компания отвечает за разработку и сопровождение веб-портала для закупок лекарственных средств и медицинских изделий.

Институт законодательства и правовой информации Республики Казахстан

Государственная организация, оказывающая содействие в разработке законодательных и нормативных актов, проведении сравнительно-правовых исследований и оценке эффективности законодательства. Институт назначен единым оператором, в частности, для проведения лингвистической экспертизы проектов нормативных правовых актов, ведения государственного реестра нормативных актов и экспертизы проектов международных договоров.

Источники: Центр электронных финансов, https://www.ecc.kz/en/company/about; Институт законодательства и правовой информации Республики Казахстан,https://www.zqai.kz/ru/about; Государственный реестр субъектов государственной монополии и специального права, Кодекс Республики Казахстан от 7 июля 2020 года № 360-VI ЗРК.

6.2.2. Нормативно-правовая база для субъектов государственной монополии и единых операторов

При предоставлении государственной монополии или специального права государство обязано уведомить участников рынка не менее чем за шесть месяцев. В течение последующих шести месяцев другие субъекты сохраняют право на реализацию соответствующих товаров. Кроме того, другие субъекты рынка имеют право на компенсацию убытков, вызванных введением государственной монополии или назначением единого оператора.[6]

Деятельность субъектов государственной монополии и специального права подлежит строгому регулированию и ограничена установленной сферой. Осуществление иных видов деятельности запрещено, за исключением случаев стихийных бедствий и чрезвычайных ситуаций. Эти субъекты не могут владеть долями в других юридических лицах и не вправе передавать права, связанные с государственной монополией или специальным правом. Агентство отвечает за мониторинг соблюдения нормативных требований и в случае двух и более нарушений либо злоупотребления своим монопольным положением субъект может быть лишён специального права.

Государственные монополии и специальные права подлежат ценовому контролю Агентства.[7] При установлении цен они обязаны придерживаться утверждённых правил ценообразования.[8] Цены формируются на основе плановых затрат, включающих только издержки, непосредственно связанные с производством товаров или оказанием услуг (например, материальные затраты, расходы на ремонт, оплату труда и процентные платежи). Агентство уполномочено проверять соответствие цен установленным требованиям. Для целей мониторинга субъекты государственной монополии и единые операторы обязаны не менее, чем за 30 дней до изменения цены, уведомить о планируемом изменении и представить обосновывающие материалы.

Агентство ежегодно анализирует деятельность субъектов государственной монополии и специального права и может вносить в Правительство РК предложения о передаче отдельных видов деятельности в конкурентную среду.

6.2.3. Недавние изменения и их влияние на конкуренцию

Использование механизма единых операторов в Казахстане стало заметно более частым, что, учитывая их монополистическую природу, вызывает обеспокоенность с точки зрения рыночной конкуренции. Правительство продолжает создавать единых операторов (Elizarov, 2025[10]). Так, в декабре 2024 года был учреждён единый оператор системы учёта в сфере игорного бизнеса,[9] а также объявлено о создании нового единого оператора по обеспечению авиационным топливом.[10] Предоставление специальных прав устраняет конкуренцию и должно применяться лишь в исключительных случаях. Однако практика Казахстана пока не соответствует данному принципу.

По мере увеличения числа единых операторов складывается впечатление, что АЗРК затруднительно отслеживать все изменения. Агентство ведёт реестр субъектов государственной монополии и единых операторов, однако даже после его введения, в перечень не включены все операторы, выявленные при предыдущем анализе. По состоянию на январь 2025 года в реестре числились 18 субъектов государственной монополии и 22 единых оператора,[11] что не отражает фактическое количество таких субъектов в стране (Elizarov, 2025[10]).

Хотя регулирование деятельности единых операторов всё чаще принимает форму контроля цен, это во многом является необходимым следствием закрытия рынка, посредством предоставления специальных прав, которые искусственно создают монополии. В большинстве случаев контроль цен представляет собой «второе лучшее» решение и, безусловно, не является «первым наилучшим». В интересах потребителей, а также смежных рынков — как поставщиков, так и покупателей — рынки должны оставаться открытыми для конкуренции, поскольку именно рыночные механизмы снижают необходимость в жёстком ценовом регулировании. Кроме того, антимонопольные органы, как правило, не обладают достаточными ресурсами и инструментами для системного контроля цен наряду со своими основными функциями — обеспечением соблюдения законодательства о конкуренции и адвокатирования конкуренции.

6.3. Естественные монополии

6.3.1. Определение естественных монополий

Закон «О естественных монополиях»[12] 2018 года определяет естественную монополию как состояние рынка, при котором создание конкурентных условий для удовлетворения спроса на определённый вид товаров, работ или услуг невозможно или «экономически нецелесообразно». Такое состояние может быть обусловлено технологическими особенностями производства или предоставления соответствующих товаров, работ или услуг.[13] Это определение отличается от классического экономического понимания естественной монополии, при котором наличие только одного оператора объясняется природными или структурными факторами. Закон также содержит исчерпывающий перечень «регулируемых услуг», относимых к сфере естественных монополий:

1. транспортировка нефти и нефтепродуктов по магистральным трубопроводам (за исключением транзита и экспорта);
2. транспортировка сырого газа по соединительным газопроводам, транспортировка товарного газа по соединительным газопроводам, магистральным газопроводам и газораспределительным системам (за исключением транзита и экспорта), хранение товарного газа;
3. передача электрической энергии;
4. производство, передача, распределение и реализация тепловой энергией (за исключением выработки из грунтовых и водных источников);
5. техническое диспетчеризация отпуска и потребления электроэнергии в сеть;
6. балансирование производства и потребления электрической энергии;
7. магистральные железнодорожные сети;
8. перевозки железнодорожным транспортом в рамках государственно-частного партнёрства (при отсутствии альтернатив);
9. подъездные пути (при отсутствии альтернатив);
10. аэронавигация (за исключением международных и транзитных полётов);
11. порты (при отсутствии альтернатив);
12. аэропорты (за исключением транзитных и международных рейсов);
13. предоставление кабельной канализации в аренду или пользование (за исключением деятельности субъектов малого предпринимательства);
14. водоснабжение и водоотведение.

Вставка 6.4. Газовый сектор Казахстана как пример естественной монополии

Газовый сектор Казахстана высокоцентрализован и находится под преобладающим контролем государства. Ключевым игроком является АО «Национальная компания “QazaqGaz”» — вертикально интегрированная государственная газовая компания, работающая на нескольких стадиях цепочки создания стоимости: от разведки и добычи природного газа до транспортировки, распределения и продажи потребителям. АО «QazaqGaz» была создана в 2000 году под названием АО «КазТрансГаз» как дочернее предприятие национальной нефтяной компании АО «КазМунайГаз». В 2021 году её собственность была передана национальному холдингу «Самрук-Казына», после чего компания была переименована в АО «QazaqGaz». АО «QazaqGaz» имеет ряд дочерних компаний.

АО «QazaqGaz» назначена национальным оператором в газовой отрасли. В соответствии со Статьёй 15 Закона РК «О газе и газоснабжении» это предоставляет АО «QazaqGaz» преимущественное право закупки сырого и товарного газа у недропользователей в качестве единого оператора. Примечательно, что закупочные цены АО «QazaqGaz» жёстко регулируются и, по оценкам недропользователей, нередко оказываются убыточными.

Транспортировка сырого и товарного газа по трубопроводам и газораспределительным системам относится к сфере естественных монополий и регулируется Комитетом по регулированию естественных монополий РК, в том числе в части формирования и утверждения тарифов. К числу субъектов естественных монополий, осуществляющих транспортировку, относятся АО «Интергаз Центральная Азия», АО «КазТрансГаз Аймак», ТОО «Газопровод Бейнеу – Шымкент» и ТОО «Азиатский газопровод» — все они являются дочерними компаниями QazaqGaz.

На оптовом рынке товарный газ могут реализовывать национальный оператор, производители и владельцы товарного газа. Благодаря преимущественному праву АО «QazaqGaz» доминирует на оптовом уровне: по данным Агентства, в 2021 году 95 % товарного газа на оптовом рынке было реализовано АО «QazaqGaz». Хотя оптовый рынок формально более не относится к сфере естественных монополий, он остаётся объектом ценового регулирования в форме установления предельных цен (см. Раздел 6.4).

На розничном уровне продажей товарного газа занимаются газораспределительные организации (ГРО), владельцы автомобильных газонаполнительных компрессорных станций, а также производители товарного газа (в случае поставок промышленным потребителям, подключённым к магистральному газопроводу). Анализ Агентства 2023 года показал наличие 28 ГРО в Казахстане. Тем не менее проблемы конкуренции, возникающие «выше по цепочке», транслируются и на розничный сегмент. Так, в годовом отчёте Агентства за 2022 год отмечено, что 90 % газа, закупленного АО «QazaqGaz» по преимущественному праву, реализуется на розничном рынке её дочерней компанией АО «КазТрансГаз Аймак». В отчёте за 2023 год Агентство установило, что АО «КазТрансГаз Аймак» занимает монопольное положение на розничном рынке в 10 из 17 газифицированных регионов страны. Розничный рынок формально не является естественной монополией, однако отнесён к социально значимым рынкам и подлежит регулированию в форме предельных цен.

Источники: QazaqGaz, https://qazaqgaz.kz/ru/obshchaya-informaciya; Сатубалдина, (2023[11]), Газовая дилемма: богатая газовая промышленность Казахстана сталкивается с критическими проблемами, https://astanatimes.com/2023/04/gas-dilemma-abundant-gas-industry-in-kazakhstan-faces-critical-challenges/; ежегодные отчёты Агентства за 2022 и 2023 годы (Kazakhstan, 2024[9]; 2023[12]); Закон Республики Казахстан от 9 января 2012 года № 532-IV; Статья 23 Закона «О газе и газоснабжении».

Телекоммуникации и почтовые услуги были исключены из данного перечня в 2017 году.[14] Следует отметить, что многие из перечисленных секторов в странах ОЭСР и ряде других юрисдикций с 1990-х годов были открыты для конкуренции или подверглись структурному разделению, что позволило обеспечить конкуренцию на отдельных звеньях цепочки поставок. Все хозяйствующие субъекты, предоставляющие регулируемые услуги, подлежат включению в *Государственный регистр субъектов естественных монополий РК*. Хозяйствующий субъект может подать заявление в Комитет по регулированию естественных монополий РК о включении в регистр. При этом отсутствуют законодательные критерии для добавления новых секторов в перечень. При удовлетворении такого заявления субъект получает статус естественной монополии и право оказывать регулируемые услуги. Эта практика представляется антиконкурентной, поскольку ограничивает конкуренцию даже в тех сегментах, где она потенциально возможна. Целесообразно пересмотреть соответствующие подходы, включая определение рынков, на которых проведение тендеров могло бы привлечь внешних участников.

6.3.2. Комитет по регулированию естественных монополий РК

Взаимосвязь конкурентной политики и регулирования естественных монополий в Казахстане претерпевала значительные институциональные изменения. При введении регулирования естественных монополий в 1998 году надзорные функции возлагались на антимонопольный орган. В 2004 году функции защиты конкуренции были выделены в отдельное ведомство, и было создано Агентство по регулированию естественных монополий.[15] В 2014 году они вновь были объединены в структуре Министерства национальной экономики в составе Комитета по регулированию естественных монополий и защите конкуренции (КРЕМЗК). В 2019 году КРЕМЗК был разделён на три комитета, включая отдельные органы по вопросам конкуренции и по вопросам естественных монополий. В 2020 году создано Агентство по защите и развитию конкуренции (АЗРК) как независимый орган, тогда как Комитет по регулированию естественных монополий остался в структуре Министерства национальной экономики.

Комитет реализует государственную политику в соответствующей сфере, включая установление тарифов, утверждение типовых договоров, определение показателей качества, контроль соблюдения законодательства и ведение Государственного регистра субъектов естественных монополий. По своей структуре Комитет сопоставим с антимонопольным органом: он включает центральный аппарат и 20 региональных подразделений под руководством Председателя, его заместителей и руководителей территориальных департаментов.[16,17]

6.3.3. Нормативно-правовая база регулирования естественных монополий

Тарифное регулирование

Ключевым элементом регулирования естественных монополий является установление тарифов. Субъекты естественных монополий рассчитывают тарифы в соответствии с Правилами формирования тарифов, утверждёнными Министерством национальной экономики РК,[18] после чего подают заявку в Комитет по регулированию естественных монополий (Комитет) на их утверждение. Мониторинг поведения хозяйствующих субъектов в смежных сегментах, включая единых операторов, в пределах своей компетенции осуществляет АЗРК.

Закон РК «О естественных монополиях» предусматривает четыре метода тарифного регулирования:

- **затратный метод** — тариф определяется исходя из экономически обоснованных затрат и прибыли;
- **стимулирующий метод** — тариф учитывает показатели качества и надёжности регулируемых услуг, а также эффективность деятельности субъекта;
- **метод индексации** — применяется к субъектам малой мощности и предполагает ежегодную индексацию утверждённого тарифа не выше уровня, установленного Комитетом;
- **метод определения тарифа в рамках договора ГЧП** — тарифы устанавливаются выше уровня необходимых затрат с обеспечением возврата инвестиций и целевой рентабельности согласно ТЭО проекта государственно-частного партнёрства.

Срок утверждения тарифа зависит от применяемого метода: по затратному и стимулирующему методам — на пять лет, по методу индексации — на один год, по методу ГЧП — на срок действия договора ГЧП либо на меньший период. Учитывая рыночные колебания и неопределённость издержек, пятилетний горизонт может быть чрезмерно длительным, хотя изначально он призван защищать покупательную способность потребителей. Изменение утверждённого тарифа до истечения срока допускается лишь в исключительных случаях (например, изменение заработной платы, производственных затрат, налоговых ставок, введение чрезвычайного положения и т. п.).

Получение согласия на отдельные действия

Субъекты естественных монополий обязаны получать согласие Комитета на:

- совершение сделок с имуществом, используемым для предоставления регулируемых услуг (если балансовая стоимость имущества превышает 0,05% балансовой стоимости активов субъекта);
- реорганизацию или ликвидацию.

Перед совершением таких действий субъект естественной монополии подает заявление в Комитет. В согласии отказывают, если предполагаемые действия приведут к повышению тарифов, снижению качества регулируемой услуги, нарушению договорных обязательств перед потребителями, ущемлению прав и законных интересов потребителей либо если представленные документы содержат неполные или недостоверные сведения.

Обязательные услуги

Ряд регулирующих норм закреплён в Предпринимательском кодексе РК, что имеет институциональные последствия: полномочия по обеспечению исполнения этих норм возложены на Агентство (а не на Комитет). В соответствии со Статьёй 163-1 Предпринимательского кодекса РК субъекты естественных монополий и квазигосударственного сектора[19] обязаны оказывать обязательные услуги физическим и юридическим лицам.

Обязательные услуги — это деятельность субъектов естественных монополий и квазигоссектора, которая в соответствии с законодательством Республики Казахстан обязательна для физических и юридических лиц и подтверждает их право осуществлять деятельность.[20] К таким услугам относятся, в частности, выдача разрешений, технических условий, сертификатов. Подробный перечень обязательных услуг [21] утверждается Агентством и включает, среди прочего, выдачу технических условий на подключение к электрическим сетям и разрешений на проведение работ в охранной зоне магистрального трубопровода.

Полномочия Агентства по утверждению перечня и правил[22] предоставления обязательных услуг логически выходят за рамки классического антимонопольного правоприменения и рыночной конкуренции, что требует чёткого разграничения функций с профильными регуляторами.

6.4. Регулирование цен

В Казахстане действует разветвлённая система ценового регулирования. Цены устанавливаются не только в сферах государственных и естественных монополий, но и во многих иных сегментах экономики. Регулирование принимает различные формы, включая установление предельных (максимальных/минимальных) цен, а также применение формул ценообразования. Таблица 6.1 приводит некоторые товары и услуги, подпадающие под ценовое регулирование.[23]

Система ценового регулирования не является централизованной: в неё вовлечены различные органы. Так, цены на ряд лекарственных средств регулирует Министерство здравоохранения;

предельные отпускные цены производителей электрической энергии — Министерство энергетики; предельные розничные цены на электроэнергию и тарифы естественных монополий — Комитет по регулированию естественных монополий. В отдельных случаях полномочиями по установлению предельных цен (например, на социально значимые продукты питания) обладают местные исполнительные органы.

Агентство активно участвует в регулировании цен. Его деятельность условно делится на две группы: прямое и косвенное ценовое регулирование.

Таблица 6.1. Товарные рынки, подлежащие ценовому регулированию в Казахстане

Товарный рынок	Вид ценового регулирования
Социально значимые продукты питания (например, пшеничная мука, пшеничный хлеб, рис, картофель, лук, белый сахар, подсолнечное масло, говядина, курица, молоко, масло сливочное, куриные яйца и соль)	предельные цены
Товары и услуги субъектов естественных монополий	формулы ценообразования (подлежат утверждению)
Товары и услуги субъектов государственных монополий и субъектов специального права	формулы ценообразования (подлежат утверждению)
Нефтепродукты (опт и розница)	предельные цены
Лекарственные средства	предельные цены
Водка, крепкие спиртные напитки, коньяк и бренди	минимальные цены
Сигареты, сигариллы и табачные изделия с нагреваемым табаком	минимальные цены
Товары и услуги на рынках, не относящихся к естественным монополиям, в период чрезвычайных ситуаций, стихийных бедствий, а также по соображениям национальной безопасности	предельные цены
Товарный и сжиженный нефтяной газ	предельные цены
Сырой и товарный газ, закупаемый национальным оператором на основании преимущественного права государства	формулы ценообразования
Продукция производителей электрической энергии	предельные цены
Субсидируемые услуги в сфере почты, связи и транспорта	предельные цены
Товары и услуги на «социально значимых рынках», включая розничную продажу электроэнергии и товарного газа, услуги аэропортов на внутренних рейсах и железнодорожные перевозки	предельные цены
Аренда имущества для размещения объектов связи и прокладки волоконно-оптических линий связи	предельные цены

Источники: Статья 116 Предпринимательского кодекса РК и различные подзаконные акты о ценовом регулировании отдельных категорий; Приказ Заместителя Премьер-Министра — Министра торговли и интеграции Республики Казахстан от 11 мая 2023 года № 166-НҚ.

Прямое ценовое регулирование. Речь идёт о случаях, когда Агентство уполномочено устанавливать и/или утверждать цены. Основной блок полномочий касается цен субъектов государственных монополий и единых операторов (см. Раздел 6.2.2), где Агентство утверждает правила формирования цен и контролирует их соблюдение. Второе направление — временное регулирование цен в условиях чрезвычайных ситуаций и стихийных бедствий:[24] предельные цены могут вводиться в отношении всего товарного рынка либо отдельных хозяйствующих субъектов. В последнем случае Агентство запрашивает документы, позволяющие адаптировать цену к специфике субъекта (издержки, необходимый уровень прибыли, инвестиционные планы). Агентство вправе вводить временное регулирование цен по решению Президента или Премьер-Министра, а также по собственной инициативе. С конца 2020 года, после пандемии COVID-19, Агентство стало со-регулятором цен на фармацевтическую продукцию и медицинские изделия; в настоящее время регулируются цены примерно на 6 060 лекарственных препаратов.

Косвенное ценовое регулирование. Применяется, когда Агентство само цены не устанавливает, но влияет на их динамику. Используются два основных механизма: во-первых, правоприменение в сфере конкуренции, в первую очередь нормы о злоупотреблении доминирующим (монопольным) положением. Понятие «монопольно высоких цен» трактуется широко и используется для мониторинга и расследования случаев повышения цен (см. Раздел 4.4.3.), что оказывает сдерживающее воздействие на ценообразование. Во-вторых, Агентство вправе рекомендовать Правительству введение ценового регулирования в отдельных секторах. По результатам консультаций со стейкхолдерами известно, что недавно Агентство предлагало ввести регулирование цен на уголь для энергопроизводящих организаций, а также на услуги, технологически связанные с регулируемыми услугами субъектов естественных монополий.[25]

Кроме того, Агентство сообщило, что дополнительным инструментом косвенного воздействия на цены выступают меры нетарифного регулирования внешней торговли (например, запреты и фитосанитарные ограничения в агропромышленном комплексе).

Хотя ценовое регулирование в целом направлено на защиту покупательной способности населения и, в ряде случаев, поддержку национальной промышленности, оно неизбежно порождает рыночные искажения. В Казахстане ценовое регулирование выглядит не только всеобъемлющим, но и расширяющимся по охвату товаров и секторов. Более того, расширение практики предоставления специальных прав, по меньшей мере, нейтрализует, а в худшем случае — подрывает усилия по приватизации, которые при успешной реализации могли бы способствовать формированию конкурентной среды и последовательному сокращению потребности в ценовом контроле.

Отмечается смешение функций Агентства: его приоритетной задачей должно оставаться правоприменение в сфере конкуренции в интересах потребителей и развития активной рыночной экономики, а не прямое или косвенное регулирование цен. Установление и администрирование цен целесообразно ограничивать по объёму и срокам и, по возможности, закреплять за профильными регуляторами.

Агентство указывает, что Правительством Республики Казахстан подготовлен ряд поправок, направленных на отмену пороговых и предельно допустимых розничных цен на социально значимые продукты питания, со сроком вступления в силу 31 декабря 2025 года. Ожидается, что данные изменения сократят прямое государственное вмешательство в формирование цен на базовые продукты при сохранении надзора за недопущением необоснованного роста цен посредством иных рыночных механизмов (например, регулирования торговых надбавок).

6.5. Товарные биржи

Помимо регулирования государственных и естественных монополий, а также цен на отдельные рынки, государство участвует в предпринимательской деятельности и иными способами. Один из таких инструментов — создание товарных бирж.

Товарные биржи представляют собой площадки для торговли определёнными видами товаров. Торги проводятся в электронной форме путём подачи заявок и осуществляются дилерами или через брокеров. В соответствии со Статьёй 6 Закона РК «О товарных биржах»[26] товарные биржи создаются в форме акционерных обществ и обеспечивают организационное и техническое сопровождение биржевой торговли.

В настоящее время в Казахстане действуют восемь товарных бирж: пять стандартизированных (торговля пшеницей, цементом, сахаром, углём и нефтепродуктами) и три нестандартизированные (спецтехника, оборудование и запасные части). В 2024 году общий объём сделок, заключённых через товарные биржи, составил 1,9 трлн тенге (около 4 млрд долл. США). За Агентством по защите и развитию конкуренции закреплены несколько функций, связанных с регулированием товарных бирж.[27] Эти функции реализуются Департаментом биржевого контроля АЗРК и включают выдачу лицензий товарным биржам, предоставляющих право осуществлять биржевую торговлю; контроль за деятельностью товарных бирж и соблюдением законодательства Республики Казахстан, включая требования по противодействию легализации (отмыванию) доходов и финансированию терроризма; а также участие в подготовке законодательных поправок по вопросам биржевой деятельности.

Департамент биржевого контроля выполняет задачи, направленные на обеспечение равного доступа к торгам для всех участников и на поддержание конкурентной среды в процессе торгов — с учётом специфики обращающихся товаров (например, угля, нефтепродуктов и др.). Однако ни одна из этих функций напрямую не относится к правоприменению в сфере конкуренции. По информации Агентства, развитие биржевой торговли в Казахстане ориентировано преимущественно на стимулирование конкуренции между участниками торгов, а не между самими товарными биржами (ранее в Казахстане действовало порядка 23 так называемых «карманных» бирж), и текущие реформы направлены на консолидацию и повышение прозрачности торгов.

Тем не менее возникают вопросы, почему антимонопольный орган, основной задачей которого является обеспечение конкуренции, одновременно выполняет функции лицензирования, регулирования доступа и контроля за исполнением требований законодательства в сфере противодействия отмыванию доходов. Эти функции характерны для профильного финансового или отраслевого регулятора, а не антимонопольного органа и иллюстрируют восприятие АЗРК в Казахстане как универсального рыночного регулятора, а не специализированного антимонопольного органа по защите конкуренции.

В будущем Казахстан планирует расширять сферу биржевой торговли, распространив её на новые категории продукции.

6.6. Государственные меры поддержки частного предпринимательства

В Казахстане действует разветвлённая система государственной поддержки, направленная на стимулирование развития частного предпринимательства.[28] Система государственной поддержки охватывает малый и средний бизнес, сельское хозяйство, инновационную и творческую деятельность, инвестиции, отечественное производство, жилищное строительство, туризм, а также специальные экономические и индустриальные зоны.[29] Политика государственной поддержка реализуется Министерством национальной экономики Республики Казахстан.

Существуют четыре основных формы государственной поддержки:[30]

1. **Финансовая поддержка.** Включает широкий спектр инструментов, таких как: (i) предоставление государственных грантов; (ii) государственные займов; (iii) субсидирование процентных ставок по кредитам или купонного вознаграждения по облигациям; (iv) возмещение или субсидирование расходов; (v) частичное гарантирование кредитов; и (vi) закуп гарантированного объёма товаров. Финансовая поддержка осуществляется через специальный фонд развития предпринимательства.
2. **Инфраструктурная поддержка.** Включает помощь в организации бизнеса, юридическое, маркетинговое и управленческое сопровождение, а также содействие в предоставлении материальных, технических и иных ресурсов. В рамках этой поддержки создаются центры обслуживания предпринимателей и бизнес-инкубаторы.
3. **Институциональная поддержка.** Реализуется через создание специализированных институтов, включая научно-исследовательские центры и организации, занимающиеся анализом и разработкой решений по развитию предпринимательства.
4. **Нефинансовая поддержка.** Охватывает проведение обучающих семинаров, выпуск методических пособий и аналитических материалов, продвижение передовых зарубежных

технологий, поддержку экспорта отечественных товаров и популяризацию частного предпринимательства.

Поскольку меры государственной поддержки могут искажать конкурентную среду, АЗРК уполномочено согласовывать введение новых мер государственной поддержки, а также проекты нормативных актов, регулирующих порядок их предоставления. Кроме того, Агентство вправе контролировать процесс предоставления господдержки, в том числе на предмет обеспечения равного доступа к мерам поддержки для всех субъектов рынка. При выявлении нарушений применяется процедура, предусмотренная Статьёй 194 ПК, в отношении антиконкурентных действий государственных органов. Процесс включает направление уведомления соответствующему органу, последующее расследование и, при необходимости, привлечение к административной ответственности.

В последние годы Агентство выявляло случаи фаворитизма и предоставления конкурентных преимуществ отдельным участникам при распределении господдержки. Например, приоритетное и ускоренное рассмотрение заявок отдельных компаний было квалифицировано как потенциальное нарушение. Агентство направило уведомления операторам господдержки, где были выявлены подобные признаки.

Вместе с тем в Казахстане отсутствует комплексное применение принципов конкурентной нейтральности на уровне всей системы государственного управления, которое обеспечивало бы поддержку усилий Агентства. В частности, в сельском хозяйстве местные производители получают значительные субсидии, что делает иных участников рынка менее конкурентоспособными. Избирательный характер предоставления господдержки создаёт барьеры для конкуренции и снижает эффективность распределения ресурсов.

Источники

Dicheva, N. (2025), *News: Kazakhtelecom completes Tele2/ALTEL sale to Power International Holding (PIH)*, https://www.towerxchange.com/article/2ebcafxcgqm6kbv17d0qo/news-kazakhtelecom-completes-tele2-altel-sale-to-power-international-holding-pih. [2]

Elizarov, M. (2025), *The government stubbornly ignores the president's ban on the creation of single operators*, https://exclusive.kz/pravitelstvo-uporno-ignoriruet-zapret-prezidenta-na-sozdanie-edinyh-operatorov/ (accessed on 3 February 2025). [10]

Fitch Ratings (2021), *Kcell Stake Sale Neutral for Kazakhtelecom's, Kcell's Ratings*, https://www.fitchratings.com/research/corporate-finance/kcell-stake-sale-neutral-for-kazakhtelecom-s-kcell-ratings-05-10-2021. [6]

Kazakhstan (2024), *Annual Report on Competition Policy Developments in Kazakhstan: 2023*, https://one.oecd.org/document/DAF/COMP/AR(2024)47/en/pdf. [9]

Kazakhstan (2023), *Annual Report on Competition Policy Developments in Kazakhstan: 2022*, https://one.oecd.org/document/DAF/COMP/AR(2023)47/en/pdf. [12]

Kazakhtelecom (2023), *Overview of the 2023 telecoms market*, https://ar2023.telecom.kz/en/overview-of-the-telecommunications-market-in-2023.html (accessed on 5 March 2025). [1]

Mobile World Live (2009), *Tele2 buys majority stake in Kazakhstans NEO*, https://www.mobileworldlive.com/europe/tele2-buys-majority-stake-in-kazakhstans-neo/. [7]

Power International Holding (2025), *Power International Holding (PIH) completes the acquisition of Mobile Telecom – Service LLP (MTS) from Kazakhtelecom JSC*, https://powerholding-intl.com/2025/01/14/power-international-holding-pih-completes-the-acquisition-of-mobile-telecom-service-llp-mts-from-kazakhtelecom-jsc/. [8]

Reuters (2018), *Kazakhtelecom buys 75 pct stake in Kcell from Telia, Turkcell*, https://www.reuters.com/article/markets/kazakhtelecom-buys-75-pct-stake-in-kcell-from-telia-turkcell-idUSL8N1YH16S/. [4]

Satubaldina, A. (2023), "Gas Dilemma: Abundant Gas Industry in Kazakhstan Faces Critical Challenges", *The Astana Times*, https://astanatimes.com/2023/04/gas-dilemma-abundant-gas-industry-in-kazakhstan-faces-critical-challenges/ (accessed on 5 March 2025). [11]

Tele2 Group (2015), *Tele2 and Kazakhtelecom to combine mobile operations in Kazakhstan*, https://www.tele2.com/media/news/2015/tele2-and-kazakhtelecom-to-combine-mobile-operations-in-kazakhstan/. [3]

The Astana Times (2019), *Tele2 AB telecom operator to leave Kazakh market*, https://astanatimes.com/2019/01/tele2-ab-telecom-operator-to-leave-kazakh-market/. [5]

Примечания

[1] Постановление Правительства Республики Казахстан от 28 декабря 2015 года № 1095.

[2] Указ Президента Республики Казахстан от 8 мая 2024 года № 542.

[3] Постановление Правительства Республики Казахстан от 21 августа 2024 года № 678.

[4] Кодекс Республики Казахстан от 4 декабря 2008 года № 95-IV.

[5] Статья 193 Предпринимательского кодекса РК.

[6] Статья 193(10) Предпринимательского кодекса РК.

[7] Статья 120 Предпринимательского кодекса РК.

[8] Приказ Министра национальной экономики Республики Казахстан от 15 марта 2016 года № 134.

[9] Постановление Правительства Республики Казахстан от 20 декабря 2024 года № 1087.

[10] См. https://vlast.kz/novosti/63181-mintransporta-planiruet-opredelit-edinogo-operatora-po-aviatoplivu-dla-resenia-problemy-deficita.html.

[11] См. https://www.gov.kz/memleket/entities/zk/documents/details/781858?lang=ru.

[12] Закон Республики Казахстан от 27 декабря 2018 года № 204-VI ЗРК.

[13] Статья 4 Закона РК «О естественных монополиях».

[14] Закон Республики Казахстан от 28 декабря 2016 года № 34-VI.

[15] Указ Президента Республики Казахстан от 29 сентября 2004 года № 1449.

[16] Приказ Министра национальной экономики Республики Казахстан от 29 июля 2019 года № 190.

[17] Статья 8 Закона РК «О естественных монополиях».

[18] Приказ Министра национальной экономики Республики Казахстан от 19 ноября 2019 года № 90.

[19] Квазигосударственные субъекты — государственные предприятия, товарищества с ограниченной ответственностью, акционерные общества, включая национальные управляющие холдинги, национальные холдинги, национальные компании, учредителем или акционером которых является государство. По своей сути данный термин совпадает с понятием ГП (государственные предприятия).

[20] Статья 163-1(2) Предпринимательского кодекса РК.

[21] Приказ Председателя Агентства по защите и развитию конкуренции Республики Казахстан от 12 июля 2023 года № 9.

[22] Приказ Министра национальной экономики Республики Казахстан от 16 января 2019 года № 6.

[23] Статья 116 Предпринимательского кодекса РК.

[24] Приказ Министра национальной экономики Республики Казахстан от 16 июня 2016 года № 262.

[25] Законопроект «О внесении изменений и дополнений в некоторые законодательные акты Республики Казахстан по вопросам развития конкуренции».

[26] Закон Республики Казахстан от 4 мая 2009 года № 155-IV.

[27] Статья 4-3 Закона РК «О товарных биржах».

[28] Статья 91 Предпринимательского кодекса РК.

[29] Статья 92 Предпринимательского кодекса РК.

[30] Статьи 93-97 Предпринимательского кодекса РК.

7 Адвокатирование конкуренции

В данной главе рассматриваются инструменты адвокатирования конкуренции, применяемые в Казахстане, включая оценку воздействия на конкуренцию, проведение рыночного анализа, использование проактивных инструментов политики и меры по повышению осведомлённости заинтересованных сторон. Также подчёркивается необходимость более активного и экономически обоснованного подхода к адвокатированию конкуренции в целях поддержки эффективного правоприменения и формирования конкурентной культуры.

7.1. Оценка воздействия на конкуренцию

В Казахстане анализ и оценка проектов нормативных правовых актов были впервые введены в 1998 году и получили дальнейшее развитие с принятием Предпринимательского кодекса Республики Казахстан 2015 года (Akhmetzhanova, Mukhamedzhanova and Ten, 2017[1]). Статья 83 ПК определяет анализ регуляторного воздействия (АРВ) как «аналитическую процедуру сопоставления выгод и затрат от вводимого регуляторного инструмента с целью повышения действенности и результативности государственной политики». Проведение АРВ является обязательным перед принятием любого нового регуляторного инструмента, а также при изменении действующих, если предполагается ужесточение регулирования. АРВ проводится государственными органами, разрабатывающими проекты нормативных правовых актов (Akhmetzhanova, Mukhamedzhanova and Ten, 2017[1]).

В 2022 году, в рамках пятого антимонопольного пакета,[1] статья 83 была дополнена и обеспечила прямую правовую основу для оценки воздействия на конкуренцию в составе АРВ. По своей сути, такая оценка представляет собой анализ влияния регуляторного инструмента на конкурентную среду. Этот подход соответствует Рекомендации ОЭСР по оценке конкуренции [OECD/LEGAL/0455] и считается рекомендуемой практикой для всех стран — членов ОЭСР. Оценка воздействия на конкуренцию может проводиться как до принятия нормативного акта, так и после его вступления в силу. В 2023 году Агентство по защите и развитию конкуренции утвердило Правила проведения оценки воздействия на конкуренцию.[2]

Государственный орган, разрабатывающий нормативный правовой акт, обязан направить его проект в Агентство. Если Агентство установит, что проект может неблагоприятно сказаться на конкуренции, разработчик должен представить альтернативные варианты регулирования, позволяющие достичь поставленных целей при меньших негативных последствиях для конкурентной среды. Если такие альтернативы отсутствуют, разработчик обязан представить мотивированное обоснование. После получения проекта Агентство проводит оценку воздействия на конкуренцию в течение 15 рабочих дней; при необходимости этот срок может быть продлён ещё на 15 рабочих дней.[3] Кроме того, представители бизнеса могут обратиться в Агентство с предложением провести оценку воздействия на конкуренцию в отношении действующих нормативных актов, которые, по их мнению, оказывают отрицательное влияние на конкуренцию. На практике Агентство в значительной степени полагается на обращения бизнеса и пользователей, а не на систематический проактивный анализ законодательства.

Процедура проведения оценки воздействия на конкуренцию представлена на Рисунке 7.1. По результатам анализа Агентство выносит заключение об оценке воздействия на конкуренцию. Эти заключения носят рекомендательный характер. По состоянию на настоящее время Агентством подготовлено 17 таких заключений.

В структуре Агентства отсутствует отдельное подразделение, ответственное исключительно за проведение оценки воздействия на конкуренцию, однако в этот процесс вовлекаются различные структурные единицы. Первичную оценку осуществляют отраслевые департаменты Агентства, сотрудники которых также занимаются анализом рынков, рассмотрением вопросов экономической концентрации, расследованием нарушений законодательства о конкуренции и мониторингом регулируемых цен. В процесс также вовлечены другие подразделения, включая Совет по барьерам и Аналитический исследовательский центр развития конкуренции.

Полный пакет АРВ проекта нормативного правового акта, включая оценку воздействия на конкуренцию, рассматривается Межведомственной комиссией по регулированию предпринимательской деятельности.[4] Комиссия выносит заключение, а в случае несогласия с выводами Агентства может провести альтернативный анализ регуляторного воздействия.

Рисунок 7.1. Методология проведения оценки воздействия на конкуренцию

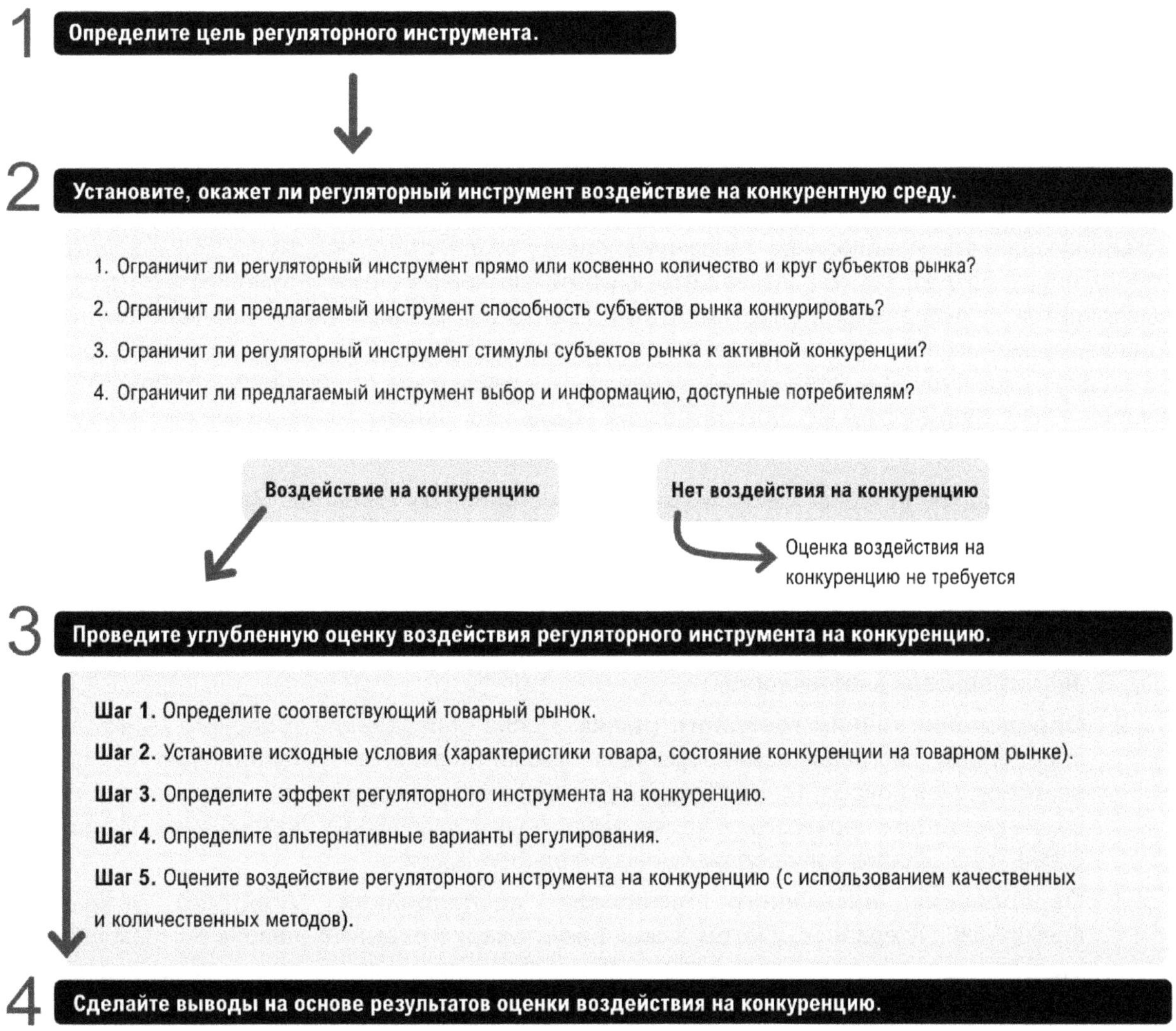

Источник: Правила проведения оценки воздействия на конкуренцию, https://adilet.zan.kz/rus/docs/G23X0000198.

Важно чётко различать оценку воздействия на конкуренцию и полномочия Агентства предотвращению антиконкурентных действий государственных органов. В отличие от некоторых зарубежных юрисдикций, Агентство не обладает полномочиями препятствовать принятию нормативного правового акта, даже если его воздействие на конкуренцию является негативным; его роль ограничивается консультативной функцией. Запрет антиконкурентных действий государственных органов, напротив, представляет собой более действенный инструмент, позволяющий Агентству выявлять практики и соглашения, оказывающие антиконкурентное воздействие, и признавать их недействительными. Таким образом, оценка воздействия на конкуренцию выполняет превентивную (*ex ante*) функцию, тогда как запрет антиконкурентных действий государственных органов применяется *ex post*. На практике это может приводить к ситуациям, когда, несмотря на проведённую оценку воздействия на конкуренцию и вынесенные рекомендации Агентства, нормативный акт всё же принимается, после чего Агентство вынуждено направлять уведомление в соответствующий государственный орган уже в рамках процедуры по Статье 194 ПК.

7.2. Анализ рынка

Агентство наделено полномочиями проводить «анализ состояния конкуренции на товарных рынках».[5] Правовая база Казахстана предусматривает несколько целей проведения такого анализа, включая: определение уровня конкуренции на рынке; выявление субъектов, занимающих доминирующее или монопольное положение; оценку воздействия экономической концентрации на конкуренцию; разработку мер по защите и развитию конкуренции. Большинство исследований выполняется отраслевыми департаментами Агентства, однако часть анализа осуществляет Аналитический исследовательский центр развития конкуренции. Поскольку этот центр формально не входит в структуру Агентства, остаётся неясным, в какой мере Агентство может опираться на его выводы при формировании доказательной базы по делам о нарушениях конкурентного законодательства.

Агентство утвердило несколько методик анализа состояния конкуренции. Наиболее общая[6] из них включает восемь этапов:

1. **Определение критерии взаимозаменяемости товаров.** Агентство анализирует характеристики товара, влияющие на выбор потребителя, и определяет потенциально взаимозаменяемые товары. Применяются тест гипотетического монополиста (SSNIP-тест) и анализ ценовой эластичности.
2. **Определение границ товарного рынка.** После определения товарного рынка Агентство определяет географические границы рынка, которые устанавливаются с учётом возможностей приобретения товара на определённой территории, транспортных расходов, сохранности при перевозке, а также импортных и экспортных ограничений. Используются SSNIP-тест, анализ зон продаж и ценовой эластичности.
3. **Определение временного интервала исследования.** Агентство устанавливает временной интервал с учетом специфики товарного рынка (например, сезонность или стабильность товаров, периоды минимального или максимального спроса) и доступности информации.
4. **Определение состава субъектов рынка.** Агентство выявляет всех хозяйствующих субъектов, действующих на соответствующем рынке, и проводит их идентификацию.
5. **Расчет объёма товарного рынка и долей субъектов рынка.** Объём рынка определяется как совокупный объём продаж всех участников. Рыночная доля рассчитывается как отношение объёма продаж субъекта к общему объёму рынка.
6. **Оценка состояния конкурентной среды.** Рассчитываются коэффициенты концентрации (CR3, CR4), анализируются динамика цен, открытость рынка, частота входа новых игроков, уровень технологического развития, инновационная активность и независимость конкурентов. При необходимости применяется индекс Лернера.
7. **Оценка барьеров входа.** Анализируются экономические, административные, технологические и правовые препятствия и оценивается возможность их преодоления.
8. **Формирование выводов по результатам анализа.** По итогам анализа подготавливается заключение, включающее выводы и рекомендации по развитию конкуренции. Заключение утверждается руководителем структурного или регионального подразделения и публикуется на сайте Агентства.

Отдельные методики применяются для рынков финансовых услуг[7] и рынков, на которых планируется создание новых государственных предприятий, которые принадлежат государству[8] либо Национальному банку Казахстана.[9]

Хотя указанные методики в целом соответствуют международной практике и предусматривают элементы экономического анализа, фактически проводимые Агентством исследования не являются полноценными рыночными исследованиями (market studies) или рыночными расследованиями (market inquiries) в понимании большинства стран ОЭСР. Как показали интервью с заинтересованными сторонами, Агентство часто применяет структурные признаки и опирается преимущественно на рыночные доли, показатели концентрации и уровни цен, не проводя комплексного анализа причинно-следственных связей и конкурентной динамики.

Кроме того, при определении географических границ рынков Агентство зачастую использует административные границы регионов Казахстана без учёта фактических экономических реалий — например, того, что потребители приграничных районов совершают покупки в соседних регионах или за пределами страны. В результате анализ состояния конкуренции представляет собой скорее мониторинг рынка на основе ограниченного набора индикаторов[10] (рыночные доли, концентрация, цены), нежели комплексное рыночное исследование, направленное на глубокое понимание механизмов конкуренции. В этой связи ряд заинтересованных сторон выражают неудовлетворённость, считая такие анализы упрощёнными и недостаточно глубокими.

Согласно законодательству, различаются два типа анализов состояния конкуренции: плановые и внеплановые (*ad hoc*). Плановые анализы утверждаются заранее. В конце календарного года Председатель Агентства утверждает список анализов на следующий год[11], который публикуется на сайте Агентства в январе каждого года. Методика устанавливает критерии отбора рынков, включая: (i) социальную значимость товара; (ii) поручения Президента; (iii) поручения руководства Агентства (для территориальных органов); (iv) жалобы физических и юридических лиц; (v) влияние рынков ЕАЭС на национальные рынки; (vi) импортозависимость свыше 35 %; (vii) влияние на потребительскую корзину; (viii) изменения законодательства и др.[12] Агентство обязано следовать этим критериям при выборе товарных рынков для проведения анализа рынка. Внеплановые (*ad hoc*) анализы могут быть инициированы Председателем Агентства либо руководителями региональных подразделений.

Сроки проведения рыночного анализа в Казахстане ограничены. Ранее они составляли 12 месяцев, однако впоследствии были сокращены. В настоящее время плановые рыночные анализы должны проводиться в течение 6 месяцев, а внеплановые — в течение 3 месяцев. Для рынков финансовых услуг срок проведения рыночного анализа по-прежнему составляет 12 месяцев.

Такие сроки являются весьма короткими. По информации Агентства, сокращение было связано с необходимостью оперативного реагирования на антиконкурентное поведение в условиях пандемии COVID-19, а также после январских событий 2022 года, приведших к усилению роли государства в экономике.

Сроки проведения анализов состояния конкуренции в Казахстане значительно короче, чем в странах ОЭСР. Агентство объясняет это повышением уровня цифровизации, ускоряющей аналитические процессы. Вместе с тем остаётся неясным, почему столь сжатые сроки считаются необходимыми во всех случаях — независимо от специфики рынка или продукта — и почему они закреплены именно в законодательстве, а не устанавливаются внутренними актами Агентства с учётом конкретных обстоятельств. Поскольку сроки закреплены законодательно, это ограничивает гибкость Агентства.

По утверждению Агентства, сокращение сроков проведения оценки конкуренции — с 12 до 6 месяцев для плановых анализов и до 3 месяцев для внеплановых — объясняется рядом факторов:

относительно небольшим числом средних и крупных предприятий в Казахстане (всего около 0,5 % от общего числа предприятий), меньшими масштабами товарных рынков по сравнению с развитыми экономиками, использованием цифровых инструментов, ускоряющих сбор данных, а также ростом глобальной волатильности, вызывающей быстрые изменения в структуре рынков.

Заинтересованные стороны также отмечали недостаточную прозрачность процесса анализа состояния конкуренции. В отдельных случаях такие анализы вовсе не публикуются либо размещаются только в виде кратких резюме. Учитывая, что анализ состояния конкуренции может представлять ценность для субъектов рынка, государственных органов и широкой общественности, полная публикация таких анализов является желательной.

7.3. Проактивная конкурентная политика

Агентство располагает рядом проактивных инструментов, направленных на вызовы в сфере конкуренции и предотвращение потенциального антиконкурентного поведения. К инструментам проактивной конкурентной политики (инструментам *«мягкого права»*) относятся антимонопольный комплаенс, предупреждения и предварительное рассмотрение соглашений.

7.3.1. Антимонопольный комплаенс

В рамках второго антимонопольного пакета[13] в Предпринимательский кодекс (Статья 195–1) была введена система мер по предупреждению нарушений законодательства о конкуренции — антимонопольный комплаенс. В её рамках субъекты рынка могут принимать внешние и внутренние акты антимонопольного комплаенса, направленные на предотвращение возможных нарушений. Подходы и последствия применения внешних и внутренних актов различаются.

Внешний акт антимонопольного комплаенса

Внешний акт антимонопольного комплаенса определяет «политику и правила добросовестной конкуренции субъекта рынка на соответствующем товарном рынке»[14] и закрепляет модель поведения, соответствующую законодательству о конкуренции (Medeubayeva, 2021[2]). Он представляет собой интерпретацию норм законодательства применительно к конкретным бизнес-практикам — например, ценообразованию, продажам, взаимодействию с клиентами и конкурентами.

Субъект рынка вправе направить проект внешнего акта в Агентство для оценки его соответствия законодательству Казахстана о конкуренции. Если акт признан соответствующим, он служит официальным разъяснением для конкретного случая или субъекта.[15] Однако иммунитета от ответственности такой акт не предоставляет: при наличии признаков нарушения Агентство всё равно может инициировать расследование. Практическая ценность механизма, таким образом, ограничена, поскольку он не обеспечивает *«безопасной гавани»*.

Агентство рассматривает антимонопольный комплаенс как инструмент повышения осведомлённости компаний о рисках и стимулирования ответственного поведения. Однако высокая нагрузка по рассмотрению актов (Рисунок 7.2, Вставка 7.1) ставит под сомнение эффективность механизма. Проверка актов потребляет существенные ресурсы и отвлекает внимание от антимонопольного правоприменения. Растущая административная нагрузка ограничивает возможности Агентства по расследованию нарушений. Неочевидно, оправдывают ли выгоды затраты. Агентству целесообразно провести оценку эффективности системы и рассмотреть вопрос об её упразднении или ограничении применения, например, через введение административного сбора. Более предпочтительным является данного инструмента, что позволит компаниям самим нести ответственность за оценку соответствия. Альтернативно, введение административного сбора, может сократить количество необоснованных заявок.

В 2017 году Министерство национальной экономики утвердило типовой внешний акт антимонопольного комплаенса в двух версиях — для внутренних и для трансграничных субъектов рынка.[16] Документ закрепляет намерение компании: (i) соблюдать добросовестную конкуренцию, (ii) предотвращать ущерб конкуренции или иным субъектам, (iii) обеспечивать равные условия для всех участников рынка. Основу акта составляет перечень антиконкурентных соглашений и практик, которых компания обязуется избегать. Однако перечень носит общий характер и фактически дублирует стандартные запреты из Предпринимательского кодекса РК. Более конкретное описание типовых ситуаций повысило бы его практическую ценность и сократило нагрузку на Агентство при оценке таких актов.

Рисунок 7.2. Запросы на внешние акты антимонопольного комплаенса

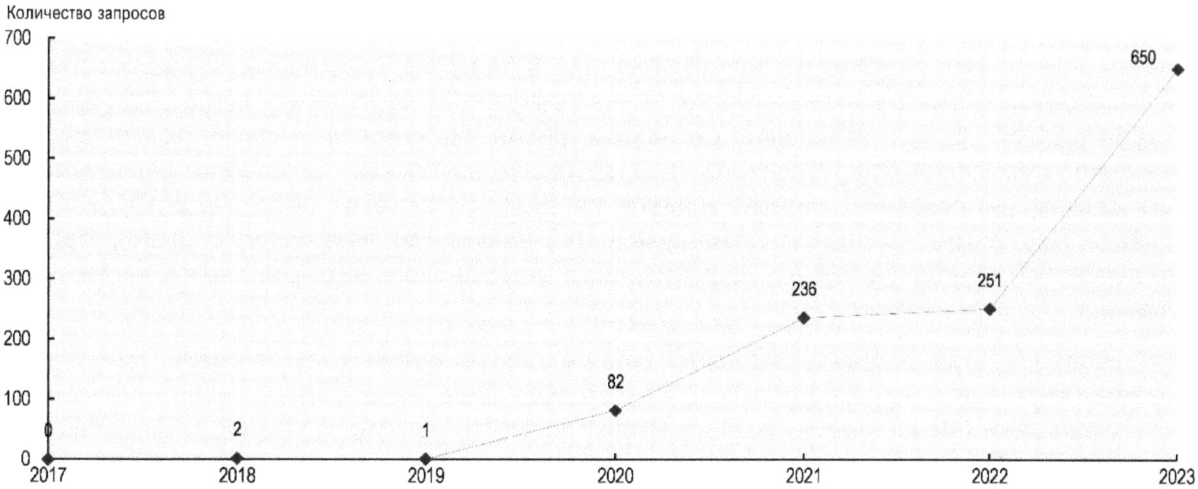

Источник: Ежегодные отчеты Агентства.

Вставка 7.1. Антимонопольный комплаенс в практике Агентства

В последние годы Агентство уделяет особое внимание «социально значимым продовольственным товарам». Хотя в отношении таких товаров действует государственное ценовое регулирование (Статья 116 ПК), Агентство также заключало соглашения об антимонопольном комплаенсе с рядом производителей и розничных сетей.

В январе 2021 года было заключено соглашение об антимонопольном комплаенсе с АО «Гормолзавод», производителем молока и молочной продукции. Соглашение касалось недопущения необоснованного повышения цен на социально значимые продукты, такие как отдельные виды сливочного масла, пастеризованного молока и творога.

В августе 2021 года Агентство сообщило о заключении аналогичного соглашения с казахстанским ритейлером Magnum Cash & Carry. Компания согласилась снизить торговую наценку с 15 % до 10 % на семь видов социально значимых продуктов (яйца, гречка, говядина, картофель, капуста, морковь и лук). Кроме того, компания обязалась воздерживаться от нарушений законодательства о конкуренции, таких как картельные и иные антиконкурентные соглашения и действия.

В июне 2022 года было заключено соглашение аналогичного характера с четырьмя крупными розничными сетями, предусматривающее снижение наценки с 15 % до 10 % уже на более широкий ассортимент товаров (рис, курица, соль, сахар, подсолнечное масло и др.).

Источник: веб-страница Агентства, https://www.gov.kz/memleket/entities/zk/press/news/details/144910?lang=ru; https://www.gov.kz/memleket/entities/zk/press/news/details/247590?lang=ru; https://ortcom.kz/ru/novosti/1657093261.

Внутренний акт антимонопольного комплаенса

Внутренний акт антимонопольного комплаенса представляет собой методический инструмент для выявления, оценки и снижения рисков нарушения антимонопольного законодательства внутри компании (Medeubayeva, 2021[2]). Он включает методы оценки рисков и меры по управлению этими рисками. Внутренние акты не направляются в Агентство на рассмотрение, а служат элементом внутренней системы управления рисками самой компании.

В 2022 году Агентство утвердило Методические рекомендации по разработке и внедрению программ комплаенса.[17] Они были подготовлены в качестве практического руководства для субъектов рынка, испытывающих сложности при разработке внутренних актов. Рекомендации предусматривают: (i) формирование субъектом рынка политики в области комплаенса; (ii) назначение в компании ответственного лица за антимонопольный комплаенс; (iii) регулярную оценку рисков; (iv) создание системы управления рисками, включая обучение сотрудников; (v) внедрение мер антимонопольного комплаенса; (vi) ежегодную независимую оценку политики комплаенса; (vii) ежегодную оценку эффективности антимонопольного комплаенса руководством компании.

После введения этой нормы у субъектов рынка долгое время отсутствовали стимулы для разработки внутренних актов, поскольку их подготовка и внедрение требуют значительных затрат рабочего времени (Medeubayeva, 2021[2]). Чтобы повысить заинтересованность бизнеса, пятый антимонопольный пакет[18] предусмотрел преференцию: если нарушение произошло вопреки наличию эффективно функционирующего внутреннего акта, этот факт учитывается при рассмотрении дела о нарушении законодательства о конкуренции.[19]Это даёт возможность снижения административного штрафа, что прямо отражено в методических рекомендациях. Законодательно точный размер снижения штрафа не предусмотрен, однако публичные заявления представителей Агентства указывают, что оно может достигать до 50 % административного штрафа (Medeubayeva, 2021[2]). Для обеспечения единообразной практики Агентству целесообразно разработать чёткие критерии оценки эффективности внутренних актов комплаенса, а также закрепить прозрачную процедуру их оценки.

7.3.2. Предварительное рассмотрение соглашений

Субъекты рынка, намеренные заключить соглашение, допустимое в рамках регулирования антиконкурентных соглашений, вправе направить его проект в Агентство для предварительного рассмотрения.[20] В течение 30 календарных дней Агентство выносит решение о соответствии или несоответствии проекта законодательству о конкуренции Казахстана. В случае получения положительного решения Агентства стороны должны уведомить АЗРК о заключении соглашения. Агентство может отменить своё решение, если заявители предоставили недостоверную информацию. В этом случае соглашение подлежит расторжению.[21]

Заявления о предварительном рассмотрении встречаются редко и составляют один или две заявки в год, что представляется неожиданным, поскольку для бизнеса получение предварительного подтверждения законности соглашения выглядит более привлекательным, чем последующая проверка под угрозой санкций.

7.3.3. Предупреждения

Ещё один инструмент *«мягкого права»* — предупреждение,[22] направляемое субъекту рынка или госоргану в случае, если публично заявленные действия о планируемом поведении на товарном рынке и такое поведение может привести к нарушению законодательства о конкуренции. Если оснований для расследования нет, Агентство может вмешаться превентивно, направив предупреждение о возможном нарушении. Различие между предупреждением и уведомлением заключается в предмете: уведомления направляются в отношении уже совершённых действий, а предупреждения — в отношении заявленных намерений совершить действия, которые могут привести к нарушению конкурентного законодательства.

Решение о вынесении предупреждения принимается в течение 10 рабочих дней с момента, когда Агентству стало известно о соответствующем заявлении. Предупреждение направляется субъекту рынка, государственному или местному исполнительному органу в письменной форме и должно содержать: (i) основания для его вынесения и (ii) положения законодательства, которые могут быть нарушены.

Количество предупреждений, выносимых Агентством, варьировалось по годам, однако в последние годы демонстрирует рост (Рисунок 7.2 и Рисунок 7.3). Большинство предупреждений связано с согласованными действиями, а меньшая часть — со злоупотреблением доминирующим положением, недобросовестной конкуренцией, антиконкурентными соглашениями и действиями государственных органов.

Рисунок 7.3. Количество вынесенных предупреждений, 2017–2023 гг.

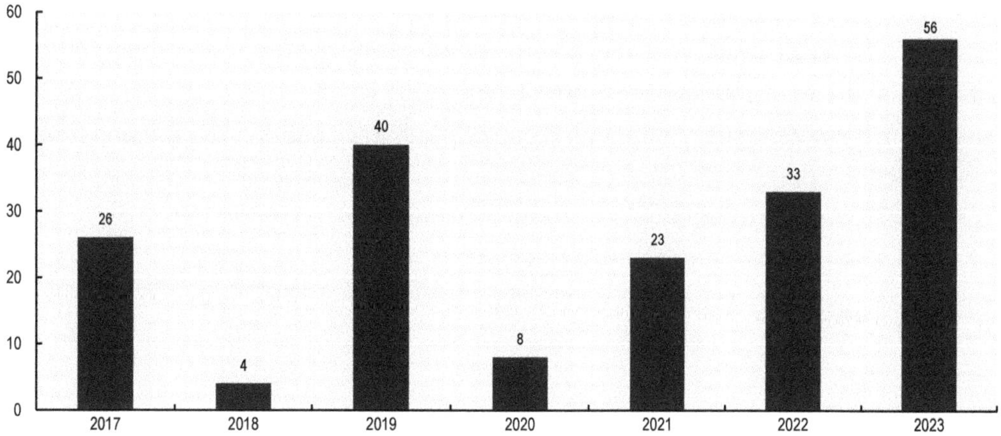

Источник: Годовой отчёт о развитии конкурентной политики в Казахстане: 2022 г. (2023[3]), DAF/COMP/AR(2023)47; Годовой отчёт о развитии конкурентной политики в Казахстане: 2023 г. (2024[4]), DAF/COMP/AR(2024)47.

Рисунок 7.4. Структура вынесенных предупреждений, 2017–2021 гг.

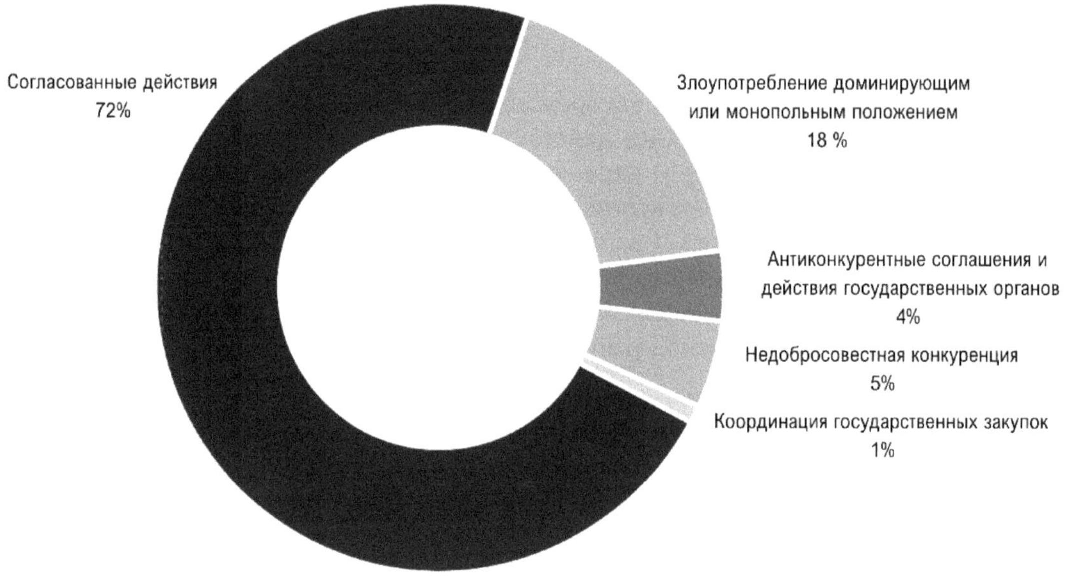

Источник: ежегодные отчёты Агентства.

7.4. Адвокатирование конкуренции

Помимо обширных полномочий по антимонопольному правоприменению, Агентство выполняет функции по адвокатированию конкуренции. В частности, Агентство:

- распространяет информацию о применении законодательства о конкуренции Казахстана;
- продвигает принципы добросовестной конкуренции, и
- размещает в сети Интернет сведения о своих рыночных анализах и расследованиях.

Таблица 7.1. Количество мероприятий по адвокатированию, организованных Агентством

Год	Количество мероприятий по адвокатированию
2020	31
2021	5
2022	13
2023	54

Источник: данные, предоставленные Агентством.

Агентство реализует целый ряд мероприятий, направленных на повышение общественной осведомлённости о конкуренции и собственной деятельности. Во-первых, Агентство публикует пресс-релизы и материалы на своём официальном веб-сайте, интерес к которому неуклонно растёт. В 2023 году число посетителей сайта составило 1 630 человек, что значительно превышает показатели предыдущих лет. Во-вторых, Агентство активно взаимодействует со средствами массовой информации: Председатель Агентства, его заместители и руководители департаментов регулярно участвуют в интервью, круглых столах и пресс-конференциях. В-третьих, Агентство ведёт официальные страницы в социальных сетях (Facebook, Instagram, Telegram и YouTube), где публикует в том числе видеоматериалы и разъяснения о конкурентной политике. Наконец, Агентство проводит мероприятия по адвокатированию конкуренции — семинары, тренинги и просветительские кампании. Эти инициативы адресованы представителям бизнеса, юристам, государственным органам, потребителям и широкой общественности. Количество таких мероприятий в последние годы варьировалось (Таблица 7.1.).

Источники

Akhmetzhanova, S., A. Mukhamedzhanova and K. Ten (2017), *Regulatory Impact Assessment: Kazakhstan and World Practices*, https://www.astanacivilservicehub.org/uploads/case_studies/Regulyator_Eng.pdf. [1]

Kazakhstan (2024), *Annual Report on Competition Policy Developments in Kazakhstan: 2023*, https://one.oecd.org/document/DAF/COMP/AR(2024)47/en/pdf. [4]

Kazakhstan (2023), *Annual Report on Competition Policy Developments in Kazakhstan: 2022*, https://one.oecd.org/document/DAF/COMP/AR(2023)47/en/pdf. [3]

Medeubayeva, M. (2021), "Compliance will help reduce antitrust fines by half", *Inbusiness.kz*, https://inbusiness.kz/ru/news/v-chem-zaklyuchayutsya-preimushestva-antimonopolnogo-komplaensa-dlya-biznesa. [2]

Примечания

[1] Закон Республики Казахстан от 3 января 2022 года № 101-VII ЗРК.

[2] Приказ Председателя Агентства Республики Казахстан по защите и развитию конкуренции от 10 августа 2023 года № 198/НК.

[3] Пункт 4 Правил проведения оценки воздействия на конкуренцию.

[4] Распоряжение Премьер-Министра Республики Казахстан от 16 ноября 2018 года № 146-р.

[5] Статья 196 Предпринимательского кодекса РК.

[6] Приказ Председателя Агентства Республики Казахстан по защите и развитию конкуренции от 3 мая 2022 года № 13.

[7] Приказ Председателя Агентства Республики Казахстан по защите и развитию конкуренции от 29 апреля 2022 года № 12.

[8] Приказ Министра национальной экономики Республики Казахстан от 28 февраля 2017 года № 103.

[9] Приказ Министра национальной экономики Республики Казахстан от 28 февраля 2017 года № 104.

[10] Методика анализа состояния конкуренции на товарных рынках, пункт 6; Статья 196 Предпринимательского кодекса.

[11] На 2025 год запланированные рыночные анализы будут сосредоточены на топливно-энергетическом комплексе, секторе транспорта и связи, промышленном и агропромышленном секторе, а также на социальной сфере и финансовых рынках.

[12] Приложение к Методике анализа состояния конкуренции на товарных рынках.

[13] Закон Республики Казахстан от 28 декабря 2016 года № 34-VI ЗРК.

[14] Статья 195-1 Предпринимательского кодекса РК.

[15] Статья 195-1 Предпринимательского кодекса РК.

[16] Приказ Министра национальной экономики Республики Казахстан от 13 февраля 2017 года № 65.

[17] Приказ Председателя Агентства Республики Казахстан по защите и развитию конкуренции от 21 апреля 2022 года № 117/НК.

[18] Закон Республики Казахстан от 3 января 2022 года № 101-VII ЗРК.

[19] Статья 195-1(6) Предпринимательского кодекса РК.

[20] Статья 171 Предпринимательского кодекса РК.

[21] Приказ Министра национальной экономики Республики Казахстан от 28 февраля 2017 года № 97.

[22] Статья 198 Предпринимательского кодекса РК.

8 Институциональное сотрудничество

В данной главе рассматривается институциональное сотрудничество Казахстана в сфере конкурентной политики и правоприменения как на национальном, так и на международном уровнях. В ней подчёркиваются формы взаимодействия Агентства с регулирующими и правоохранительными органами, национальными министерствами, а также его расширяющееся сотрудничество с региональными и глобальными партнёрами и международными организациями.

8.1. Сотрудничество на национальном уровне

Несмотря на то, что Агентство является единственным уполномоченным органом по обеспечению соблюдения законодательства о конкуренции в Казахстане, в реализации конкурентной политики участвуют и другие государственные органы и учреждения – как республиканские, так и местные.[1] Они обязаны содействовать развитию конкуренции и воздерживаться от антиконкурентных действий и соглашений. Для выполнения своих функций Агентство взаимодействует с рядом государственных и местных органов.

Во-первых, все государственные органы обязаны информировать Агентство о любых признаках нарушений законодательства о конкуренции. Материалы, полученные от таких органов, могут служить основанием для возбуждения расследования.[2] Кроме того, в ходе расследований Агентство вправе запрашивать письменную информацию у государственных и местных органов, а также получать доступ к их помещениям.[3]

Во-вторых, законодательство предусматривает тесное сотрудничество Агентства с правоохранительными органами. [4] Агентство обязано уведомлять их о возможных уголовных правонарушениях в сфере конкуренции и, по их запросу, предоставлять экспертные заключения, аналитические материалы и кадровую поддержку при проведении расследований и судебных разбирательств. В свою очередь, правоохранительные органы должны информировать Агентство о выявленных нарушениях в сфере конкуренции, содействовать проведению совместных расследований, помогать в сборе доказательств, а также в розыске и привлечении нарушителей к административной ответственности. В 2021 году Агентство подписало Меморандум о сотрудничестве с Агентством по финансовому мониторингу, направленный на укрепление взаимодействия в выявлении, расследовании и преследовании уголовных правонарушений, связанных с конкуренцией.

В-третьих, особое значение имеет сотрудничество Агентства с отраслевыми регуляторами. В течение длительного времени координация между конкурентной политикой и отраслевыми политиками оставалась недостаточной, что способствовало сохранению административных барьеров для конкуренции (Kazakhstan, 2023[1]). Необходимость усиления координации была подчёркнута Президентом в 2022 году при утверждении *Концепции защиты и развития конкуренции на 2022–2026 годы.* [5] В документе было предложено внедрить отраслевые *«дорожные карты развития конкуренции»,* разрабатываемые Агентством совместно с отраслевыми регуляторами по итогам анализа рынка. Эти меры направлены на более тесное согласование конкурентной и отраслевых политик, что позволяет регуляторам интегрировать про-конкурентные подходы в реализацию отраслевых программ. На сегодняшний день утверждены дорожные карты по ряду секторов (Вставка 8.1), включая: (i) нефть и нефтепродукты, (ii) уголь, (iii) гражданская авиация, (iv) сельское хозяйство, (v) жилищное строительство, (vi) здравоохранение и образование, (vii) транспортировка и хранение лекарственных средств, (viii) телекоммуникации, (ix) твердые бытовые отходы.

Ещё одной формой взаимодействия Агентства и регулирующих органов является проведение оценки воздействия на конкуренцию, которая является обязательной частью анализа регулирующего воздействия (АРВ). Такая оценка проводится для каждого проекта нового нормативного акта и должна учитываться государственным органом, разрабатывающим проект. Оценка воздействия на конкуренцию служит дополнительным инструментом, обеспечивающим согласованность регулирования с целями конкурентной политики.

Вставка 8.1. Дорожные карты развития конкуренции: три примера

Дорожная карта развития конкуренции в сфере гражданской авиации

Данная дорожная карта была разработана совместно Агентством и Министерством индустрии и инфраструктурного развития Республики Казахстан. В ней определены три ключевые меры. Во-первых, предусматривается сокращение участия государства в секторе гражданской авиации, в том числе за счёт продажи всех государственных долей в авиакомпаниях *«Air Astana»* и *«Qazaq Air»*. Во-вторых, планируется снижение административных барьеров посредством продления действия режима *«открытого неба»* до 2028 года. В-третьих, будет обеспечен недискриминационный доступ к инфраструктуре для розничных продавцов авиационного топлива.

Дорожная карта развития конкуренции в сфере нефти и нефтепродуктов

Данная дорожная карта была утверждена Агентством совместно с Министерством энергетики Республики Казахстан. В ней определены две стратегические цели – обеспечение доступа к ресурсам и к инфраструктуре. Документ предусматривает увеличение объёмов биржевой торговли нефтепродуктами, утверждение правил равного доступа к объектам жизнеобеспечения, а также разработку плана по сближению цен на топливо в ЕАЭС.

Дорожная карта развития конкуренции в сфере сельского хозяйства

Дорожная карта была разработана Агентством совместно с Министерством сельского хозяйства и Министерством торговли и интеграции Республики Казахстан. В ней поставлены четыре задачи по развитию конкуренции в отрасли. Во-первых, предполагается улучшить доступ к мерам государственной поддержки путём разработки нового подхода к субсидированию. Во-вторых, постепенный отказ от государственного регулирования цен и переход к адресной поддержке. В-третьих, планируется устранить барьеры в поставках сельскохозяйственной продукции потребителям через торговые сети. В-четвёртых, предусмотрено развитие и совершенствование биржевой торговли сельскохозяйственной продукцией.

Источник: Дорожные карты, Ежегодный отчёт о развитии конкурентной политики в Казахстане за 2022 год, DAF/COMP/AR(2023)47.

Особое сотрудничество предусмотрено между Агентством и Национальным банком Республики Казахстан, а также Агентством по регулированию и развитию финансового рынка (АРРФР), выполняющими функции регуляторов финансового сектора. Агентство взаимодействует с Национальным банком и АРРФР при подготовке методологии проведения анализа рынка в финансовом секторе. Кроме того, Агентство и АРРФР совместно определяют пороговые значения для уведомлений (ходатайств) о совершенной (планируемой) экономической концентрации в этом секторе. [6] Решения Агентства по вопросам концентраций на финансовых рынках направляются участникам соответствующих сделок.

В-четвёртых, Агентство также взаимодействует с министерствами. Например, Министерство торговли и интеграции направляет в Агентство проекты международных торговых соглашений для проверки их соответствия законодательству о конкуренции. Агентство выдает одобрение на заключение международного соглашения, если его положения соответствуют антимонопольному законодательству Казахстана.

8.2. Международное сотрудничество

Международное сотрудничество Агентства в последние годы активно развивается, укрепляются трансграничные связи (как подробно рассматривается ниже), что способствует как институциональному развитию самого Агентства, так и его способности расследовать дела и взаимодействовать с компаниями, работающими в нескольких юрисдикциях одновременно. В то же время Управление международного сотрудничества Агентства остаётся относительно небольшим – в нём работают всего четыре сотрудника, тогда как внутренний регламент Агентства устанавливает минимальную численность в пять человек. По мере того, как международное сотрудничество приобретает всё большее значение, нагрузка на сотрудников возрастает, что потенциально может ограничить способность Агентства в полной мере использовать расширяющиеся международные возможности. Предлагается уделять больше внимания этому подразделению, вклад которого в деятельность Агентства становится всё более значимым (Вставка 8.2).

Вставка 8.2. Управление международного сотрудничества Агентства

Управление международного сотрудничества является основным звеном взаимодействия Агентства с международным сообществом в сфере конкуренции. Оно отвечает за развитие и координацию внешних связей Агентства, уделяя особое внимание укреплению роли Казахстана в региональных и глобальных структурах, занимающихся вопросами конкуренции. Работа Управления включает:

- координацию участия Казахстана в деятельности ЕАЭС, включая участие в рабочих группах, экспертных обсуждениях и формирование национальных позиций по решениям, принимаемым Евразийской экономической комиссией;
- взаимодействие с международными организациями, такими как ОЭСР, ЮНКТАД и Всемирный банк, включая подготовку материалов для ежегодных заседаний, тематических круглых столов и исследовательских проектов;
- поддержку разработки законодательства и политики в области конкуренции с опорой на международный опыт и передовые практики;
- подготовку стратегических записок, аналитических материалов и выступлений для руководства Агентства для участия в двусторонних и многосторонних встречах высокого уровня;
- организацию и координацию потока международной корреспонденции, обработку запросов информации, а также планирование служебных командировок и экспертных миссий;
- участие в переговорах и проведении правовой экспертизы международных договоров и соглашений о сотрудничестве;
- координацию участия Агентства в совместных исследованиях и мониторинг выполнения обязательств в рамках международных инициатив.

Обладая широким мандатом и многочисленными институциональными партнёрствами, Управление выполняет значительный объём технической, юридической и дипломатической работы, играя ключевую роль в обеспечении того, чтобы конкурентная политика Казахстана оставалась согласованной с меняющимися глобальными стандартами и международными обязательствами.

Источник: Внутренний регламент: Приложение 12 к Приказу Председателя Агентства по защите и развитию конкуренции Республики Казахстан, 2023.

8.2.1. Трансграничное действие конкурентного законодательства

Положения законодательства Республики Казахстан о конкуренции применяются не только к действиям, совершённым на территории Республики Казахстан, но и к действиям, совершённым за её пределами, если выполняется одно из следующих условий:

- действия прямо или косвенно затрагивают основные средства или нематериальные активы, находящиеся на территории Республики Казахстан, доли (акции) субъектов рынка, а также имущественные или неимущественные права в отношении юридических лиц Республики Казахстан;
- конкуренция на территории Республики Казахстан ограничивается.

Закон устанавливает равные условия применения конкурентного законодательства к отечественным и иностранным субъектам рынка.[7]

В трансграничных делах Агентство сотрудничает с другими антимонопольными органами в рамках регионального взаимодействия – включая Евразийский экономический союз (ЕАЭС), Содружество Независимых Государств (СНГ), Организацию тюркских государств и Шанхайскую организацию сотрудничества (ШОС), – а также в рамках международных форумов, таких как ОЭСР, ЮНКТАД, Международная сеть по конкуренции (МКС) и другие.

8.2.2. Сотрудничество в рамках Евразийского экономического союза

Евразийский экономический союз (ЕАЭС) представляет собой региональную организацию экономической интеграции (Vinokurov, 2017[2]), членом которой является и Казахстан. Конкурентное право является одной из ключевых составляющих *Договора о Евразийском экономическом союзе* (Договор о ЕАЭС). В 2021 году ОЭСР провела обширный *Экспертный обзор конкурентного законодательства и политики ЕАЭС* (OECD, 2021[3]).

Компетенция Евразийского экономического союза в сфере конкурентного права

Для государств-членов ЕАЭС, включая Казахстан, конкурентное право действует на двух уровнях – национальном и межнациональном (уровне ЕАЭС). Поэтому разграничение компетенций между Евразийской экономической комиссией (ЕЭК) и национальными антимонопольными органами имеет принципиальное значение для определения, какой орган и на основании какого законодательства уполномочен расследовать и пресекать конкретное антиконкурентное поведение. Применение конкурентного законодательства на уровне государств-членов осуществляется национальными антимонопольными органами (в случае Казахстана – АЗРК), тогда как «пресечение нарушений общих правил хозяйствующими субъектами»[8] на уровне ЕАЭС осуществляется Евразийской экономической комиссией – исполнительным органом ЕАЭС.

В соответствии со статьей 76(7) Договора о ЕАЭС Евразийская экономическая комиссия обладает полномочиями обеспечивать соблюдение общих правил конкурентного права, если нарушение влияет или может повлиять на конкуренцию на трансграничных рынках, охватывающих территории двух и более государств-членов. Таким образом, разграничение компетенции между ЕАЭС (Евразийской экономической комиссией) и государствами-членами (национальными антимонопольными органами) зависит от определения понятия трансграничные рынки.[9]

Трансграничные рынки определяются Решением Высшего Евразийского экономического совета «Об утверждении критериев отнесения рынка к трансграничному».[10] Для признания рынка трансграничным должны выполняться общий критерий и критерии, специфичные для конкретного вида нарушения. Согласно общему критерию, рынок классифицируется как трансграничный, если его географические границы охватывают территории двух или более государств-членов. Специфичные критерии различаются в зависимости от характера нарушения общих правил конкурентного права:

- **антиконкурентные соглашения** – не менее двух хозяйствующих субъектов, участвующих в соглашении, зарегистрированы на территориях разных государств-членов;
- **недобросовестная конкуренция** – хозяйствующий субъект, чьи действия образуют недобросовестную конкуренцию, и его конкурент, который пострадал или может пострадать в результате недобросовестной конкуренции, зарегистрированы на территориях разных государств-членов;
- **злоупотребление доминирующим положением** – доля продаж или закупок хозяйствующего субъекта, занимающего доминирующее положение, составляет не менее 35% от объёма товаров, реализуемых на территории каждого из затронутых государств-членов, и нарушение приводит к предотвращению, ограничению или устранению конкуренции на территориях двух и более государств-членов.[11]

Если указанные критерии выполняются, Евразийская экономическая комиссия уполномочена пресекать нарушения и обеспечивать соблюдение общих правил конкурентного права. Если критерии не выполняются, применение конкурентного права находится в ведении национальных антимонопольных органов, в случае Казахстана – Агентства. В соответствии с Договором о ЕАЭС, Евразийская экономическая комиссия не обладает полномочиями по контролю за концентрациями, а также не имеет полномочий экстерриториальной юрисдикции (в отношении субъектов третьих стран) – эти функции находятся исключительно в компетенции национальных антимонопольных органов.

Сотрудничество между государством-членом и Евразийской экономической комиссией

Поскольку полномочия по обеспечению соблюдения антимонопольного законодательства разделены между ЕАЭС и государствами-членами, необходима тесная координация между Евразийской экономической комиссией (ЕЭК) и национальными конкурентными органами, такими как Агентство по защите и развитию конкуренции РК. Подробные процедуры такого взаимодействия изложены в Приложении 19 к Договору о ЕАЭС, которое включает акты, регулирующие порядок рассмотрения заявлений, проведения расследований и ведения дел. Агентство регулярно предоставляет комментарии к аналитическим заключениям ЕЭК – в частности, по вопросам определения границ рынка и разграничения компетенций – и принимает участие в рассмотрении соответствующих дел. Так, в 2024 году Агентство представило в ЕЭК комментарии по определению товарных границ на рынке гаражного оборудования для автотранспортных средств и по оценке нарушений, связанных с недобросовестной конкуренцией.

Агентство направляет в ЕЭК материалы, касающиеся выявления и оценки признаков:

- недобросовестной конкуренции (например, незаконного использования товарных знаков, фирменных наименований или изображений в рекламе);
- злоупотребления доминирующим положением, и
- координации экономической деятельности на трансграничных рынках ЕАЭС с участием субъектов из государств-членов.

Передача дел из ЕЭК в национальные органы

Процесс взаимодействия осуществляется и в обратном порядке. Если Комиссия приходит к выводу, что конкретное дело подпадает под юрисдикцию национального антимонопольного органа, она передаёт соответствующие материалы. Так, в 2017 году Комиссия передала Агентству дело о предполагаемом злоупотреблении доминирующим положением АО *«Национальная компания «Қазақстан темір жолы»* на рынке лизинга порожних вагонов, установив, что деятельность данного субъекта ограничивается территорией Казахстана.

Мотивированные представления для процессуальных действий

Евразийская экономическая комиссия вправе направлять национальному органу мотивированные представления о проведении конкретных процессуальных (следственных) действий, таких как: (i) опрос сторон и свидетелей, (ii) получение документов, (iii) проведение проверок, (iv) сбор информации от государственных органов, (v) направление документов участникам дела, (vi) проведение экспертиз и исследований. Такие действия могут выполняться с участием сотрудников Комиссии и должны быть осуществлены в течение одного месяца. Если в деле задействовано несколько органов, Комиссия координирует их работу. При этом Комиссия и государство-член, выполняющее запрос о мотивированном представлении, договариваются о возмещении связанных расходов. В настоящее время антимонопольный орган Казахстана не обладает полномочиями по исполнению таких представлений, что ограничивает возможности международного сотрудничества. Однако законопроект, включённый в шестой антимонопольный пакет и находящийся на рассмотрении в Парламенте, предусматривает наделение Агентства соответствующими полномочиями.

Запрос информации и документов

В ходе расследования Евразийская экономическая комиссия может направлять в национальные антимонопольные органы запросы о предоставлении информации и документов. Национальный орган обязан предоставить всю имеющуюся информацию в установленный срок и материалы, относящиеся к предмету запроса. При необходимости ЕЭК может направлять последующие запросы.

Сотрудничество государств-членов Евразийского экономического союза

В рамках Евразийского экономического союза Агентство активно взаимодействует с антимонопольными органами других государств-членов. Правовой основой является Статья 75(8) Договора о ЕАЭС, предусматривающая обмен уведомлениями и запросами информации, проведение консультаций, обмен сведениями и координацию расследований между национальными антимонопольными органами. Законодательство Казахстана содержит аналогичное положение в Статье 90-4 Предпринимательского кодекса РК. Кроме того, в соответствии со Статьёй 74(4) Договора о ЕАЭС государства-члены проводят согласованную конкурентную политику в отношении действий хозяйствующих субъектов из третьих стран, если такие действия способны оказать негативное влияние на состояние конкуренции на товарных рынках государств-членов.

Особенности сотрудничества национальных антимонопольных органов в рамках ЕАЭС подробно изложены в *Приложении 19 к Договору о ЕАЭС.* В частности, государства-члены обязаны уведомлять ЕЭК и другие государства-члены о введении временного государственного регулирования цен на отдельные виды социально значимых товаров.[12] Например, в феврале 2022 года Агентство уведомило ЕЭК и государства-члены ЕАЭС об утверждении максимально допустимой розничной цены на подсолнечное масло в Павлодарской области Казахстана. В том же году Республика Беларусь направила аналогичное уведомление о введении государственного регулирования цен на 28 групп социально значимых товаров. Жалоб или обращений по поводу затронутых интересов не поступало.

Уведомления

Антимонопольный орган государства-члена обязан уведомлять антимонопольный орган другого государства-члена, если становится известно, что предпринимаемые им меры по обеспечению соблюдения законодательства могут затронуть интересы этого государства-члена. К таким случаям относятся, в частности, ситуации, связанные с собственными мероприятиями по антимонопольному правоприменению либо с антиконкурентными действиями, совершёнными на его территории. Уведомления направляются в письменной форме и в разумный срок, предпочтительно на стадии рассмотрения дела. Это позволяет уведомлённой стороне представить своё мнение или замечания до вынесения окончательного решения.

Спонтанное предоставление информации

Национальные антимонопольные органы также вправе самостоятельно направлять (на спонтанной основе) информацию антимонопольным органам других государств-членов, если считают её релевантной для обеспечения соблюдения конкурентного законодательства. В отличие от уведомлений, такое предоставление информации не обязательно связано с собственными расследованиями или другими мерами правоприменения.

Запросы информации и документов

Агентство может направлять запросы в антимонопольные органы государств-членов ЕАЭС в ходе анализа рынка или проведения расследований. Такие запросы могут касаться, в частности, сравнения цен на аналогичные услуги в других юрисдикциях, объёмов предоставляемых услуг, типов потребителей и иных релевантных рыночных данных. Расходы, связанные с выполнением запросов, каждое государство-член несёт самостоятельно.

Например, в 2017 году в рамках расследования возможных нарушений общих правил конкуренции на трансграничных рынках Агентство направило официальный запрос в Федеральную антимонопольную службу (ФАС) России. Дело касалось ТОО «Pharm Express» (Казахстан) и включало распределение речевых процессоров, используемых в системах кохлеарной имплантации, производимых компанией «Cochlear» Limited. В запросе ставилась задача определить дистрибьютора на территории Российской Федерации и получить копию соответствующего дистрибьюторского соглашения. Расследование последовало после обнаружения неисключительного трёхстороннего дистрибьюторского соглашения, подписанного 1 февраля 2016 года между ТОО «Pharm Express», «Cochlear Europe» и ООО «ANG Apparel Group» (действовавшим в качестве агента дистрибьютора). Соглашение предусматривало территориальные ограничения, включая запрет на продажу продукции в Казахстан без согласия ТОО «Pharm Express» и запрет на её перепродажу за пределами страны. На основании ответа ФАС и полученной дополнительной информации Агентство выявило ООО «Euromax» (Россия) как ещё одно предприятие, участвовавшее в потенциально аналогичных антиконкурентных схемах.

Материалы дела, содержащие признаки раздела рынка внутри ЕАЭС, были впоследствии направлены в Евразийскую экономическую комиссию (ЕЭК) для дальнейшего рассмотрения.

Запросы соответствующей информации

Антимонопольный орган государства-члена может направлять запрос о предоставлении любой релевантной информации, связанной с его собственным делом, если такая информация может находиться у антимонопольного органа другого государства-члена, даже если она не имеет отношения к расследованию, проводимому в этом государстве-члене.

Постановление о проведении отдельного разбирательства

Антимонопольный орган государства-члена может направить антимонопольному органу другого государства-члена постановление о проведении отдельного разбирательства. Исполнение такого постановления может включать: (i) опрос субъектов расследования и свидетелей; (ii) получение документов; (iii) осмотр помещений, объектов и документов; (iv) запрос информации у государственных органов; (v) предоставление документов участникам дела, (vi) проведение экспертиз и иных необходимых действий. Антимонопольные органы могут согласовать проведение отдельного разбирательства с участием представителей органа, направившего постановление. Государства-члены договариваются о возмещении дополнительных расходов, понесённых государством, исполняющим постановление.

Запрос о начале правоприменительных мер

Если антимонопольный орган одного государства-члена считает, что на территории другого государства-члена совершаются антиконкурентные действия, оказывающие негативное влияние на его интересы, он вправе уведомить это государство-член и направить ему запрос о принятии соответствующих мер по обеспечению соблюдения законодательства. После проведения консультаций уведомлённое государство-член принимает решение о целесообразности начала таких мер и информирует о нём сторону, направившую запрос.

Совместные меры по обеспечению соблюдения законодательства

Антимонопольные органы двух или более государств-членов могут договариваться о проведении совместных мероприятий по обеспечению соблюдения законодательства. Такое сотрудничество способствует более эффективному использованию материалов и информации, а также снижению административных издержек. Совместные действия могут включать проведение скоординированной конкурентной политики в отношении хозяйствующих субъектов из третьих стран, особенно с учётом успешных практик других антимонопольных органов в аналогичных делах. Например, в 2025 году в рамках координации глобальных сделок по слияниям и поглощениям Агентство провело консультации с использованием механизма отказа от конфиденциальности.

Сотрудничество в разработке законодательства

Антимонопольные органы государств-членов ЕАЭС сотрудничают при разработке национального законодательства о конкуренции, обмениваясь информацией и оказывая методическую поддержку. Под эгидой Евразийской экономической комиссии (ЕЭК) проводятся экспертные встречи и консультации с антимонопольными органами государств-членов, направленные на совершенствование законодательства Союза (включая положения Договора о ЕАЭС и нормативные акты, регулирующие анализ, расследования и иные процедуры). При этом учитываются лучшие практики регулирования конкуренции, применяемые в национальных правовых системах государств-членов. Предложенные нововведения и подходы могут впоследствии быть адаптированы и внедрены в национальное законодательство. Информация и документы, предоставляемые в рамках такого сотрудничества, являются конфиденциальными. Их раскрытие третьим лицам, а также использование в иных целях допускается только при наличии письменного согласия антимонопольного органа государства-члена, предоставившего информацию.

8.2.3. Сотрудничество в рамках других международных организаций

Сотрудничество с ОЭСР

В 2015 году Казахстан прошёл первый экспертный обзор конкурентного законодательства и политики, проведённый ОЭСР. По его результатам был подготовлен отчёт, в котором отмечены сильные и слабые стороны национального режима конкуренции и даны рекомендации по совершенствованию правовой и институциональной базы. В последующие годы Казахстан реализовал ряд реформ в сфере конкурентного законодательства. В июне 2016 года Казахстан получил статус участника Комитета ОЭСР по конкуренции и его рабочих органов и с тех пор регулярно участвует в заседаниях Комитета, Рабочих групп 2 и 3, а также Глобального форума по конкуренции. Казахстан ежегодно направляет материалы для заседаний и активно участвует в их обсуждении (материалы доступны на сайте ОЭСР). Сотрудники Агентства также регулярно принимают участие в семинарах Регионального центра ОЭСР по конкуренции для стран Восточной Европы и Центральной Азии (Kazakhstan, 2022[4]).

В 2025 году один из семинаров Регионального центра ОЭСР–ГВХ по конкуренции пройдёт в Казахстане, что позволит привлечь к участию широкий круг сотрудников Агентства, включая территориальные департаменты. Агентство также публикует материалы в бюллетене Регионального центра ОЭСР–ГВХ по конкуренции. Последний выпуск был опубликован в 2025 году и включал интервью с председателем Агентства, а также статью о практике выявления сговоров при государственных закупках в Казахстане (Бюллетень №25, январь 2025, «Политика в сфере конкуренции в Восточной Европе и Центральной Азии»).

В 2023 году между Правительством Республики Казахстан и ОЭСР было подписано соглашение о проведении второго Экспертного обзора конкурентного законодательства и политики, результаты которого представлены в настоящем Отчёте.

Сотрудничество с Конференцией ООН по торговле и развитию (ЮНКТАД)

Казахстан является государством-членом ЮНКТАД. Агентство принимает активное участие в мероприятиях, связанных с конкурентной политикой. В частности, оно ежегодно участвует в заседаниях Межправительственной группы экспертов по конкурентному праву и политике (МГЭ) (Kazakhstan, 2022[4]), а также в иных профильных форумах и мероприятиях, организуемых ЮНКТАД.

Сотрудничество с БРИКС

Несмотря на то, что Казахстан не является членом объединения БРИКС, антимонопольный орган страны сотрудничает с Центром по конкурентному праву и политике БРИКС в формате *БРИКС+*. Сотрудничество включает участие и выступления на заседаниях, а также обмен информацией и аналитическими материалами для тематических исследований. Так, Агентство предоставило материалы для глобального исследования аграрного сектора, проводимого командой Центра.

Сотрудничество в рамках ШОС

В 2023 году на 22-м заседании Совета глав правительств (премьер-министров) государств-членов Шанхайской организации сотрудничества (ШОС) главы делегаций поддержали инициативу о запуске механизма сотрудничества в области антимонопольного регулирования и борьбы с недобросовестной конкуренцией в рамках ШОС.

В этом контексте 30 мая 2024 года в Душанбе состоялось установочное совещание руководителей антимонопольных органов государств-членов ШОС, на котором участники обсудили текущее состояние и перспективы развития сотрудничества между антимонопольными органами в рамках ШОС. Совместная работа в рамках ШОС ожидается не только для укрепления экономических связей между государствами-членами, но и для поддержки здоровой конкурентной среды и защиты интересов потребителей.

24 апреля 2025 года в Москве в гибридном формате состоялась очередная встреча руководителей антимонопольных органов государств-членов ШОС. В ходе встречи было принято решение о налаживании сотрудничества в формате экспертной рабочей группы, а также обсуждены ключевые направления совместной работы, имеющие особое значение для антимонопольных органов государств-членов ШОС.

Сотрудничество в рамках Организации тюркских государств (ОТГ)

В рамках председательства Казахстана в Организации тюркских государств (ОТГ) 23 января 2024 года в Стамбуле состоялось пленарное заседание руководителей антимонопольных органов стран-участниц, на котором было принято решение о создании «Совета по конкуренции тюркских государств». Совет призван содействовать региональному сотрудничеству между антимонопольными органами государств-членов ОТГ в области конкурентного законодательства и правоприменения.

На 11-м саммите ОТГ с участием глав государств была принята декларация, в которой положительно отмечено создание «Совета по конкуренции тюркских государств» как института, способного обеспечивать эффективное функционирование рыночных систем и способствовать устойчивому развитию экономик региона. 29 апреля 2025 года состоялось очередное заседание Совета по конкуренции ОТГ, по итогам которого было подписано Совместное заявление, определяющее основные направления совместной деятельности. Среди них – обеспечение соблюдения правил конкуренции, создание благоприятных условий для регионального взаимодействия, формирование культуры конкуренции в странах-участницах, обмен знаниями и развитие экспертного потенциала.

Сотрудничество в рамках СНГ

Казахстан является членом Содружества Независимых Государств (СНГ) – межправительственной организации, объединяющей государства Евразии. СНГ способствует сотрудничеству государств-членов в различных сферах, включая политику в области конкуренции. С этой целью в 1993 году был создан Межгосударственный совет по антимонопольной политике (МСАП).[13] Основными задачами МСАП являются совершенствование национального конкурентного законодательства, укрепление взаимодействия между антимонопольными органами государств-членов СНГ, развитие кадрового потенциала и адвокатирование конкуренции.[14]

МСАП служит основной площадкой для взаимодействия антимонопольных органов государств-членов СНГ. На его заседаниях рассматриваются актуальные вопросы правоприменения и обмена практиками (Kazakhstan, 2018[5]). Кроме того, МСАП содействует проведению совместных расследований через Штаб по совместным расследованиям нарушений антимонопольного законодательства государств-членов СНГ (Kazakhstan, 2022[4]).

8.2.4. Сотрудничество в рамках международных соглашений

Агентство также развивает двустороннее сотрудничество, подписав меморандумы о взаимопонимании с рядом государств, включая Литву (2010), Сербию (2012), Австрию (2013), Румынию (2013), Турцию (2013), Кыргызскую Республику (2015), Беларусь (2018), Таджикистан (2018), Монголию (2018), Китай (2023) и Узбекистан (2024). В настоящее время Агентство работает над подписанием новых соглашений, в частности меморандума о взаимопонимании с Азербайджанской Республикой, планируемого к заключению в 2025 году. Основная форма сотрудничества в рамках таких соглашений заключается в обмене информацией и направлении запросов при анализе конкурентной среды на товарных рынках, а также в проведении совместных встреч и консультаций для обмена практическими знаниями и опытом. В то же время, совместные двусторонние расследования между Агентством и соответствующими иностранными органами пока не проводились. Исключение составляют совместные аналитические и методические материалы (например, отчёты или руководства), которые могут использоваться органами по защите конкуренции при расследованиях.

Источники

Kazakhstan (2023), *Annual Report on Competition Policy Developments in Kazakhstan: 2022*, https://one.oecd.org/document/DAF/COMP/AR(2023)47/en/pdf. [1]

Kazakhstan (2022), *Annual Report on Competition Policy Developments in Kazakhstan: 2021*, https://one.oecd.org/document/DAF/COMP/AR(2022)47/en/pdf. [4]

Kazakhstan (2018), *Annual Report on Competition Policy Developments in Kazakhstan: 2017*, https://one.oecd.org/document/DAF/COMP/AR(2018)23/en/pdf. [5]

OECD (2021), *Peer Reviews of Competition Law and Policy: Eurasian Economic Union*, Competition Law and Policy Reviews, OECD Publishing, Paris, https://doi.org/10.1787/1bcf2117-en. [3]

Vinokurov, E. (2017), “Eurasian Economic Union: Current state and preliminary results”, *Russian Journal of Economics*, Vol. 3/1, pp. 54-70, https://doi.org/10.1016/j.ruje.2017.02.004. [2]

Примечания

[1] Статья 163 Предпринимательского кодекса РК.

[2] Статья 216 Предпринимательского кодекса РК.

[3] Статья 90-7 Предпринимательского кодекса РК.

[4] Статья 90-5 Предпринимательского кодекса РК.

[5] Указ Президента Республики Казахстан от 22 июня 2022 года № 938.

[6] Статья 201(5) Предпринимательского кодекса РК.

[7] Статья 164 Предпринимательского кодекса РК.

[8] ЕЭК разработала собственную терминологию для понятия «соблюдение конкурентного права».

[9] Договор о ЕАЭС предоставил ЕЭК полномочия только в отношении «общих правил конкуренции» (которые на самом деле включают лишь четыре типа нарушений).

[10] Решение Высшего Евразийского экономического совета от 19 декабря 2012 г. № 29 «Об утверждении Критериев отнесения рынка к трансграничному».

[11] Некоторые дополнительные требования действуют в случаях, когда несколько хозяйствующих субъектов занимают доминирующее положение.

[12] Пункт 83 Протокола об общих принципах и правилах конкуренции (Приложение № 19 к Договору о ЕАЭС).

[13] https://e-cis.info/cooperation/2935/77720/.

[14] https://economy.gov.by/en/Interstate-Council-en/.

9 Выводы и рекомендации

Глава подводит итоги Экспертного обзора и приводит приоритетные, а затем детальные рекомендации по совершенствованию конкурентного режима в Казахстане. Ключевые рекомендации направлены на укрепление независимости и ресурсного обеспечения Агентства, продвижение принципа конкурентного нейтральности, повышение прозрачности и сокращение роли государства на конкурентных рынках.

Законодательство и политика Казахстана в области конкуренции претерпели множество реформ и изменений за последнее десятилетие после Экспертного обзора 2016 года. ОЭСР положительно оценивает проведённые преобразования и готовность Казахстана к дальнейшим шагам по приведению конкурентного режима в соответствие с международными стандартами. В данном разделе выделены направления, в которых предлагается рассмотреть дополнительные меры для укрепления конкуренции.

9.1. Основные выводы Обзора

9.1.1. Фрагментированное правовое регулирование и отсутствие единого закона о конкуренции

В настоящее время правовое регулирование конкуренции осуществляется посредством ряда нормативных правовых актов. Основным является Предпринимательский кодекс Республики Казахстан, однако он далеко не единственный источник, применяемый Агентством и судами. Консолидация всех норм, регулирующих вопросы конкуренции, в отдельном законодательном акте о конкуренции могла бы существенно повысить эффективность правоприменения. Принятие специального закона о конкуренции позволило бы:

- чётко разграничить ключевые функции Агентства, отделив их от сопутствующих задач, которые снижают эффективность и отвлекают ресурсы;
- создать дополнительный барьер для частых и несистемных изменений правовой базы;
- укрепить институциональную независимость Агентства;
- повысить правовую определённость для бизнеса и инвесторов, облегчая понимание и прогнозирование правоприменительной практики;
- снизить нагрузку на судебную систему, обеспечивающую применение законодательства о конкуренции.

9.1.2. Заметный сдвиг от строгого правоприменения к инструментам мягкого права

В деятельности Агентства наблюдается устойчивая тенденция к смещению акцента от строгого правоприменения в сторону использования инструментов так называемого «мягкого права» — уведомлений, предупреждений и механизмов антимонопольного комплаенса. Подобные меры могут способствовать соблюдению законодательства за счёт более гибких подходов и превентивных методов. Однако их применение требует значительных ресурсов и рабочего времени сотрудников, создавая дополнительную административную нагрузку на Агентство. Казахстану следует тщательно оценить эффективность данной стратегии, поскольку перераспределение ресурсов в пользу мягкого права может отвлекать от основной функции Агентства — обеспечения строгого исполнения законодательства о конкуренции. Это снижает общую результативность правоприменения и ослабляет сдерживающий эффект системы. В краткосрочной перспективе следует направить больше ресурсов на эффективное *ex post* правоприменение законодательства о конкуренции.

Кроме того, сдерживающее воздействие штрафных санкций Агентства представляется недостаточным. Помимо сложности методики их расчёта, затрудняющей понимание для компаний, размеры штрафов зачастую оказываются сравнительно невелики. Штрафы должны рассчитываться исходя из оборота нарушителя, независимо от его размера, организационно-правовой формы и иных характеристик. Отягчающие обстоятельства должны приводить к увеличению штрафа на заранее установленный процент. Такая система обеспечила бы прозрачность, предсказуемость и единообразие применения санкций для всех участников рынка.

9.1.3. Чрезмерно сжатые сроки расследований

Существенной проблемой остаётся установление Агентством крайне ограниченных сроков для проведения расследований по делам, связанных с нарушением антимонопольного законодательства. Вероятно, такие сроки обусловлены стремлением продемонстрировать высокую эффективность работы, в том числе под воздействием внешних ожиданий. Однако столь жёсткие рамки неизбежно ограничивают глубину анализа. Это снижает качество принимаемых решений, особенно в случаях, требующих комплексного экономического анализа поведения участников рынка или оценки последствий сделок. В результате Агентство вынуждено опираться на упрощённые структурные признаки. В итоге, сжатые сроки и поспешность рассмотрения повышают риск отмены решений судами по процессуальным или техническим основаниям.

9.1.4. Неэффективность программы смягчения ответственности

Ряд инструментов, предусмотренных в деятельности Агентства, используется недостаточно эффективно – как по культурным причинам, так и из-за особенностей правовой базы, ограничивающих их результативность. Это, в частности, касается программы смягчения ответственности (*leniency programme*). Помимо культурных факторов, снижающих готовность компаний добровольно сообщать о фактах противоправного поведения, законодательство содержит нетипичное по международным меркам условие: Агентство не должно обладать какой-либо информацией о нарушении на момент подачи заявления (Вставка 5.7). Кроме того, программа смягчения ответственности распространяется исключительно на административные санкции и не освобождает заявителя от возможного уголовного преследования. Дополнительным обязательным условием является требование добровольной компенсации всего ущерба, причинённого потребителям в результате антиконкурентного соглашения или согласованных действий. Это положение фактически делает применение программы невозможным, поскольку в большинстве случаев адекватная оценка совокупного ущерба для всех потребителей, особенно с учётом специфики продукции, затруднена или невозможна. ОЭСР настоятельно рекомендует полностью исключить это требование, а также отменить правило, согласно которому Агентство не должно быть полностью осведомлено о факте нарушения на момент подачи заявления. Смягчение этих условий позволило бы повысить привлекательность программы и расширить её применение в соответствии с международной практикой.

9.1.5. Ограниченное и формализованное использование рыночных исследований

ОЭСР установила, что в Казахстане рыночные исследования не используются в полной мере и не выполняют функций, аналогичных практике других юрисдикций. Рекомендуется укрепить их роль, перейдя от формализованного, основанного на чек-листах подхода к проведению содержательного и высококачественного экономического анализа. Действующее требование о проведении анализа рынка до начала расследования на основе фиксированной, юридически обязательной методологии существенно ограничивает практическую ценность этого инструмента. Как отмечается в отчёте, проводимые Агентством исследования не соответствуют международным стандартам. Качественно проведённое рыночное исследование должно обеспечивать всесторонний, ориентированный на будущее анализ рынка, охватывающий его структурные параметры, регуляторные условия, потенциальные барьеры для входа, поведение участников и рыночные эффекты. Важным элементом таких исследований должно быть взаимодействие с заинтересованными сторонами, включая интервью с участниками рынка и потребителями. В отличие от этого, текущий подход Агентства чрезмерно сосредоточен на структурных показателях, например, на индексах концентрации, которые не обеспечивают достаточной доказательной базы для правоприменения.

Кроме того, жёсткое требование соблюдать восемь заранее установленных этапов делает процесс излишне формализованным: несоблюдение хотя бы одного из них может привести к признанию последующих правоприменительных решений недействительными в суде. Такой подход ограничивает гибкость Агентства и снижает стратегическую ценность рыночных исследований как инструмента выявления проблем в области конкуренции и определения приоритетов правоприменения. ОЭСР рекомендует укрепить технический и аналитический потенциал Агентства для проведения содержательных рыночных исследований, соответствующих передовой международной практике. Одновременно следует заменить действующую юридически обязательную методологию Агентства на руководящие принципы рекомендательного характера, аналогичные документам, разработанным ОЭСР. Такие принципы могли бы устанавливать минимальные стандарты и поддерживать аналитическую работу, не ограничивая её. Переход к более гибкому подходу обеспечил бы эффективное и целенаправленное правоприменение без ущерба для правовой определённости и укрепил бы роль рыночных исследований как стратегического инструмента конкурентной политики и адвокатирования, в соответствии с лучшей международной практикой.

9.1.6. Расширение мандата снижает эффективность деятельности Агентства

Экспертный обзор показал, что постепенное расширение полномочий Агентства за пределы его основного мандата – обеспечения соблюдения законодательства о конкуренции – приводит к распылению ресурсов и ограничивает его возможности сосредоточиться на ключевых задачах. В дополнение к основной деятельности Агентство выполняет функции, не характерные для антимонопольного органа, включая участие в процессах приватизации, мониторинг государственных закупок лекарственных средств и медицинского оборудования, лицензирование товарных рынков и контроль цен. Хотя целью данного Обзора не является пересмотр распределения функций между государственными органами, очевидно, что расширение числа несвойственных Агентству задач негативно влияет на его способность эффективно реализовывать основной мандат в сфере защиты конкуренции.

Несмотря на то, что статистические данные указывают на достаточную численность персонала, невозможно достоверно определить, какая часть кадровых и финансовых ресурсов фактически задействована в выполнении ключевых конкурентных функций – таких как расследования, регулирование экономической концентрации и адвокатирование конкуренции – по сравнению с иными направлениями деятельности, включая надзор за товарными биржами, контроль цен, приватизацию и мониторинг закупок в сфере здравоохранения. Интервью с заинтересованными сторонами и сотрудниками Агентства подтверждают, что лишь ограниченное число специалистов полностью занято правоприменительной деятельностью, тогда как многие совмещают несколько функций и распределяют рабочее время между различными задачами.

Для повышения эффективности работы Агентству следует обеспечить более чёткое и целевое распределение ресурсов между функциями, а также институционально разграничить регулятивную деятельность и антимонопольное правоприменение. Значительная часть сотрудников Агентства должна быть полностью и исключительно вовлечена в деятельность по обеспечению соблюдения конкурентного законодательства. В идеале необходима реструктуризация организационной структуры Агентства, предусматривающая четкое разграничение функций и задач каждого департамента и сосредоточения кадров, занимающихся пресечением нарушений антимонопольного законодательства в специализированных подразделениях, отвечающих за расследования и регулирование экономической концентрации.

9.1.7. Широкое участие государства в экономике подрывает конкуренцию и ведёт к искажению рынков

Чрезмерная государственная поддержка может препятствовать инновациям и снижать эффективность, однако в условиях переходной экономики определённый уровень государственного участия может быть оправдан для стабилизации и развития ключевых отраслей. Задача заключается в том, чтобы по мере зрелости соответствующих секторов постепенно сокращать масштабы государственного вмешательства и создавать условия для развития конкуренции в частном секторе.

Казахстан сохраняет значительное присутствие государства во многих секторах экономики, включая те, которые обычно открыты для частной конкуренции, – такие как ИТ-услуги, недвижимость, сельское хозяйство и финансовые услуги. Несмотря на меры, направленные на сокращение государственного участия, включая «правило жёлтых страниц» и недавние инициативы по приватизации, эффективность этих инструментов снижается из-за наличия исключений, размытых критериев и выборочного правоприменения. Кроме того, в последние годы усилилась практика создания единых операторов на основе государственных монополий или предоставления специальных прав – зачастую без достаточных экономических обоснований. Подобные меры ограничивают доступ на рынок и ослабляют конкурентное давление, что влечёт необходимость применения затратного и нередко неэффективного ценового регулирования. Отсутствие единой и последовательно применяемой системы обеспечения конкурентной нейтральности, а также широкие преференции, предоставляемые государственным предприятиям (например, субсидии, налоговые льготы и льготное кредитование), создают неравные условия для частного сектора. Это подрывает рыночные механизмы и доверие инвесторов, подчёркивая необходимость более последовательного внедрения принципов конкурентной нейтральности.

9.1.8. Недостаточное развитие адвокатирования конкуренции, прозрачности и взаимодействия с заинтересованными сторонами снижает эффективность конкурентного режима

Несмотря на достигнутый Казахстаном прогресс в развитии конкурентной политики, ряд регуляторных факторов продолжает ограничивать эффективность правоприменения. Участие заинтересованных сторон в процессе разработки и пересмотра нормативных актов, регулирующих вопросы конкуренции, остаётся ограниченным, а формализованные механизмы систематических публичных консультаций отсутствуют. Это снижает прозрачность, подрывает легитимность регуляторных решений и уменьшает их предсказуемость для участников рынка. Кроме того, отсутствие официально опубликованных руководящих принципов и разъяснений по ключевым аспектам правоприменения – таким как злоупотребление доминирующим положением, регулирование экономической концентрации и антиконкурентные соглашения – создаёт правовую неопределённость для бизнеса и препятствует единообразному и предсказуемому применению законодательства. Устранение этих пробелов способствовало бы повышению правовой определённости, укреплению согласованности нормативно-правового регулирования и приведению конкурентного режима Казахстана в большее соответствие с международной передовой практикой.

9.2. Приоритетные рекомендации в области конкурентной политики и правоприменения в краткосрочной перспективе

Выводы, изложенные выше, отражают ряд системных и институциональных ограничений, снижающих эффективность конкурентного режима Казахстана. Ниже представлены приоритетные направления, которые формируют стратегическую «дорожную карту» по устранению этих проблем в краткосрочной перспективе. Они направлены на укрепление независимости и потенциала Агентства, повышение эффективности правоприменительных инструментов, оптимизацию регулирования экономической концентрации, продвижение принципов конкурентной нейтральности, а также усиление адвокатирования конкуренции и взаимодействия с заинтересованными сторонами.

9.2.1. Укрепление институционального потенциала Агентства и распределение ресурсов

В краткосрочной перспективе сосредоточить усилия на укреплении внутренней структуры Агентства, развитии его кадрового потенциала и внедрении механизмов приоритизации, чтобы повысить его правоприменительные возможности:

- Сосредоточить ресурсы на обеспечении соблюдения законодательства о конкуренции (например, на проведении расследований), минимизировав участие в задачах, не связанных напрямую с функциями защиты конкуренции.
- Внедрить формализованный процесс приоритизации дел.
- Расширить команды расследований за счёт привлечения квалифицированных специалистов – аналитиков данных, эконометристов, специалистов по цифровой аналитике и других технических экспертов.
- Рассмотреть возможность перехода к организационной структуре, выстроенной по направлениям правоприменения, а не по секторам экономики.
- Переосмыслить роль Аналитического исследовательского центра развития конкуренции (АИЦРК) и рассмотреть целесообразность создания полноценного Офиса главного экономиста в структуре Агентства.
- Усилить подготовку сотрудников в области конкурентного права и экономики, включая проведение практических тренингов и семинаров по применению экономических методов анализа.
- Продолжить реализацию мер по цифровизации деятельности Агентства.

9.2.2. Повышение эффективности правоприменения в сфере конкурентного законодательства

Повысить качество анализа и его практической направленности для целей правоприменения:

- Улучшить качество экономического анализа антиконкурентного поведения, уделяя особое внимание оценке его экономических последствий, постепенно отходя от чрезмерной ориентации на структурные признаки.
- Отдавать приоритет расследованию и преследованию «исключающих злоупотреблений» доминирующим положением, а не так называемых «эксплуататорских злоупотреблений», например «монопольно высоких цен», особенно когда они основаны исключительно на наблюдении за ростом цен.

Укрепление системы регулирования экономической концентрации, чтобы сделать её более эффективной и основанной на оценке рисков:

- Рассмотреть возможность отмены действующего режима уведомлений о совершенной экономической концентрации (*ex-post*) и перехода к обязательному ходатайству о планируемой экономической концентрации (*ex-ante*) с приостанавливающим эффектом для всех видов экономической концентрации.
- Ввести упрощённые процедуры и формы уведомлений для сделок, не вызывающих опасений с точки зрения конкуренции.
- Активнее применять корректирующие меры для устранения негативного влияния концентраций на конкуренцию.

Усиление правовой определённости, прозрачности и сдерживающего эффекта правоприменения:

- Рассмотреть возможность ограничения либо полной отмены системы уведомлений о начале расследования.
- Обеспечить актуализацию и публикацию всех методик, используемых при расследованиях, сохраняя их рекомендательный характер для Агентства. Ввести систему опубликованных руководящих принципов для сотрудников и судей.
- Рассмотреть возможность увеличения размеров административных штрафов за нарушения антимонопольного законодательства для усиления их сдерживающего эффекта.

9.2.3. Продвижение конкурентной нейтральности и адвокатирование конкуренции

Создать равные условия для всех участников рынка и укрепить взаимодействие с заинтересованными сторонами:

- Ограничить практику создания единых операторов, государственных и естественных монополий.
- Продвигать конкурентную нейтральность через применение единых правил к предприятиям с государственным участием и частным компаниям.
- Ввести прозрачные механизмы контроля за предоставлением государственной поддержки и рассмотреть возможность интеграции лучших практик ЕС – включая чётко определённые критерии предоставления, ограничения по срокам, а также требования прозрачности и недискриминации.
- Продолжать реализацию программ адвокатирования конкуренции, направленных на повышение понимания принципов конкуренции и её преимуществ среди участников рынка и широкой общественности.
- Расширять сотрудничество с государственными и местными исполнительными органами, в частности с отраслевыми регуляторами, для интеграции принципов конкурентной политики в их деятельность.

9.3. Детализированные рекомендации по тематическим направлениям

Оставшаяся часть главы представляет конкретные рекомендации, сгруппированные по разделам, соответствующим структуре отчёта. Эти рекомендации опираются на приоритеты, определённые выше, и содержат практические направления для поддержки реализации конкурентной политики и правоприменения в соответствующих областях. Они также являются важными, однако могут быть реализованы Агентством на втором этапе реформ или в долгосрочной перспективе.

9.3.1. Институциональная структура

- Ввести чёткие правила назначения, освобождения от должности и сроков полномочий Председателя, его заместителей, Правления и руководителей территориальных департаментов.
- Закрепить, что Агентство самостоятельно определяет свой рабочий план и приоритеты задач.
- Разработать стратегию в области управления персоналом, включающую меры по удержанию существующих сотрудников для снижения высокой текучести кадров, введение программ обучения для действующих работников, а также обеспечение свободного доступа к Интернету с офисных компьютеров без необходимости предварительного разрешения.
- Рассмотреть возможности для обеспечения стабильного финансирования, которое позволит осуществлять долгосрочное планирование деятельности Агентства, а также увеличить бюджет с целью инвестирования в развитие институционального потенциала, выходящего за рамки выплаты заработной платы.
- Рассмотреть возможность введения независимого источника финансирования для укрепления независимости Агентства.
- Укрепить внутренний аудит или контрольную функцию в антимонопольном органе.
- Рассмотреть возможность передачи других государственным органам несвойственных Агентству функций, связанных с регулированием товарных рынков, цен, а также мониторингом и приватизацией.
- Избегать дублирования функций внутри Агентства, например, когда несколько департаментов выполняют анализ рынков или обеспечивают поддержку расследований.
- Уточнить порядок назначения членов Совета по барьерам и Общественного совета, а также установить чёткие руководящие принципы их роли в деятельности Агентства.
- Уточнить правила урегулирования конфликта интересов и обеспечить их применение на всех уровнях управления Агентства.
- Повысить прозрачность путем публикации всех решений Агентства в полном объеме, информацию о сторонах, теорию ущерба, правовую основу и применённые санкции, с учётом защиты конфиденциальных данных.
- Обеспечить подготовку и повышение квалификации судей по вопросам конкуренции.
- Рассмотреть возможность создания специализированных судов для пересмотра решений, а также установления достаточных процессуальных сроков для их рассмотрения.

9.3.2. Антиконкурентные действия

- Рассмотреть возможность установления различий между горизонтальными и вертикальными соглашениями при применении исключения *«de minimis»*.
- Сделать презумпцию наличия доминирующего положения для рыночной доли свыше 50% и презумпцию монопсонического положения для рыночной доли свыше 70% опровержимыми.
- Отменить ведение реестра конгломератов и прекратить их мониторинг.
- Пересмотреть систему расчёта штрафов, основанную на месячном расчётном показателе (МРП), поскольку она непрозрачна для компаний и усложняет расчёт санкций, снижая их

сдерживающий эффект. Рассмотреть переход к расчёту штрафов как доли от оборота и повышению действующих процентных ставок для формирования достаточного сдерживающего эффекта в отношении нарушителей.

9.3.3. Регулирование экономической концентрации

- Пересмотреть критерии для подачи уведомлений (ходатайств) о согласии на экономическую концентрацию, отказавшись от использования МРП и установив объективные пороги, основанные на совокупном обороте, доле на рынке или стоимости сделки. Действующая система недостаточно прозрачна и может способствовать недобросовестному обходу требований о подаче уведомлений.
- Продлить срок рассмотрения заявлений до 30 дней на этапе анализа фазы I.
- Пересмотреть критерии перехода ко фазе II, которые в настоящее время определены недостаточно чётко; вместо формального перечня ориентироваться на потенциальные экономические эффекты, включая вертикальные слияния, способные ограничивать конкуренцию, а также сделки, в которых объединяющиеся компании действуют не на смежных рынках, но могут оказывать антиконкурентное воздействие (например, слияния, затрагивающие базы данных и иные формы использования данных).

9.3.4. Обеспечение правоприменения в сфере конкуренции

- Отменить жёсткие процессуальные сроки проведения расследований либо, по крайней мере, продлить их до одного года, чтобы обеспечить возможность более глубокого и качественного анализа.
- Пересмотреть методологию проведения рыночных исследований для повышения их аналитической ценности за счёт углубления и расширения анализа. Заменить действующую юридически обязательную методологию на рекомендательные руководящие принципы, обеспечивающие Агентству необходимую гибкость и устраняющие правовую уязвимость при судебном оспаривании решений.
- Внедрить процедуру внутренней проверки качества экономических и правовых позиций по делам до их передачи в суд.
- Ввести практику досудебного урегулирования дел.
- Прекратить практику изъятия активов в государственную собственность в качестве санкции за нарушение антимонопольного законодательства.
- Упростить и смягчить требования к программе смягчения ответственности, в том числе отменить обязанность по возмещению убытков потребителям и требование о том, чтобы на момент подачи заявления Агентство не располагало информацией о правонарушении. Распространить программу смягчения ответственности на сферу уголовного преследования, чтобы повысить её привлекательность.

9.3.5. Участие государства в экономике

- Рассмотреть возможность организационного разделения (unbundling) сетевой инфраструктуры и операторов, предоставляющих услуги с добавленной стоимостью, обеспечив равный доступ различных поставщиков к ключевой инфраструктуре (например, оптоволоконным сетям или телефонным станциям).
- Продвигать принципы конкурентной нейтральности как в регулировании, так и в правоприменительной практике, реализуя следующие меры:

  - Повышать уровень понимания принципов конкурентной нейтральности среди государственных служащих и политиков. Приближение к стандартам ОЭСР обеспечит равные условия для участников рынка, повысит инвестиционную привлекательность и будет стимулировать предпринимательскую активность.
  - Пересмотреть национальные нормы, чтобы гарантировать, что государственные и частные предприятия подчиняются единым налоговым, операционным и закупочным правилам.
  - Отменить положения, автоматически защищающие государственные предприятия, созданные в прошлом, от действия современных конкурентных требований.
  - Провести комплексный анализ действующих субсидий, налоговых льгот и льготного финансирования, предоставляемых государственным предприятиям.
  - Перейти к прозрачным механизмам государственной поддержки, основанным на рыночных потребностях и результатах конкурентной деятельности, а не на статусе предприятия.
  - Обеспечить проведение конкурентных процедур при заключении государственных контрактов, включая участие государственных предприятий.
  - Усилить систему государственных закупок путём внедрения независимых аудитов и установления чётких стандартов подотчётности.
  - Организовать обучающие программы и семинары для государственных органов, регуляторов и других заинтересованных сторон, направленные на повышение понимания принципов конкурентной нейтральности и их практических преимуществ.
  - Активно сотрудничать с международными организациями (например, ОЭСР) для сопоставления национальной политики с международной передовой практикой.
  - Создать механизмы регулярного независимого мониторинга рыночной среды, включая аудит соблюдения законодательства, оценку конкурентных эффектов деятельности государственных предприятий и подготовку рекомендаций по корректировке политики.
- Усилить функциональное разграничение регулирования – рассмотреть возможность чёткого разделения полномочий по обеспечению конкуренции и регулированию рынков.

9.3.6. Адвокатирование конкуренции

- Провести оценку эффективности текущих мероприятий по адвокатированию конкуренции, чтобы на основе полученных данных выработать более системный и результативный подход к продвижению конкурентных принципов.
- Утвердить и опубликовать Руководство по соблюдению антимонопольного законодательства для субъектов рынка.
- Организовать регулярные общественные консультации по вопросам регулирования и реформ в сфере конкуренции.
- Стимулировать систематическое использование рыночных исследований для информирования о правоприменительной деятельности и адвокатирования.
- Продлить сроки проведения рыночных исследований и рассмотреть возможность полной отмены существующих временных ограничений.
- Рассмотреть возможность введения платы за подачу актов антимонопольного соответствия в Агентство.

9.3.7. Институциональное сотрудничество

- Увеличить численность Управления международного сотрудничества Агентства, чтобы обеспечить надлежащую разработку и реализацию международных инициатив, включая сотрудничество в сфере трансграничного правоприменения.
- Рассмотреть возможность создания безопасного информационного шлюза для обмена конфиденциальной информацией с другими государственными органами без необходимости предварительного получения разрешения, а также предусмотреть нормы, допускающие взаимную помощь при проведении расследований.

www.ingramcontent.com/pod-product-compliance
Ingram Content Group UK Ltd.
Pitfield, Milton Keynes, MK11 3LW, UK
UKHW051645031026
15588UKWH00007B/1334

9 789264 561861